新时代中国精神价值传承

韩喜平 主编

东北抗联精神

刘信君 谭忠艳 李红娟 著

东北大学出版社

Ⓒ 刘信君 谭忠艳 李红娟 2024

图书在版编目（CIP）数据

东北抗联精神 / 刘信君，谭忠艳，李红娟著. —沈
阳：东北大学出版社，2024.1（2025.6重印）
（新时代中国精神价值传承 / 韩喜平主编）
ISBN 978-7-5517-3506-3

Ⅰ.①东… Ⅱ.①刘… ②谭… ③李… Ⅲ.①革命传
统教育—研究—中国 Ⅳ.①D642

中国国家版本馆CIP数据核字（2024）第034414号

出 版 者：东北大学出版社
　　　　　地址：沈阳市和平区文化路三号巷 11 号
　　　　　邮编：110819
　　　　　电话：024-83680267（社务室） 83687331（市场部）
　　　　　传真：024-83680265（办公室） 83680178（出版部）
　　　　　网址：http://www.neupress.com
　　　　　E-mail：neuph@neupress.com
印 刷 者：辽宁一诺广告印务有限公司
发 行 者：东北大学出版社
幅面尺寸：170 mm×240 mm
印　　张：17
字　　数：305 千字
出版时间：2024 年 1 月第 1 版
印刷时间：2025 年 6 月第 3 次印刷
责任编辑：向 阳 杨世剑 乔 伟
责任校对：罗 鑫
封面设计：潘正一
责任出版：唐敏志

ISBN 978-7-5517-3506-3　　　　　　　　　　定价：76.00 元

总序
INTRODUCTION

　　人无精神不立，国无精神不强。一个国家要有精神，它是国本；一个民族要有精神，它是脊梁。习近平总书记强调指出："精神是一个民族赖以长久生存的灵魂，唯有精神上达到一定的高度，这个民族才能在历史的洪流中屹立不倒、奋勇向前。"在几千年的历史流变中，中华民族生生不息、绵延发展，饱受挫折又不断浴火重生，其中很重要的一点就是我们的民族积淀了自身最深沉的价值追求和精神烙印。习近平总书记指出，"中华民族在几千年历史中创造和延续的中华优秀传统文化，是中华民族的根和魂"，"中华优秀传统文化是中华民族的精神命脉"。翻开中华民族精神图谱，无数耳熟能详的诗词诠释了中华民族精神脉络的核心内涵，例如："天行健，君子以自强不息"的奋斗精神，"天下兴亡，匹夫有责""先天下之忧而忧，后天下之乐而乐"的爱国情怀，"人生自古谁无死，留取丹心照汗青""为有牺牲多壮志，敢教日月换新天"的牺牲精神，"鞠躬尽瘁，死而后已"的奉献精神，"苔花如米小，也学牡丹开"的自强精神，"革故鼎新""徙木为信"的创新思想，"老吾老以及人之老，幼吾幼以及人之幼""扶危济困"的公德意识，等等。中华民族既坚守本根又不断与时俱进，始终保持着坚定的民族自信和强大的修复能力，培育了共同的情感和价值、共同的理想和精神。这些千百年传承下来的精神理念、精神文化，成为积淀中国精神的价值内核。

中国共产党在领导中国革命、建设和改革的伟大历史进程中，之所以创造了惊天地、泣鬼神的辉煌业绩，就在于坚守初心使命、就在于不畏艰难险阻、就在于有一大批革命先驱、有一大批英雄人物，形成了伟大精神激励与指引，这种逐步积累和形成的思想结晶和精神谱系，是中国共产党人精神境界、精神风貌、精神力量的集中写照，是中国共产党百年历史经验的总结。把马克思主义基本原理同中国具体实际、同中华优秀传统文化相结合是必由之路，谱写了马克思主义中国化时代化的最新篇章。中国精神包含的独一无二的理念、智慧、气度和价值，增添了中国人民内心深处的自信和自豪。这种强大的精神支撑，成为中华民族战胜一切艰难困苦的有力武器和实现中华民族伟大复兴的动力之源。

伟大事业需要伟大精神。在我们全面建成小康社会，向着社会主义现代化强国奋进的新征程中，党的二十大报告要求我们弘扬伟大建党精神，自信自强、守正创新，踔厉奋发、勇毅前行。深入研究和广泛宣传中国精神，传承民族精神、弘扬时代正气、培育时代新人，要求理论工作者把中国精神阐释好。《新时代中国精神价值传承》（以下简称《丛书》）正是这样一套回应时代关切、弘扬中国精神的书籍。《丛书》选取中国共产党带领广大人民进行革命、建设、改革的奋斗历程中凝练形成的井冈山精神、长征精神、延安精神、东北抗联精神、抗美援朝精神、雷锋精神、铁人精神、"两弹一星"精神、特区精神、女排精神、劳模精神、科学家精神等为源，由全国高校十余位知名教授、专家集体撰著，以历史的视角，放置于实现中华民族伟大复兴中国梦的大背景下，阐释中国精神的具体样式，立足近代以来中华民族伟大复兴历程，特别是中国共产党带领中国人民从站起来、富起来到强起来所展现出来的民族集聚、动员和感召效应的精神及其气象，从党的领导特点和大党风范入手，追溯和解读中华民族悠久的历史传统和中华儿女可歌可泣的历史经历，研究中国精神形成的历史背景、形成过程，挖掘其科学内涵和新时代的重要价值，展现当代中华民族精神的历史穿透力和生命冲击力。《丛书》包括12分册，分别是：《井冈山精神》《长征精神》《延安精神》《东北抗联精神》《抗美援朝精神》《雷锋精神》《铁人精神》《"两弹一星"精神》《特区精神》《女排精神》《劳模精神》《科学家精神》。这些共同构成了中国精神的重要内容，是社会主义核心价值观的精髓和具体体现，昭示着中国共产党人的初心和使命，镌刻着中华民族砥砺前行的优秀品格，是迄今为止学术界和出版界反映以爱国主义为核心的民族精神和以改革创新为核心的时代精神的大型学术普及类系列著作，是中国文化软实力的重要显示。

伟大精神铸就伟大梦想。今天，我们比历史上任何时期都更接近中华民族伟大复兴的目标，比历史上任何时期都更有信心有能力实现这个目标。实现中华民族伟大复兴不仅需要强大的物质力量，更需要强大的精神力量。要把这种精神力量汇聚成14亿多中华儿女强大的奋进合力，就不能把中国精神存放在"博物馆"内、停留在"象牙塔"中。推出《丛书》，可以推进中国精神时代化、大众化，永续传承，把它变为新时代的实践伟力。站在新时代的历史基点上，立足精神对事件的辐射和普照，阐释一定历史时期的民族精神对重大社会事件、历史发展进程甚至个人事业与生活的重大影响；立足事件对精神的折射和反映，分析历史事件、个人事迹对民族精神的具体呈现，以期在精神与史实的双向观照中，使中国精神触动整个民族情结和个体心理情感，凝聚中华儿女奋斗的精神动力。从普适性来讲，中国精神不仅是中国共产党成就伟大事业的宝贵精神财富，也是全体中华儿女在实践中总结、凝练和形成的价值理想。《丛书》定位于普及性学术著作，力求以通俗易懂、生动鲜活地讲述故事的形式呈现，引领新时代精神风尚，激发中华儿女特别是青年一代干事创业的热情。从价值层面看，《丛书》重点挖掘在中国特色社会主义新时代的价值，这对于汇聚中国力量，弘扬中华优秀传统文化，践行社会主义核心价值观，坚守中国共产党人精神谱系，提升中国文化软实力，培养担负民族复兴大任的时代新人具有重大意义。

"求木之长者，必固其根本；欲流之远者，必浚其泉源。"我们坚信，这套极具学术性、知识性、资料性和可读性的《新时代中国精神价值传承》，能够成为铸牢中华民族共同体团结奋斗的精神纽带，为凝聚起中华民族的磅礴力量，建设中华民族现代文明贡献一份力量。

韩喜平

2023 年 6 月

韩喜平，国家级领军人才计划入选者，哲学社会科学领军人才，中央马克思主义理论与建设工程首席专家。

　　东北抗日联军（以下简称东北抗联）作为中国共产党创建最早、坚持抗日时间最长、条件最为艰苦的一支人民抗日军队，经历了最为悲壮的十四年抗日斗争。自东北抗战开始，东北抗联的历史作用和地位即得到了中共中央的肯定性评价和定位。尤其是党的十八大以后，东北抗联的历史定位更加明晰，东北抗联精神得到了广泛的宣传。2014年9月4日，习近平总书记指出："九一八事变成为中国人民抗日战争的起点，并揭开了世界反法西斯战争的序幕。"2015年9月3日，习近平总书记进一步指出，"中国人民经过长达14年艰苦卓绝的斗争，取得了中国人民抗日战争的伟大胜利"，清晰地提出了十四年抗战的概念。2017年1月，教育部发布"2017年春季教材中全面落实'十四年抗战'概念，将八年抗战一律改为十四年抗战，全面反映日本侵华罪行……"这一决定，涉及语文、历史、思想品德、政治等科目的教材。2020年9月3日，习近平总书记在纪念中国人民抗日战争暨世界反法西斯战争胜利75周年座谈会上的讲话中明确指出："九一八事变后，中国人民就在白山黑水间奋起抵抗，成为中国人民抗日战争的起点，同时揭开了世界反法西斯战争的序幕。""中国人民经过14年不屈不挠的浴血奋战，打败了穷凶极恶的日本军国主义侵略者，取得了中国人民抗日战争的伟大胜利！"习近平总书记的系列重要讲话，充分肯定了东北抗战的伟大作用和意义，为研究东北抗联和东北抗联精神奠定了思想和理论基础。

　　以此为契机，全国尤其是东北掀起了一个研究东北抗联的高潮，出现了一些新的研究机构、学术团体。代表性的研究机构有：中共吉林省委党史研究室抗联处、黑龙江省牡丹江师范学院中国抗联研究中心、东北师范大学历史文化学院东北抗联与伪满洲国资料研究中心、中共吉林省委党校东北抗联研究中心。学术团体有：吉林省东北抗联研究会、吉林省中国共产党党史和文献研究会等。为了进一步提升东北抗联的研究水平，整合东北抗联研究力量，打造东北抗联研究更高的平台，2019年6月，成立了吉林大学东北抗联研究中心，共有专业研究人员11人，兼职教授28人。该中心的主要研究方向为：东北抗联历史文献资料整理与研究；东北抗战与中国抗战、世界反法西斯战争研究；东北抗联精神与中共其他革命精神比较研究；东北抗联与社会主义核心价值体系建设研究；东北抗联文化资源开发与红色文化传承创新研究。该中心主要研究任务是着重研究东北抗联历史、东北抗联精神，尤其是解决一些重大、争鸣问题。现今，该中心已经成为东北抗联研究的重要阵地。

学术界对东北抗联研究一直非常关注。近年来，随着"十四年抗战"的热议，对于抗日战争开端的研究愈发重视。在众多学术观点中，20世纪80年代，以王维礼为代表的东北学人首先提出并长期坚持论证"十四年抗战"，认为九一八事变东北军民的反抗是中国抗日战争起点。王维礼分析九一八事变发生的原因以及发生之后中日社会的变化入手，明确提出九一八事变后，中国社会历史已进入了中日战争时期。王秉忠分析了"八年抗战说"出现的原因及影响，认为"八年抗战说"是违背史实的，是对东北人民十四年艰苦卓绝的斗争以及爱国主义精神的否定。温永录将九一八事变之后东北抗战与上海抗战、华北抗战等进行比较研究，认为是中国人民抗日战争史的重要组成部分，从而分析论证了九一八事变是中国抗日战争的开端。21世纪以来，学者围绕这一问题展开了更加深入的分析与论证，程舒伟对中国抗日战争的特点、九一八事变后主要矛盾和社会性质的转变以及人民抗战进行分析，从而得出结论"九一八事变作为中国抗日战争的开端，是历史的客观事实"。除东北学人外，也有众多学者对抗日战争的开端问题进行探讨，例如刘庭华认为九一八事变标志着第二次世界大战远东战争策源地的形成。

东北抗联精神研究，是东北抗战史研究中成果多、质量高的领域之一。孔令波、赵俊清、陈松友、张洪兴、薛金艳、王维康、谷曼、王磊等学者，通过梳理东北抗联的主要历史活动，对东北抗联精神进行概括，并解析了东北抗联精神的时代价值。在此基础上，刘信君对东北抗联精神内涵进行了概括、精练，并给予了恰当的定位，认为东北抗联精神的内涵主要包括六个方面，即：救亡图存、忠贞报国的爱国主义精神，坚定执着、矢志不渝的共产主义信念，前仆后继、视死如归的革命英雄主义精神，克服困难、百折不挠的艰苦奋斗精神，首创首行、独立自主的开拓创新精神，休戚与共、团结战斗的国际主义精神。以上观点得到了学术界的广泛赞同，《新华文摘》予以全文转载。2021年6月8日，中共吉林省委宣传部、中共吉林省委党史研究室等部门召开新闻发布会，在刘信君概括总结的基础上，公布了东北抗联精神内涵，即：救亡图存、忠贞报国的爱国主义精神，坚定执着、矢志不渝的共产主义信念，前仆后继、向死而战的英雄主义精神，坚忍不拔、百折不挠的艰苦奋斗精神，首创首行、独立自主的开拓创新精神，休戚与共、团结御侮的国际主义精神。2022年4月，中共中央宣传部将东北抗联精神概括成三点，即：忠诚于党的坚定信念，勇赴国难的民族大义，血战到底的英雄气概。本书采用中宣部确定的表述语。

习近平总书记强调："'天地英雄气，千秋尚凛然。'一个有希望的民族不能没有英雄，一个有前途的国家不能没有先锋。包括抗战英雄在内的一切民族英雄，都是中华民族的脊梁，他们的事迹和精神都是激励我们前行的强大力量。"东北抗联涌现了无数民族英雄，东北抗联精神是中国共产党宝贵的精神财富。今天我们深入研究、继承和弘扬东北抗联精神体现了中国共产党人的初心和使命，为实现中华民族伟大复兴的中国梦提供价值引领，为坚定理想信念构筑精神指引，为依靠群众、凝聚振兴发展提供内生动力，为传承不畏艰险、攻坚克难的优良作风开辟新路。

刘信君

2022年6月6日

目录
CONTENTS

第一章 **01**

东北抗联精神产生的
理论基础与实践基础

东北抗联精神不是凭空产生的，它具有一定的理论基础和
实践基础。马克思主义经典作家以及中国共产党人关于精神的
论述，中国传统文化蕴含的民族精神以及东北地域文化形成的
民族精神，为东北抗联精神的形成奠定了坚实的理论基础。东
北地区马克思主义的传播、东北人民的反抗斗争以及东北的自
然地理环境等，是东北抗联精神产生的现实土壤。

一、东北抗联精神产生的理论基础

（一）马克思主义经典作家关于精神的论述

1. 马克思、恩格斯关于精神的论述

马克思和恩格斯从精神的产生、精神生产的特征以及精神的作用三个方面对精神进行了论述。

马克思认为，需要是人的本性，人的需要包括自然需要、社会需要以及精神需要三个方面。恩格斯在《自然辩证法》中将人类需要的对象具体物化为"生活资料、享受资料和发展资料"①。其中，精神需要是发展资料的重要内容。马克思认为，在人类社会发展过程中，精神需要占有重要的地位，能够发挥重要的作用。精神需要具有明显的社会性，个体的一切行为从根本上说都是自身需要的表达，没有个体的需要，就缺少了活动的源泉和动力。精神需求产生于有机体的内部，受有机体周边环境影响。

马克思和恩格斯对精神的产生进行了重点分析，认为精神的产生与实践具有非常紧密的关系。马克思认为"全部社会生活在本质上是实践的"，并以此为中心观点展开了充分的论述。人类只有首先解决自身生存需要，满足衣食住行，在进行这些活动的过程中，结成了一定的社会关系和政治关系，即"以一定的方式进行生产活动的一定的个人，发生一定的社会关系以及政治关系"②。马克思在《政治经济学批判》中提出，人们的意识取决于人们的存在而不是相反。这个原理从根本上否定了唯心主义，并否定了一切历史的东西的全部传统和习惯观点，"政治论证的全部传统方式崩溃了；爱国的义勇精神愤

---

① 马克思、恩格斯：《马克思恩格斯选集》第3卷，人民出版社，2012，第987页。
② 马克思、恩格斯：《马克思恩格斯选集》第1卷，人民出版社，2012，第151页。

慨地起来反对这种无礼的观点。"① 由此可见，"物质在其永恒的循环中是按照规律运动的，这些规律在一定的阶段上——时而在这里，时而在那里——必然在有机体中产生出思维着的精神"②。

马克思认为，精神生产与物质生产共同促进了社会的发展与进步。在《1844年经济学哲学手稿》中马克思提出了全面生产的理论，在这一理论体系之下，不仅强调了物质生产在社会发展中的重要作用，而且将精神生产纳入社会生产的过程之中。在此基础之上，马克思对于精神生产的特征进行了阐释，精神生产具有自由性、继承性、创造性、开放性以及阶级性等特征。马克思认为，精神劳动是精神生产者内在本性的表现，因而，精神生产必定符合劳动者的志趣。马克思在《1844年经济学哲学手稿》中曾经提到："诚然，动物也生产。动物为自己营造巢穴或住所，如蜜蜂、海狸、蚂蚁等。动物的生产是片面的，而人甚至不受肉体需要的支配也进行生产，并且只有不受这种需要的支配时才进行真正的生产"③。精神生产作为一种劳动，是人类智力活动的结果，具有创造性和创新性，这是精神生产与物质生产最本质的区别。精神生产的开放性使其在促进世界各民族之间的文化交流，以及推动生产力与物质生产方面发挥了重要的作用。历史发展证明，一个民族、一个国家越是重视精神生产的开放性，其精神生产的成果越容易得到认可，有利于交流与沟通，从而更好地发挥精神生产的作用。精神生产具有阶级性，统治阶级为了维护本阶级的利益，利用精神生产为其服务，主要表现为以精神生产作为工具，对被统治阶级进行意识形态教育，从而实现更好地维护自身统治的目的。

马克思和恩格斯认为精神在社会生产中能够发挥重要的作用，对法国人民以及俄国人民的革命精神高度赞扬。1871年马克思在致路德维希·库格曼汉诺威的信中写道："这些巴黎人，具有何等的灵活性，何等的历史主动性，何等的自我牺牲精神！在忍受了六个月与其说是外部敌人不如说是内部叛变所造成的饥饿和破坏之后，他们起义了，在普军的刺刀下起义了，好像法国和德国之间不曾发生战争似的，好像敌人并没有站在巴黎的大门前似的！历史上还没

---

① 马克思、恩格斯：《马克思恩格斯选集》第2卷，人民出版社，2012，第9页。
② 马克思、恩格斯：《马克思恩格斯选集》第3卷，人民出版社，2012，第845页。
③ 马克思、恩格斯：《马克思恩格斯选集》第1卷，人民出版社，2012，第57页。

有过这种英勇奋斗的范例!"①法国革命过程中,巴黎妇女积极投入战斗,推动了革命进程的发展,表现出强烈的革命精神,马克思和恩格斯对此高度赞扬,"真正的巴黎妇女又出现在最前列,她们像古典古代的妇女那样具有英勇、高尚和献身的精神。努力劳动、用心思索、战斗不息、流血牺牲的巴黎——它在培育着一个新社会的同时几乎把大门外的食人者忘得一干二净——正放射着它的历史首创精神的炽烈的光芒!"②

恩格斯在《论俄国的社会问题》中对俄国的历史与现状进行了深刻的剖析,认为在俄国革命中,农民充分发挥了自身的作用,发扬革命精神,带动了士兵等社会力量的积极性,从而对沙皇专制统治构成了威胁。恩格斯认为,"农民公社本身具有一种能够带来并且必定带来社会新生的神奇力量的信念,这种信念发挥了自己的作用,它鼓起了英勇的俄国先进战士的热情和毅力。这些人不过几百,但是由于他们的牺牲精神和大无畏精神,竟然弄得沙皇专制制度也不得不考虑投降的可能性了"。由此可见,在俄国革命的快速发展中,俄国人民的革命热情以及牺牲精神和大无畏精神发挥了重要的作用。

2. 列宁关于精神的论述

列宁对马克思主义精神观点进行了总结,高度赞扬了俄国人民在革命斗争中的首创精神,深入分析了革命精神在俄国革命中的作用。

列宁继承和发展了马克思和恩格斯关于精神的论述与观点,并进行了总结和归纳,将马克思、恩格斯的观点与黑格尔的观点进行了比较。黑格尔以精神的发展为基础,推演出社会关系的发展。马克思和恩格斯虽然抛弃了偏执的唯心主义观点,但是保留了黑格尔关于永恒发展过程的思想,"他们面向实际生活之后看到,不能用精神的发展来解释自然界的发展,恰恰相反,要从自然界,从物质中找到对精神的解释……与黑格尔和其他黑格尔主义者相反,马克思和恩格斯是唯物主义者"③。这一观点从根本上体现了列宁对马克思主义精神观点的深刻理解,是建立在社会实践基础之上的唯物主义的观点。在此基础

---

① 马克思、恩格斯:《马克思恩格斯选集》第4卷,人民出版社,2012,第493~494页。
② 马克思、恩格斯:《马克思恩格斯选集》第3卷,人民出版社,2012,第110页。
③ 列宁:《列宁选集》第1卷,人民出版社,2012,第90—91页。

之上，对于马克思主义将革命实践与精神结合起来的思想进行了深刻的论述，"既以完全科学的冷静态度去分析客观形势和演进的客观进程，又非常坚决地承认群众（当然，还有善于摸索到并建立起同某些阶级的联系的个人、团体、组织、政党）的革命毅力、革命创造性、革命首创精神的意义"①。列宁对于马克思主义的理解，对于其思想的形成与发展有重要的意义。在俄国社会主义革命和建设的过程中，列宁非常重视革命精神的构建并充分发挥革命精神的作用。

俄国建立了世界上第一个社会主义国家，因此很多理论和措施都具有首创性，列宁在革命过程中非常重视人民首创精神的发挥。例如，列宁在《怎么办》中，首先分析了剥削阶级的反动本质以及对人民的压迫，因此人民向他们提出诉求的时候是危险的，并进一步提出，"只有在看到向我们控诉真能发生作用，看到我们是一种政治力量的时候，他们才会来向我们控诉。我们要想在旁人眼里表现为这样一种政治力量，就要不断地大力提高我们的自觉性、首创精神和毅力"，论证了革命首创精神在无产阶级成为一种重要政治力量中的作用。在社会主义建设中，由于没有经验可以借鉴，这种首创精神更加重要。列宁在《论粮食税》之后颁布了《劳动国防委员会给各地方苏维埃机关的指令（草案）》，规定了贯彻新经济政策的实际工作纲领和工作方法，"列宁特别强调鼓励地方尽量发挥首创精神、自主精神和进取精神，反对给地方机关工作作出死硬的规定"②。

列宁认为革命精神具有教育的作用，"以全体人民的名义向政府施加压力，用革命精神教育无产阶级并保持无产阶级的政治独立性，领导工人阶级的经济斗争"③。列宁对俄国的知识分子进行了分析，认为俄国的知识分子因怀疑论而软弱无能，因书呆子气而麻木不仁。针对这一问题他提出了对策："他们应该向无产者的这些理论家和领袖学习对革命的信心，学习号召工人阶级把自己的直接的革命任务坚持到底的本领，学习那种决不因革命暂时失利而灰心

---

① 列宁：《列宁选集》第1卷，人民出版社，2012，第747页。
② 列宁：《列宁选集》第4卷，人民出版社，2012，第13页。
③ 列宁：《列宁选集》第1卷，人民出版社，2012，第373页。

丧气的坚忍不拔的精神"①。

革命精神能够组织动员群众。列宁在《两个政权并存的特殊局面和它的阶级意义》中对于俄国革命的过渡阶段进行了分析，并对过渡阶段不稳定局面的阶级意义进行了分析，"我国革命也同其他一切革命一样，要求群众有高度的英雄气概和自我牺牲精神来同沙皇制度作斗争，同时一下子就把数量空前的普通人卷进了运动"②。这一观点阐释出在俄国革命的过渡阶段，人民群众发扬的英雄主义精神和自我牺牲精神对于动员群众的作用。

革命精神推动俄国革命的发展。列宁认为，俄国被剥削阶级具有较高的英勇斗争精神，"这些阶级的英勇精神、自我牺牲精神和集体纪律，在历史上总是比剥削阶级高出无数倍"③。以工人阶级为主体的被剥削阶级，对于革命的走向具有重要的影响。"这样的工人，这样普通的群众，在罢工中，在街头上同军警的斗争中能够表现出巨大的毅力和自我牺牲精神，能够（并且也只有他们才能够）决定我们整个运动的结局"④。列宁在总结莫斯科起义的经验中提到，"应当在群众中发扬视死如归的精神，以确保斗争的胜利"⑤。列宁提出，在革命斗争中有一部分逃兵，这部分人与充满革命精神的人民群众比较而言，微不足道，"群众的伟大热情，千百万工人、士兵和农民在彼得格勒和莫斯科，在前线，在战壕中和在农村中所表现的伟大英勇精神，好像火车抛弃木屑一样，轻而易举地抛弃了这些逃兵"⑥。

由此可见，列宁充分认识到了革命精神对于革命胜利的重要作用，并注意通过激发人民群众的革命精神来调动革命的积极性。"他赞扬在国家危难时刻申请入党的无产阶级群众所表现的对苏维埃政权的无限忠诚、高度的自我牺牲精神和英雄主义热情"⑦。

另外，列宁提倡"用革命精神从事工作"。在俄国革命和建设过程中，许

---

① 列宁：《列宁选集》第1卷，人民出版社，2012，第703页。
② 列宁：《列宁选集》第3卷，人民出版社，2012，第41页。
③ 列宁：《列宁选集》第3卷，人民出版社，2012，第252页。
④ 列宁：《列宁选集》第1卷，人民出版社，2012，第391页。
⑤ 列宁：《列宁选集》第1卷，人民出版社，2012，第687页。
⑥ 列宁：《列宁选集》第3卷，人民出版社，2012，第357页。
⑦ 列宁：《列宁选集》第4卷，人民出版社，2012，前言第4页。

多红军战士、工人和农民充分发扬革命精神，投入到战斗和生产中。"星期六义务劳动"是后方工人的英雄主义，是一项具有共产主义性质的伟大创举。"星期六义务劳动"不仅促进了生产的发展，而且使人民群众更加团结，最主要的在于坚定了工人阶级必胜的信心。上百个身体疲乏但眼中闪烁着愉快的光芒的共产党员，唱起庄严的《国际歌》来庆祝工作的胜利。这胜利的凯歌的声浪仿佛越过墙壁，涌向工人的莫斯科，像投石激起的水波一样荡漾在整个工人的俄罗斯，激励着疲惫、懒散的人们。这一论述充分描绘了革命精神在社会生产中发挥的重要作用。

（二）中国共产党人关于革命精神的论述

毛泽东说："人是要有一点精神的"。精神对于革命战争的发展具有至关重要的作用。革命精神产生于革命的实践过程中，是重要的精神财富。中国共产党领导人结合中国革命斗争的实践，对革命精神进行了论述，使革命精神的理论得到了系统的提升。

1. 毛泽东对革命精神的论述

革命精神不是凭空产生的，它是在一定的实践基础之上孕育、发展的。毛泽东在《实践论》中，分析了认识与实践的关系，指出："通过实践而发现真理，又通过实践而证实真理和发展真理。从感性认识而能动地发展到理性认识，又从理性认识而能动地指导革命实践，改造主观世界和客观世界。"[①]毛泽东的这种观点解释了"实践——认识——再实践——再认识"的规律，实践和认识的每一个环节，都比前一个阶段发展到一个更高的层次。毛泽东认为这是唯物辩证法的重要内容，是辩证唯物论的知行统一观。这一观点，是毛泽东对精神产生的深刻认识。中国的革命实践是革命精神产生的基础，并不断丰富、发展、完善革命精神。另外，革命精神对于中国革命实践的发展产生了重要的指导和促进作用。

坚定的理想信念。毛泽东对革命精神的表现进行了阐释，坚定的理想信念

---

① 毛泽东：《毛泽东选集》第一卷，人民出版社，1991，第296页。

是革命精神的重要表现。在全民族抗战时期，中国面临着外来侵略，民族矛盾逐渐成为中华民族的主要矛盾。反对外来侵略，维护民族自尊，成为中国人民共同的追求。1938年3月5日，抗大同学会成立，毛泽东为其题词，"坚定不移的政治方向，艰苦奋斗的工作作风，加上机动灵活的战略战术，便一定能够驱逐日本帝国主义，建立自由解放的新中国"，明确提出了必须坚持正确的政治方向，保持艰苦奋斗的作风。1938年3月12日，毛泽东出席延安各界举行的纪念孙中山逝世十三周年和追悼抗日阵亡将士大会，并发表了讲话："我们真诚地追悼抗日阵亡将士，表示永远纪念他们。中华民族是富于民族自尊心与人类正义心的伟大民族，为了反对侵略，维护民族自尊与人类正义，我们的方法就是战争与牺牲。"①

革命必胜的信念。全民族抗战时期，敌强我弱，毛泽东坚持革命必胜的信念，这是革命精神的重要体现。1945年6月11日，毛泽东在中国共产党第七次全国代表大会闭幕式上作了《愚公移山》的讲话，提出要使全党和全国人民建立起一个信心，即革命一定要胜利。为了激励广大参会者，毛泽东讲了愚公移山的故事，并进一步指出，"现在也有两座压在中国人民头上的大山，一座叫做帝国主义，一座叫做封建主义。中国共产党早就下了决心，要挖掉这两座山。我们一定要坚持下去，一定要不断地工作，我们也会感动上帝的。这个上帝不是别人，就是全中国的人民大众。全国人民大众一齐起来和我们一道挖这两座山，有什么挖不平呢？"②毛泽东借助愚公移山的故事，表达了革命必胜的信心，同时指出中国革命最主要的依靠力量是广大人民群众。1946年8月6日，毛泽东和美国记者安娜·路易斯·斯特朗谈话，毛泽东指出，"一切反动派都是纸老虎。看起来，反动派的样子是可怕的，但是实际上并没有什么了不起的力量。从长远的观点看问题，真正强大的力量不是属于反动派，而是属于人民。"③毛泽东认为，中国广大人民群众的力量不断发展壮大，决定了中国革命必将取得胜利。这种革命精神激励了中国人民坚持进行战斗。

---

① 中共中央文献研究室：《毛泽东年谱（1893—1949）》（修订本）中卷，中央文献出版社，2013，第57页。
② 毛泽东：《毛泽东选集》第三卷，人民出版社，1991，第1102页。
③ 毛泽东：《毛泽东选集》第四卷，人民出版社，1991，第1195页。

国际主义精神。毛泽东特别重视中国革命中的国际合作问题，多次阐述了国际主义精神，并将其与中国革命实践结合，成为中国革命精神的重要表现形式。1939年12月21日，毛泽东在《纪念白求恩》中特别赞扬了白求恩的国际主义精神，"一个外国人，毫无利己的动机，把中国人民的解放事业当作他自己的事业，这是什么精神？这是国际主义的精神，这是共产主义的精神，每一个中国共产党员都要学习这种精神。"①毛泽东要求中国共产党员深入学习，并将国际主义精神融入革命实践，和一切资本主义国家的无产阶级联合起来，在解放我们的民族和人民的同时，实现解放世界的民族和人民的目的。1942年12月29日，毛泽东为印度援华医疗队柯棣华大夫写挽词："印度友人柯棣华大夫远道来华，援助抗日，在延安华北工作五年之久，医治伤员，积劳病逝，全军失一臂助，民族失一友人。柯棣华大夫的国际主义精神，是我们永远不应该忘记的。"②

毛泽东认为，革命精神对于激发广大人民的斗争性和革命性，坚定人民的信念有重要的作用。1930年，中国革命面临着重大的危机，许多人的革命信心开始动摇。毛泽东为了坚定革命信心，激发广大人民群众的革命积极性，撰写了《星星之火，可以燎原》。在信中，毛泽东对中国革命的现状与前途进行了深刻的分析，认为中国革命必然会取得胜利，体现了毛泽东坚定的革命信念。在革命高潮的问题上，毛泽东提出，"马克思主义者不是算命先生，未来的发展和变化，只应该也只能说出个大的方向，不应该也不可能机械地规定时日。……它是站在海岸遥望海中已经看得见桅杆尖头了的一只航船，它是立于高山之巅远看东方已见光芒四射喷薄欲出的一轮朝日，它是躁动于母腹中的快要成熟了的一个婴儿。"③毛泽东高瞻远瞩，对中国革命的方向进行了分析，澄清了错误认识，激励了广大人民群众发扬革命斗争精神，坚持战斗。全民族抗战时期，"亡国论"和"速胜论"的错误观点仍有相当大的市场。为了驳斥这种错误观点，毛泽东撰写了《论持久战》，提出："已经发动的抗战，必将因为

---

① 毛泽东：《毛泽东选集》第二卷，人民出版社，1991，第659页。

② 中共中央文献研究室：《毛泽东年谱（1893—1949）》（修订本）中卷，中央文献出版社，2013，第419页。

③ 毛泽东：《毛泽东选集》第一卷，人民出版社，1991，第106页。

我党和全国人民的努力，冲破一切障碍物而继续地前进和发展"①。在分析了中国和日本具体形势的基础上，毛泽东得出中国抗日战争是一场持久战，中国必将取得胜利的结论。这种积极进取的精神，对于稳定抗战形势、坚定抗战信心、争取中国抗战胜利有重要的作用。

革命精神产生于一定的社会实践中，革命精神的激发需要一定的外部条件，例如教育宣传等。通过这些必要的手段，使革命精神内化于心，从而达到外化于行的效果，从而促进革命实践的发展。毛泽东在《反对党八股》这篇文章中，对于党八股的消极影响进行了分析，党八股阻碍了革命精神的发挥，"党八股这个形式，不但不便于表现革命精神，而且非常容易使革命精神窒息。要使革命精神获得发展，必须抛弃党八股，采取生动活泼新鲜有力的马克思列宁主义的文风"②，并进一步要求党内的一部分同志尽快改正所犯的教条主义错误，抛弃党八股，激发生动活泼的革命精神。

2. 周恩来关于革命精神的论述

周恩来非常重视革命精神，在革命精神的养成方面提出了自己的观点。1923年11月16日，他致信留日同学王朴山，"'五四'后的少年，颇多颓靡之气，本来革命精神是难得养成的，对旧社会多留恋一分，革命精神即减少一分。酷爱和平、善于退让、甘于认命的中国人，要振作起来……"③这一观点体现了周恩来要求青少年必须以国家、民族的前途为使命，养成革命精神。1938年2月9日，周恩来在八路军武汉办事处举办的孩子剧团招待会上讲话，鼓励孩子们要有"救国、革命、创造"④的精神，体现了周恩来重视儿童革命精神培养。

领导干部是革命胜利的重要因素，所以必须培养领导干部的革命精神。1943年4月22日，周恩来在中共中央南方局为干部作报告，撰写了提纲《怎样做一个好的领导者》，"要有确定的马列主义的世界观和革命的人生观；要求

---

① 毛泽东：《毛泽东选集》第二卷，人民出版社，1991，第514页。
② 毛泽东：《毛泽东选集》第三卷，人民出版社，1991，第840页。
③ 中共中央文献研究室：《周恩来年谱》，中央文献出版社，1998，第63页。
④ 中共中央文献研究室：《周恩来年谱》，中央文献出版社，1998，第412页。

坚持原则精神；要相信群众力量；要求学习精神；要有坚韧奋斗精神；要有高度的纪律性。"①通过这几点要求可以看出，周恩来对领导干部提出了较高的要求，要求他们树立学习精神、奋斗精神和革命精神。

战斗精神是革命精神的重要表现形式，鲁迅在中国革命中表现出了高度的战斗精神。周恩来通过对鲁迅的赞扬，向人民群众提倡战斗精神。1938年10月，周恩来出席纪念鲁迅逝世两周年的一系列活动，高度赞扬了鲁迅的斗争精神。周恩来在中华全国文艺界抗敌协会等团体召集的纪念大会上发表了讲话，对于社会各界提出要求，学习鲁迅的战斗精神，"不退让，不妥协，困难愈大，更愈加努力，以克服困难，坚持抗战"②。另外，《新华日报》出版了纪念鲁迅逝世两周年专刊，周恩来为其题词："鲁迅先生之伟大，在于一贯的为真理正义崛起而奋斗，至死不屈，并在于从极其艰险困难的处境中，预见与确信有光明的未来。这种伟大，是我们今日坚持长期抗战，坚信最后胜利所必须发扬的民族精神。"③

革命精神在革命的危机时刻以及重要的转折点有重要的意义，有利于激发斗志、团结人民，同时使人民群众能够认清形势、坚定信心。1941年，周恩来出席《新华日报》创刊三周年庆祝晚会。在会议期间，周恩来接到了新四军被包围、被袭击的急电，周恩来在会议上当场谴责了国民党顽固派的阴谋，并鼓励大家，"有革命斗争经验的人都懂得怎样在光明和黑暗中奋斗。不但遇着光明不骄傲，主要是遇着黑暗不灰心丧气。只要大家坚持信念，不顾艰难向前奋斗，并在黑暗中显示英勇卓绝的战斗精神，胜利是会到来的，黑暗是必然被击破的"，表达了周恩来的革命必胜信心。1943年5月，为悼念在抗战中牺牲的张自忠（字荩忱）将军，周恩来在《新华日报》上发表《追念张荩忱上将》一文，赞扬了张自忠生死不苟、大义凛然的民族气节，鼓励人民"在抗战接近胜利艰危过于往常之时，更需要这种精神"④，民族气节作为革命精神的重要内容，在革命的关键时期，其地位和作用愈发凸显。

---

① 周恩来：《周恩来选集》上卷，人民出版社，1980，第128页。
② 中共中央文献研究室：《周恩来年谱》，中央文献出版社，1998，第432页。
③ 中共中央文献研究室：《周恩来年谱》，中央文献出版社，1998，第433页。
④ 中共中央文献研究室：《周恩来年谱》，中央文献出版社，1998，第566页。

3. 刘少奇关于革命精神的论述

刘少奇对革命精神的内涵和作用进行了论述。1946年11月，刘少奇起草《关于反对退却逃跑、坚持敌占区游击战争的指示》，其中提到"提倡英勇奋斗、艰苦工作的牺牲精神，反对退却逃跑、畏难怕死的卑怯心理，提高组织纪律与行动纪律"[①]，对游击工作者提出的要求体现了强烈的革命精神。刘少奇对于共产党员应该具备的革命精神进行了系统、深入的阐释与分析，在《论共产党员的修养》中提出："革命坚决、斗争勇敢，是每一个共产党员必须具备的宝贵品质。共产党员有了这样的品质，还必须在不同的历史时期，在不同的斗争条件下，正确地解决如何革命、如何斗争的问题，才能取得革命的胜利，实现共产主义的最高理想。"[②]刘少奇认为革命精神具有重要的作用，在此基础之上，强调发挥革命精神的作用，必须与中国革命实践结合。1948年，在《对马列学院第一班学员的讲话》中，进一步明确提出："共产党员的精神，是积极上进的精神、独立创造的精神。"[③]1951年在《共产党员标准的八项条件》中指出："一切党员在革命斗争中，必须勇敢坚决，不能在严重的艰苦的环境中退缩，不能向敌人投降，不能叛变共产党与共产主义。"[④]

4. 朱德关于革命精神的论述

朱德主要对军队的革命精神进行了论述。1931年，朱德对于怎样创造铁的红军进行了分析，提出了铁的红军必须具备的条件，其中阐明了政治训练的重要性，"在政治上有这样坚定的信念，就是把握着不可抵抗的无形的武器，在精神上建立了铁的红军的基础，自然可以战胜革命过程中的任何困难，经得住任何剧烈的斗争，愈斗愈奋去取得最后的胜利"，这对于红军形成坚定的政治信念和勇敢作战的作风有重要的作用。1944年，朱德发表了《八路军新四军的英雄主义》，对八路军和新四军在战斗中表现出来的英雄主义进行了分

---

① 中共中央文献研究室:《刘少奇年谱》下卷，中央文献出版社，1996，第55页。
② 刘少奇:《刘少奇选集》上卷，人民出版社，1981，第116页。
③ 刘少奇:《刘少奇选集》上卷，人民出版社，1981，第410页。
④ 刘少奇:《刘少奇选集》下卷，人民出版社，1985，第63页。

析，认为八路军、新四军的英雄主义是一种新英雄主义，与旧式个人英雄主义有根本的区别，"八路军、新四军的英雄主义，不是为个人利益打算、为反动势力服务的旧英雄主义，而是新英雄主义，革命的英雄主义，群众的英雄主义"①。这种对英雄主义本质的分析体现了中国共产党的领导以及人民群众的伟大作用。1957年，朱德在北京市各界人民庆祝中国人民解放军建军三十周年大会上发表讲话，对中国人民解放军光荣伟大的三十年高度赞扬，"中国人民解放军，是一支以彻底解放人民和坚决保护人民革命成果作为唯一宗旨的武装力量。三十年来，它经历了艰苦曲折的伟大斗争。"②朱德的论述充分彰显了中国人民解放军艰苦奋斗、百折不挠的斗争精神。

（三）中华优秀传统文化蕴含的民族精神

习近平总书记强调，"优秀传统文化是一个国家、一个民族传承和发展的根本，如果丢掉了，就割断了精神命脉"③。优秀传统文化是中华民族智慧的深厚积淀，是几千年来中华文明不断延续、发展的精神内因，同时成为新时代文化建设与文化自信的根基，中华优秀传统文化与中华民族精神密切相关。所谓民族精神，"是一种客观实在，是一个民族在长期的共同生活和共同的社会实践基础上形成和发展的、为民族大多数成员所认同和接受的思想品格、价值取向和道德规范，是一个民族的心理特征、文化传统、思想情感等的综合反映"④，"民族精神是源于一定的社会历史条件，蕴含在特定的文化传统中，随着社会历史发展而不断向前发展的民族主体意识"⑤。"中华民族精神是指集中体现我们民族的优秀品德、崇高风格和伟大抱负的那些东西"，张岱年认为，"中华民族精神，广义的讲是指导中华民族延续发展、不断前进的精粹思想，

---

① 朱德：《朱德军事文选》，解放军出版社，1997，第473页。
② 朱德：《朱德军事文选》，解放军出版社，1997，第852页。
③ 中共中央宣传部：《习近平总书记系列重要讲话读本》，学习出版社、人民出版社，2016，第202页。
④ 李尚杰、刘庆绪：《中国传统文化的精髓及其与民族精神之间的关系》，《赤峰学院学报》（汉文哲学社会科学版）2016年第4期，第108页。
⑤ 兰永海：《试论中国传统文化中的民族精神》，《江西社会科学》2004年第2期，第157页。

是民族文化的主导思想。就性质而言，它是一种伟大的卓越的精神；就表现形式而言，它是民族文化的优秀传统。"①

爱国主义。中华民族爱国主义传统萌芽于远古祖先对乡土的眷恋，国家是故乡或故土的扩大，对故土的热爱自然延伸到对祖国大好河山的热爱，对悠久历史的热爱，对国家安危、国土完整的关注与捍卫。千百年来，无数仁人志士在爱国主义精神的激励和感召下，拼搏、奋斗、奉献、牺牲，才使得中华民族不断发展壮大，中华文明得以延续、辉煌。中国古人在许多文学作品中表现出了丹心报国的志向，例如"小来思报国，不是爱封侯""一寸丹心图报国，两行清泪为思亲""闲居非吾志，甘心赴国忧"等。这种爱国、报国的志向与豪情，深厚的故土和本根意识，在中华民族的传承中不断得到发扬光大，超越时空、超越地域，成为中华民族共同的精神追求。近代以来，爱国主义具有了追求中华民族独立和解放的时代内涵，爱国主义在抵御外辱、实现国家独立与富强的斗争中得到了充分的体现，发挥了重要的作用。民族危机激起了中华儿女救亡图存的反抗意志，林则徐虎门销烟、左宗棠收复新疆、刘铭传收复台湾和澎湖表达了反帝的决心。1919年5月4日，五四运动爆发，中国无产阶级以彻底地不妥协地反对帝国主义和封建主义的姿态登上了历史舞台，体现了强烈的爱国性。毛泽东说："我们是国际主义者，我们又是爱国主义者，我们的口号是为保卫祖国反对侵略者而战。"②集中体现了中国共产党的爱国性。"中华民族的爱国主义传统是在漫长的历史过程中形成和发展起来的，历经了数千年的沧海巨变，但始终保持着旺盛的生命和活力，在维护祖国统一、民族团结，抵御外来侵略、民族分裂，促进经济发展、社会进步等方面发挥了重大作用"③。爱国主义的优良传统长期影响着中国各族人民，抗日战争爆发之后，中国人民的爱国主义精神得到了升华和发展，达到了前所未有的高度和深度。

团结统一。中国是一个统一的多民族发展的国家，在发展过程中，中华民族的统一性和不可分割性逐渐得到巩固。在历史发展过程中，各民族之间，和战交替，但是统一和发展是一个总的趋势。各族人民通过通婚、结盟以及贸易

---

① 张岱年、方克立：《中国文化概论》，北京师范大学出版社，2004，第135页。
② 毛泽东：《毛泽东选集》第二卷，人民出版社，1991，第520页。
③ 李佑新：《抗战精神》，中共党史出版社，2017，第7页。

等手段互相交流，使各民族逐渐成为一个不可分割的整体。"自《史记》《汉书》开始，很多史书开始为少数民族立传，记载他们的环境和习俗，书写他们的英雄与业绩，书写他们的发展史，书写他们与统一皇朝的关系史，反映出统一的多民族国家多姿多彩的历史面貌，反映了中华民族共同心理的形成和凝聚意识增强的历史过程。"[1]另外，中华民族自古以来就有维护国家统一、反对分裂的传统。春秋时期，孔子提出了"大一统"的思想。战国时期，孟子继承了孔子的思想主张，梁襄王向其发出"天下恶乎定"的提问，孟子回答"定于一"，意思是天下归于一统就会安定。"自秦汉以来，中国就是一个统一的多民族国家，在漫长的历史进程中，中华各族人民密切交往、相互依存、交流融合、休戚与共，形成了中华民族多元一体的格局。"[2]这种大一统的思想决定了中华民族在几千年的发展过程中面临外敌入侵时，都能同仇敌忾、奋起反抗。1840年鸦片战争之后，西方列强对中国进行了疯狂的侵略与掠夺；但是由于中国人民的顽强抵抗，他们并未达到瓜分中国的目的。1931年日本殖民者发动了九一八事变，1937年又发动七七事变。在中华民族生死存亡之际，抗日民族统一战线建立，经过艰苦的斗争，中国人民最终取得了胜利，捍卫了中华民族的独立。

自强不息。"天行健，君子以自强不息"，是中国传统文化的重要内容。这种积极向上的态度，在中华民族初始时期已经发端。大禹治水过程中积极实践，表现出了乐观向上的精神。孔子继承了这种积极向上的精神，力图挣脱当时占统治地位的传统天命思想的羁绊，倡导积极、向上、乐观的人生态度。他提出"三军可夺帅，匹夫不可夺志也"，鲜明地阐释了孔子倡导的"刚毅"思想，高度肯定了临大节而不可夺的品质。这种自强不息的态度，是中华民族精神的重要表现形式，成为促进中国历史发展的重要精神动力。中华民族发展过程中自强不息的精神，激励着世代中国人保家卫国、忠贞不渝。"他们为伸张民族正义、赴汤蹈火，在所不辞；面对外敌入侵，挺身而出，宁死不屈；对'贰臣'汉奸，深恶痛绝，嗤之以鼻。"[3]

---

[1] 兰永海：《试论中国传统文化中的民族精神》，《江西社会科学》2004年第2期，第157页。
[2] 李佑新：《抗战精神》，中共党史出版社，2017，第9页。
[3] 李佑新：《抗战精神》，中共党史出版社，2017，第7页。

厚德载物。"地势坤，君子以厚德载物"，这句话体现了中华民族以宽厚之心对待万物、兼收并蓄的胸怀。孔子在其思想体系内，对厚德载物进行了阐发，在实践中积极践行，使宽厚包容逐渐成为中华民族的优秀传统。孔子主张有原则的团结和谐，而不是互相勾结，并进而提出"君子和而不同，小人同而不和"①。孔子提出的思想主张，是以他的仁厚思想为基础的。孔子所建立的仁学思想体系，实际上就是以此为基础，建立一个宽容和谐的道德社会。

在中华民族几千年的发展历程中，以宽为"上德"的道德要求已经根植中国人的内心世界，使中华民族精神形成了宽广兼容的博大胸怀。宽容厚德的思想主要体现在个人修养、民族关系以及国际关系方面。从个人修养方面分析，强调通过兼容并蓄、博采众长的方式增长才干，成就大的德行；在民族关系方面，主张通过民族之间的交流，形成各民族融合发展的局面；在国际关系方面，主张和睦相处、和平共处，不发动侵略战争。

忧患意识。忧患意识是中华民族精神的重要内容，是一种较高层次的理性爱国主义。在历史发展过程中，一些具有相当文化修养、敏锐的政治嗅觉和刚直不阿的士人表现出了强烈的忧国忧民意识。孔子的一生充满忧患、以救世为己任，他所关心的是整个"天下"，"孔子这种关怀天下、以救世为己任的精神追求和理论原则，孕育了后世中国历史长河中无数忧国忧民、以救天下为己任的英杰之士"②。屈原的名言"虽九死其犹未悔"，成为忧患意识的代表语言；司马迁提出"究天人之际，通古今之变"，是具有超时空的对宇宙人生终极关怀的大思想家。范仲淹提出"先天下之忧而忧，后天下之乐而乐"，明末清初的顾炎武、黄宗羲，清末的龚自珍、魏源、林则徐等，怀着强烈的爱国情怀，忧国忧民。林则徐的名言"苟利国家生死以，岂因祸福避趋之"对于激励人们抵抗外来侵略有重要的意义。这些士大夫构成了中华民族忧患意识的人格化特征。这种忧患意识影响着人们为国家奋斗，衍生了奋斗精神、拼搏精神、不屈精神、忘我精神、爱国精神等。

---

① 兰永海：《试论中国传统文化中的民族精神》，《江西社会科学》2004年第2期，第158页。
② 兰永海：《试论中国传统文化中的民族精神》，《江西社会科学》2004年第2期，第159页。

（四）东北地域文化孕育的民族精神

地域文化对于民族精神形成与发展具有重要的作用。东北地域文化是在东北地域环境影响之下形成的农耕文化、游牧文化、渔猎文化、移民文化、民俗文化等。东北地域文化在发展的过程中，蕴含了丰富的内涵，主要表现为英勇无畏、抗击侵略的爱国主义精神，吃苦耐劳、乐于奉献的团结互助精神，自强不息、开拓创新的积极进取精神等。深入挖掘东北文化精神内涵，有利于东北文化传承，将东北文化精神不断外化，形成中华民族精神的重要组成部分。

英勇无畏、抗击侵略的爱国主义精神。在东北人民反抗外来侵略过程中，爱国主义精神得到了充分彰显。1931年九一八事变之后，日本殖民者加紧对中国东北地区的侵略，侵占了东北三省之后，将东北变成其殖民地，建立伪满洲国，将长春改为"新京"（作为伪满洲国的"首都"），长春成为日本殖民者对东北地区殖民统治的"政治中心"。面对日本殖民者的侵略，东北人民英勇无畏、不怕牺牲，展开了积极的反抗活动。1931年9月19日，日军突袭长春，南大营守军奋起反抗。长春抗战是九一八事变初期最激烈、作战时间最长、伤亡最大的一次战斗。在东北抗联反抗外来侵略的过程中，杨靖宇、周保中、魏拯民、李延禄等将领在东北地区积极战斗，谱写了感人至深的爱国主义精神的英雄赞歌。东北抗联将领王凤阁向全国发表通电："凤阁生于斯土，不甘坐视国家之沦亡，本国家兴亡匹夫有责之义，号召同胞，共伸义愤，爱组织义勇军……此后拼掷头颅，牺牲一切，此头可断，此志不移"。[①]这一通电充分体现了王凤阁的爱国主义思想，是东北人民爱国主义情怀的重要彰显。

吃苦耐劳、乐于奉献的团结互助精神。东北人民在日常生产、生活中形成了吃苦耐劳、乐于奉献的团结互助精神。东北地区山林密布，生活环境恶劣，特别是生产力水平低下的远古时期，人烟稀少，野兽出没，要想生存下去，必须团结协作、互相帮助，共同抵御各种天灾人祸。采参和狩猎是东北

---

① 谭译：《东北抗日义勇军人物志》下，辽宁人民出版社，1987，第231页。

地区古代主要的生产方式，在艰苦恶劣的生存条件之下，吃苦耐劳、乐于奉献的品质是重要的保障。在长白山密林深处，采参人或者狩猎者一般会在密林深处的小木屋内发现屋主人或者前一位逗留者留下的一盒火柴或者一小袋粮食，为随时可能来此歇息的人准备不时之需。这一小小的善举不仅是东北地区淳朴民风的体现，更是东北人民吃苦耐劳、乐于奉献的团结互助精神的彰显。

自强不息、开拓创新的积极进取精神。在东北文化传承、发展的过程中，东北人民自强不息、开拓创新、积极进取的精神得到了充分的体现。在艰苦的生活条件下，自强不息、开拓创新的精神是非常重要的。在东北文化发生和初创时期的肃慎古族《天宫大战》，塑造萨满英雄形象的《乌布西奔妈妈》《恩切布库》《西林安班玛发》等创世神话和英雄史诗中，主人公都是不甘于命运束缚、不满于现状、力争改变命运的英雄。积极进取精神成为东北人一种深厚的文化积淀，并内化为人们不断开拓创新、拼搏进取、创造伟业的精神内核。新中国成立之后，东北人民在社会主义改造及建设过程中，面对"一穷二白"的局面，将东北人民自强不息、开拓创新的积极进取精神诠释得更加充分，建立了东北工业基地，为新中国的稳定与发展作出了重要贡献。东北人民在党中央的领导下，克服各种困难，积极进取，自强不息。长春第一汽车制造厂，不仅完成了3年建厂的任务，而且完成了3年打造中国第一辆汽车的目标。大庆油田、沈阳第一机床厂、鞍山钢铁公司等为东北工业基地建设与发展作出了重要贡献，为新中国工业恢复与发展奠定了坚实的基础。

海纳百川、为我所用的开放包容精神。东北从远古到现代，东北文化在传承、发展的过程中形成了不保守、开放的文化襟怀。东北文化的发展历程，是不断学习和接受汉文化的过程。在东北地区政权更迭的过程中，始终注重向汉族先进文化学习，向周边先进文化吸取营养。从政体、文字到教育等方面都注重吸纳汉文化的精华，"先秦时期吉林白金宝文化的陶器纹饰就有仿商周青铜器的蝉纹和回纹，表明这一时期的文化与商周文化之间的联系"[1]。辽代的契丹大、小字，是根据汉字创制的，促进了辽代文化的发展。此后，儒学教育、元代戏剧、清代诗词创作充分吸纳了汉代文化。近代以来，"闯关东"成为一个重

---

[1] 何青志：《吉林文化通史》，吉林人民出版社，2015，第12页。

要的历史现象，大量的关外人口进入东北地区。东北人民充分吸收各地移民的先进文化以及生产经验，促使东北文化向多元化发展。近现代东北文化在不断开放、不断交流互动中与中华文化进一步深入交流，不排外、不保守，逐渐融入中华文化，海纳百川、为我所用的开放包容精神成为东北文化重要的精神品格。

二、东北抗联精神产生的现实基础

（一）马克思主义在东北地区的传播

1915年爆发的新文化运动，提倡民主与科学，反传统、反孔教，为马克思主义等新思想传播奠定了基础。1919年五四运动爆发，工人阶级开始登上历史舞台，这为马克思主义在中国的进一步传播奠定了坚实的基础。随着工人运动深入开展，马克思主义逐渐成为中国新民主主义革命的指导思想。在中国新民主主义革命发展的过程中，马克思主义在东北地区得到了一定程度的传播，发挥了思想启蒙的作用。

1. 马克思主义在辽宁地区的传播

在五四运动的影响下，辽宁省内的工人、学生以及商人积极响应号召，开展了罢工、罢课、罢市运动，但是遭到了奉系军阀的阻挠与镇压。1919年5月27日，奉天第一中学学生代表发起成立了"奉天学生联合会总会"，并召开了第一次代表会议，提出："第一，开展活动力争山东归还，声援北京学生的爱国运动；第二，提倡国货，抵制日货，并且向商界和各界人民宣传"。5月8日，奉天省议会、总商会、工务总会、农务总会、教育总会发出声援电："此次巴黎和会，日本恃强蔑理，要求将青岛由德国交彼处理，如无可挽回，即拒绝签字以为最后之抵制；政府应察舆情，再行电令专使，坚持到底，勿稍馁却，以保领土，而继主权"①。奉天学生联合会总会发出的声明和奉天省议会等组织联合援电，都谴责了日本帝国主义对中国的侵略，要求政府坚持抵抗，维护中国的领土主权和完整，同时开展运动声援北京学生的爱国运动。这一主张完全继承了五四运动的基本精神，说明五四运动在辽宁地区得到了广泛的传播。

五四运动在辽宁地区的规模相对较小，而且由于奉系军阀及日本殖民者的压制，没有得到广泛的发展，但是仍然产生了一定的社会反响，马克思主义得到了进一步的传播。大连是辽宁省马克思主义传播比较早的地区，1920年成立了"大连中华青年会"，该会下设"星期讲坛"，围绕有关中国前途、青年使命等进行讨论，邀请一些革命者和进步人士宣传民主思想，逐渐将社会主义和共产主义思想纳入演讲议题，使马克思主义的思想主张得到了一定程度的传播。该会创办了会刊《新文化》，作为东北地区宣传新思想、传播新文化的进步刊物，自从创刊以来，刊登了大量进步文章，包括李大钊、恽代英等人的文章，促进了马克思主义思想在辽宁地区的传播。

随着马克思主义在东北地区影响力的逐步扩大，《泰东日报》逐渐成为宣传马克思主义的重要的舆论阵地。1919年10月，该报刊登了《匈国劳农政府经过实况》一文，对于匈牙利人民革命政府建立的经过进行了系统的介绍，并向大连人民介绍了俄国十月革命的过程，在史实论述的基础上，表达了作者支持革命的态度。作者在文章中写道："世人对于革命心里有多数党战胜少数党之观念，又不知今日之革命已不大含有党派之气味，俄罗斯匈牙利之数千百万共起除去专制政府与资本家，而专制政府与资本家尽失其抵抗能力而烟消云散，试问古来有何党之力能至此。"②通过这段内容可以分析得出结论，作者具有坚持推翻资产阶级统治、建立无产阶级专政的思想。

在奉天，一些宣传先进思想的组织得以建立。1921年"星期三会"建立，以奉天基督教青年会为基地，每周三组织学习、讨论和演讲，逐渐成为奉天进步青年的活动中心，并逐渐成为马克思主义组织。1924年成立了"社会

---

① 武振凯：《马克思主义在辽宁的早期传播》，《辽宁省社会主义学院学报》2011年第1期，第70页。

② 王静、郑淑梅：《从大众传媒看马克思主义在东北的早期传播》，《东北史地》2009年第4期，第93页。

主义研究小组"和"文学研究会",组织进步学生阅读《向导》《中国青年》等党团机关刊物。

马克思主义在辽宁地区的传播过程中,一批历史人物发挥了重要的作用,其中最具代表性的是陈镜湖。陈镜湖参加了"新生社",这是李大钊指导建立的社团组织。1920年"新生社"改组为"马克思主义研究会",陈镜湖接受了马克思主义思想。在此基础上,陈镜湖团结一批进步学生成立了"向明学会",创办了《向明》杂志,传播革命思想和马克思主义。陈镜湖在奉天地区进行宣传、演讲,在当地产生了重要的影响。另外,高子升、苏子元、阎宝航、傅立鱼等人组建马克思主义宣传的团体组织,创办进步的报纸杂志,将进步书籍等引入辽宁地区,在辽宁地区马克思主义传播的过程中发挥了重要的作用。

马克思主义在辽宁地区传播过程中体现了明显的特征:首先,以学生和进步青年为主体;其次,传播内容以革命人士的进步文章、演讲等为主;再次,传播途径以建立学会组织、期刊为主;最后,传播的范围以及规模逐渐扩大,影响力得到扩展。总之,五四运动之后,马克思主义在辽宁地区得到了传播,为辽宁地区革命运动的开展奠定了重要的思想基础。同时,通过马克思主义传播,培养了一批具有先进思想的进步人士,为马克思主义持续传播以及革命运动开展奠定了组织基础,储备了人才。

2. 马克思主义在吉林地区的传播

马骏(1895—1928)

五四运动爆发后的第二天,李大钊和马骏委派在北京和天津学习的吉林籍学生回到吉林开展工作。马骏是吉林地区马克思主义传播以及吉林地区党团组织建立的奠基人,在马克思主义传播过程中发挥了重要的作用。回到吉林之后,这些学生在当地积极投身抗日爱国救亡运动,先后在吉林市、长春市等地组织了报告会。在报告会上,向当地群众介绍了北京等地学生开展的爱国救亡运动的基本情况,在此基础上号召吉林人民积极行动起来。1919年5月6日,吉林学生组成了"吉林青年团",散发了大量的传单,揭露了

"二十一条"，提出"誓死不承认二十一条""抵制日货""经济绝交"等口号。吉林地区的学生组织了大规模的罢课运动，声援北京学生的爱国运动。吉林地区声援五四运动以青年学生的罢课运动为主，在吉林地区产生了重要的影响，为马克思主义在吉林地区传播奠定了基础。

新文化运动之后，《新青年》《湘江评论》等刊物在吉林地区传播，《共产党宣言》《国家与革命》等书籍在青年学生中得到传阅。另外，吉林地区的青年创办了《春鸟秋虫》《毓文校刊》等刊物。吉林省出现了一批革命知识分子，极力创办文艺社、学会、报刊，把进步人士凝聚起来，促进了马克思主义思想在吉林地区的传播。五四运动之后、九一八事变之前，吉林地区创办的进步报刊和组织有《毓文》周刊、吉林青年学会、青年新剧社、白杨社、艺友社等。

《毓文》周刊，1921年在吉林市毓文中学创办，以"研究真理、扶导真理"为原则，向外界报告研究情况，一批先进知识分子以此为基础发表了大量的新思想、新文化的文章。五卅惨案发生之后，马骏指导《毓文》周刊出版了《沪案专刊》，刊载了大量的文艺评论、讽刺短文以及诗歌等作品，激励吉林乃至全国人民的革命斗志，声讨帝国主义的血腥罪行。

同年，青年新剧社在吉林市成立。这是一个隶属于吉林青年学会、专门从事话剧活动的群众团体。青年新剧社成立之后，于10月10日和11日举行了公演，演出南开中学剧团的剧目《一念差》。该剧以辛亥革命为背景，向人们宣扬了辛亥革命的重要意义。1923年9月，在吉林市成立了白杨社，这是东北地区最早成立的文学团体，主要成员包括穆木天、何霭人、郭桐轩等。白杨社立足于传播新文学、宣扬新文化，以"促进吉林新文坛、创新文艺创作"为宗旨。白杨社的成立对于吉林地区新文化、新思想传播有重要的作用，标志着东北新文化的兴起。艺友社是1927年在吉林省延边市龙井县成立的业余文艺社团，通过创作、演出革命话剧，号召人民反抗日本帝国主义的侵略。

1923年，李大钊派遣共产党员刘旷达到吉林省长春省立第二师范学校任教，宣传革命思想，进行革命活动。同一时期，恽代贤、葛继英、彭蔚山、楚南图、谢雨天、赵雨勤等进步教师先后来到第二师范学校任教。他们以课堂为平台，宣传爱国主义思想，传播马克思主义，受到了广大革命师生的欢迎。马克思主义在吉林地区的传播与吉林地区的群众运动紧密结合，学生运动和工人运动快速发展，马克思主义思想得到了传播。一批具有先进思想的知识分子来到吉林地区，成为马克思主义传播的重要主体和推动者，对于吉林地区马克思主义的传播奠定了重要的基础并提供保障。

3. 马克思主义在黑龙江地区的传播

黑龙江省，具有较大的地缘优势，成为当时较早接触马克思主义的地区。俄国十月革命之前，布尔什维克在黑龙江地区秘密散发革命传单，将俄国国内革命斗争的情况向中国工人宣传，揭露了帝国主义出兵干涉俄国革命的事实以及罪恶目的，为中国革命思想传播奠定了基础。布尔什维克发表《声明俄国旧官僚罪状，通告中华民国农工商军学各界人士等急速省悟》《天下贫苦之人民一体联合》《俄国一般务农者敬告中国务农兄弟》《中国工党同胞听者》，请求中国工人给予支援。另外，为了团结中国工人，布尔什维克通过开展宣传工作，进行积极的思想动员，使中国工人阶级和知识分子开始接触无产阶级思想，成为中国较早接触马克思主义思想的群体。

俄国十月革命之后，马克思主义开始传入中国，并得到了一定范围的传播。中东铁路修建之后，大约有40万俄国侨民涌入铁路沿线。这些俄罗斯工人与中国工人一起工作，建立了广泛的联系，为马克思主义思想进一步传播创造了条件。"1907年布尔什维克在哈尔滨召开工团代表会议，选举产生了中央委员会，对外以'俱乐部委员会'的名义开展活动，统一领导哈尔滨和中东铁路沿线各工会组织的斗争，并对中国工人进行革命宣传"。[1]俄国国内的大量革命书籍报刊通过中东铁路传递进入黑龙江地区，包括《共产革命》《共产教育》《工人俱乐部》《列宁真理报》等。哈尔滨部分俄国人开设的书店里出售俄文版马克思、恩格斯、列宁的著作。总之，中东铁路沿线中俄工人运动促进了马克思主义思想传播，中东铁路成为马克思主义传播的重要载体。

五四运动爆发之后，在黑龙江地区产生了强烈的反响，哈尔滨、齐齐哈尔等地的反帝爱国运动迅速发展。5月6日，哈尔滨市的1000多名学生，3000多名工人、商人，以及市民举行了大规模的集会，要求废除"二十一条"。"5月

---

[1]　郭渊：《20世纪初马克思主义在哈尔滨的传播》，《黑龙江社会科学》 2007年第5期，第118页。

9日，哈尔滨出版的《远东报》，以《北京学生之爱国潮》为题开始报道北京学生反帝示威游行情况。5月11日，发表了《论北京学生之大活动》的社论，称赞'此诚痛快人心之大事'，并抨击北洋军阀政府镇压学生的罪行。"①哈尔滨地区快速发展的学生运动，扩大了五四运动在黑龙江地区的影响，并得到了工人阶级的同情和支持，并最终促成了工人运动与学生运动的结合。1919年5月，中东铁路中国工人参加中东铁路工人罢工，在罢工酝酿阶段，《满洲新闻》对工人、学生、商人联合斗争的趋势进行了分析，在新闻中写道，"中国工人亦欲同学、商界采取一致行动，故于近期中国工人将要举行总罢工。"②

从1920年开始，中国政府逐渐收回中东铁路的主权。同时，民族工商业得到发展，五四精神广泛传播。在此背景之下，黑龙江陆续出版了国人报纸，以"外争国权，内倡国货"为宗旨。1923年2月21日，哈尔滨救国唤醒团主办的《哈尔滨晨光》创刊。《哈尔滨晨光》是哈尔滨比较早响应五

《远东报》

四运动，利用白话文创作、发表文章的，在哈尔滨产生了重要的影响。

哈尔滨各界为报纸的创办和发展提供了重要的支持，哈尔滨滨江商会认为，"用我们的舌头唤起哈尔滨的万人，但是纯用喉舌是很不经济的，必须假一种永久继续的工具，为哈尔滨市建造坚固的舆论"。为此，滨江商会"不仅资助办报经费5000元，还提供了办报用房"③。

电信媒介在黑龙江地区马克思主义传播过程中发挥了重要作用。20世纪初，凭借得天独厚的中东铁路枢纽的优势，哈尔滨迅速发展成为东北电信中心之一。在此基础上，电信媒介的作用得到显现。哈尔滨通讯社于1923年9月16日成立，是中国共产党在东北地区创办的独特媒介组织，采用无线电收发

---

① 郭渊：《"五四"时期黑龙江的学生运动》，《东北史地》2008年第4期，第57页。

② 李述笑：《哈尔滨历史编年》（1763—1949），哈尔滨出版社，2000，第107页。

③ 黑龙江日报社新闻志编辑室：《东北新闻史（1899—1949）》，黑龙江人民出版社，2001，第127页。

稿件，在发展过程中逐步成为中国共产党人在哈尔滨进行革命活动的据点。哈尔滨通讯社以"宣传消息，介绍文化，拥护舆论，编纂各项统计调查"①为宗旨。另外在该通讯社《简章》中对招揽人才进行规定，"凡表同情于本社宗旨而愿尽力协助本社者，均可为本社社员，不分国籍和性别，并发给证书"。这一规定以招揽人才为基本原则，吸引了大批的爱国进步青年和知识分子投入到这项工作中来。

九一八事变之前，黑龙江地区由于特殊的地缘关系，使马克思主义传播体现了一定的特殊性。由于中东铁路的运营，工人数量激增，工人运动如火如荼地开展，并在五四运动之后与学生运动结合，形成了这一时期黑龙江地区的革命高潮。另外，由于大量俄国人在黑龙江特别是哈尔滨生活，使这些地区创办了大量的俄文期刊报纸，介绍俄国革命的经验，谴责帝国主义的干涉和侵略。俄国人经营的书店出现了俄文版的马克思主义著作，为马克思主义传播奠定了重要的基础。同时，哈尔滨通讯社的建立，"在中国广播史上开创了用无线电传播新闻的先河"，创始人刘瀚因而成为"以无线电通信与共产党人合作创办新闻通讯社的第一位广播人"②。

五四运动之后，东北地区掀起了大规模的群众运动，学生运动与工人运动结合，形成了东北地区传播新思想的革命高潮，马克思主义在这一过程中得到了广泛传播。首先，马克思主义在辽宁、吉林、黑龙江地区的传播，与当地的革命斗争形势密切相关，呈现出内在的一致性，部分共产党人以其掌握的先进的理论武器领导群众的革命运动，并不断传播新思想。其次，马克思主义传播与中国共产党早期的工人运动相结合，深入挖掘工人阶级革命的积极性以及对于革命理论的热情与渴望。最后，五四运动之后，马克思主义传播与反军阀的斗争紧密结合，在反对殖民主义侵略的同时，强调反对军阀的反动统治。马克思主义的广泛传播一方面使新思想成为群众斗争的重要武器，另一方面启发民智，为九一八事变之后马克思主义在东北地区传播奠定了思想基础。

2018年5月4日，习近平在纪念马克思诞辰200周年大会上发表重要讲话

---

① 黑龙江省青运史工作委员会办公室：《黑龙江青年运动历史编年》，内部出版，1989，第11页。

② 陈尔泰：《中国广播之父——刘瀚传》，中国广播电视出版社，2006，第82页。

时指出："马克思主义是不断发展的开放的理论，始终站在时代前沿。马克思一再告诫人们，马克思主义理论不是教条，而是行动指南，必须随着实践的变化而发展。"[①]不断与时代结合、与国情结合，是马克思主义理论保持生命力的根本，"马克思主义在中国的传播和发展过程，就是马克思主义与中国具体实际相结合的过程，就是理论应用的过程"[②]。五四运动之后，一批先进的知识分子来到东北，领导学生运动和工人运动，带来了马克思主义著作，建立了思想团体，创建革命报刊。这些措施一方面开启了民智，另一方面，为抗战时期马克思主义在东北地区的传播与发展奠定了思想基础。

（二）九一八事变前中国共产党在东北地区的革命斗争

中国共产党对东北地区的革命斗争非常重视，1921年中国共产党成立之后，中共中央立即派人到东北地区开展工作。一方面，进行思想宣传，使东北人民深刻理解马克思主义的内涵与价值；另一方面，根据东北地区的实际情况，在东北地区建立党团组织，并领导开展工农运动。

1. 在东北地区建立党团组织

在中国共产党的领导下，哈尔滨、大连及奉天（今沈阳）等地建立了许多青年组织。1923年7月，在哈尔滨成立了社会主义青年团支部。同年10月，成立了中国共产党哈尔滨独立组，负责人由陈为人担任。中国共产党哈尔滨独立组是中国共产党在东北地区最早建立的党团组织。1925年，东铁青年工人协会成立，中共北方区委派吴丽石负责，随后成立了中国共产党哈尔滨特别支部，发展党员20余名。随着发展规模的扩大，中国共产党哈尔滨特别支部进一步改组。1926年春，扩建为中国共产党北满地方委员会，主要负责包括哈长、哈满、哈绥以及沿线地区的中东铁路全线的党的工作。中国共产党北满地委建立之后，发展迅速。截至1927年4月，在哈尔滨市内建立了个数支部，同时建立了牡丹江、安达、吉林以及长春等支部，党员发展到140余人。

---

① 习近平：《在纪念马克思诞辰200周年大会上的讲话》，《人民日报》2018年5月5日，第2版。
② 刘信君：《毛泽东对马克思主义中国化的贡献》，《吉林日报》2018年5月4日，第10版。

　　1924年6月，社会主义青年团大连支部成立。1926年1月，中共大连特别支部成立。这是党团一体的组织，2月改为大连地委，地委书记由杨志云担任。随着革命形势的发展，地委于1926年1月进行了改组，将党团分开，分别建立了党地委和团地委，党地委书记由邓鹤皋担任，团地委书记由尹才一担任。1927年夏，中共大连地委改为大连市委，在其领导下，大连地区的党组织得到了发展。截至1927年7月，大连市委建立的支部达到20余个，发展党员200余人、团员180余人。在中国共产党的组织领导下，中共奉天支部1925年8月成立，任国桢担任书记。同年10月，奉天团支部成立，吴晓天担任书记。截至1927年4月，奉天城内建立了几个党小组，发展党员最多时达到90人。

　　综上所述，中国共产党的党团组织在东北地区得到了快速发展，到1927年，建立了2个地委30余个支部，共发展党团员500余名。东北地区建立的基层党团组织，组织、领导人民群众参加革命活动，创办了一批革命报刊，宣传马克思主义思想以及反对帝国主义反对封建军阀的"国民革命"。例如，在五卅运动中，吉林省组织了沪案后援会，会长马骏是中共党员，这充分说明了中国共产党党团组织在反帝反封建运动中发挥的重要作用。1927年，中共奉天支部任国桢等人领导了奉天制麻会社千余名工人参加的大罢工。

2. 筹建中共满洲省委

中共满洲省委第一任书记陈为人（1899—1937）

　　1927年国民党发动四一二反革命政变，东北地区的党组织遭到严重破坏，支部数和党员人数减少。1927年5月，中共中央召集邓鹤皋、关向应等人专门讨论了东北地区的党建工作，与会人员一致决定成立中国共产党满洲省委，负责统一领导东北地区的革命工作，筹备会书记由邓鹤皋担任。7月下旬，邓鹤皋在大连被捕，筹备工作被迫中断。之后，由陈为人等人继续筹备成立满洲省委。陈为人抵达奉天（今沈阳）之后，与吴丽石等人积极努力，召集哈尔滨、长春、吉林、大连等地的党的活动分子，在哈尔滨召开了东北地区党员活动分子会议，通过了《我们在满洲的政纲》以及工运、农运等多项决议。同时，会议决定成立中国共产党满洲省临时委员会，选举陈为人、吴丽石、王立功等七人为委员，陈为人担任书记兼宣传部长，吴丽石担任组织部长兼农运部长，临时委员会机关设在奉天。中共满洲省临时委员会建立之后，东北地区的党组织得到了一定程度的恢复与发展。

中共满洲省委是中国共产党在东北地区设立的最高领导机构，中共中央加强对东北党组织的领导，协助满洲省委工作。1928年周恩来赴莫斯科参加党的六大会议，10月初离开莫斯科回国。途经奉天的时候，周恩来首先听取了满洲省委成员的工作汇报，然后将党的六大会议精神进行传达，另外结合共产国际的指示，对东北地区的革命工作做出了具体的安排。周恩来对满洲省委的亲临指导，使满洲省委对于革命形势以及党的政策有了更加清醒的认识、更加深刻的理解，纠正了政策以及实践中的错误倾向。这一时期，抚顺铁厂工人由于不能忍受日方的压迫，与日本人发生了激烈的冲突，群众动手打伤日本人。日本厂方逮捕了为首的群众，引发了更大规模的冲突。最终中日巡警逮捕160余人，16人被关进了监狱。针对这一情况，中共满洲省委将抚顺工人的斗争情况写信向中共中央进行了汇报，认为必须将这一活动的影响扩大。为了强化对这一斗争的领导，满洲省委派常委一人负责指挥布置。如果能够充分利用，这场斗争将能够使共产党获得一部分群众的支持，并能够在抚顺9万名产业工人中扩大影响。1929年2月，周恩来起草了中共中央致满洲省委的指示信，指示满洲省委在领导抚顺铁厂工人的斗争中首先要注意与全国反日运动联系起来，从整体上衡量其意义；其次，坚持计划性，坚持建立基础工作，不能因为一时的发展，而不顾一切地孤注一掷。这一指示一方面要求将东北地区的反日运动与全国抗日运动联系起来，另一方面从具体的策略上进行指导，具有重要的指导意义。

党中央对满洲省委工作的关注还表现在为满洲省委培训干部，派遣大量人才赴东北工作。满洲省委初创时期，干部匮乏，而且面临严峻的斗争环境。为了领导东北地区的革命斗争，中共中央决定派遣干部到东北领导革命斗争。1929年党中央第三十九次政治局会议召开，在会议上提出派遣刘少奇赴东北领导满洲省委工作，同时周恩来亲自动员地下党员丁君羊去东北协助刘少奇的工作。中共满洲省委在刘少奇的领导下，全面开展工作，使东北地区群众革命热情高涨，群众运动空前开展。对于东北革命工作的进步与成绩周恩来给予充分肯定和高度评价，指出，"在精神路线上迥然与前进，的确创造了满洲党的斗争精神"①。1929年，周恩来在上海举办了秘密的干部培训班，满洲省委派出赵尚志等人参加，使东北地区党员干部的思想理论素养和领导水平得到了提升，为推动东北地区革命斗争的发展储备了大量的干部。

3. 领导东北地区工农运动

中国共产党将领导工农运动作为重要的工作内容。 1929年11月"一一·九"惨案一周年之际，中国共产党领导、组织了游行运动，哈尔滨的学生、工人以及市民上街游行，人数达5000余人，"打倒日本帝国主义"的口号响彻云霄，激发了人民群众的反日爱国热情。1930年初，中东铁路局裁减1929年7月10日以后录用的华工。为了维护工人的权益，深入开展反帝爱国运动，中国共产党哈尔滨市委派郭真等人深入三十六铺领导工人运动。在郭真等人的领导下，成立了"工人失业团""失业工人后援会"，社会各界人士通过捐钱、捐物等方式对工人运动给予支持，此次工人运动最终取得了胜利，之前被裁的150余名华工复工。此次工人运动，不仅维护了工人阶级的权益，而且扩大了中国共产党的影响。领导农民运动是满洲省委的另一项工作。东北地区的农民运动以东满和南满最为突出，延边地区居住着许多朝鲜族农民，其中，部分人因不堪日本帝国主义的压迫从韩国逃亡过来，对日本殖民统治深恶痛绝。另外，朝鲜共产党解散后，部分党员履行一定的手续，加入了中国共产党。1930年3月，中国共产党延边特别支部成立。5月初，延边特支领导了平岗、石门等地的农民举行了反日和抗租抗税游行。南满地区，在中国共产党领导下，柳河、磐石、清原、宽甸、通化以及海龙等县的农民抗租抗债斗争逐步活跃，范围不断扩大，并取得了良好的效果。

---

① 中共中央文献研究室：《刘少奇年谱》（上），中央文献出版社，1996，第96页。

（三）日本帝国主义侵略与殖民东北

1. 制订殖民侵略方案及计划

1929年，资本主义世界性经济危机爆发。日本由于国内市场小、原材料和劳动力缺乏，经济发展受到严重的影响，日本帝国主义加紧了对国内劳苦大众的压迫和剥削。另一方面，日本帝国主义对其在中国经营的企业加紧了奴役和剥削，使矛盾不断激化，中国人民奋起反抗。为了维护日本帝国主义的根本利益，日本殖民者策划进一步侵略、奴役中国。1929年7月5日，时任日本关东军司令部参谋、作战部主任石原莞尔提出了《满蒙问题解决方案》，针对满蒙问题提出了具体的解决方针，指出，"若准备对美作战，就要立刻对中国作战，坚决把满蒙政权握于我手中；由于满蒙的合理开发，日本的繁荣自然恢复"[1]。石原莞尔将满蒙问题解决与日本的繁荣紧密联系起来。

东北易帜之后，东北地区外交权限属于南京政府。南京政府制订了以葫芦岛为中心的铁路网联运计划。如果这一计划实施，将使日本的殖民利益受到损害，这引起了日本军国主义分子的恐慌。1930年12月，日本拓务省大臣松田源治和满铁总裁仙石贡以及外务省和陆军部人士召开会议，密谋制定吞并满蒙的计划，提出采取"以华治华""恩中威""亲中恶"等手段，"一面假陆军当局之强硬后援，一面由满蒙当局用怀柔的术策以诱之"[2]。这一主张的实质是以"刚柔相济"的办法逐步实现吞并满蒙。1931年3月，关东军参谋、陆军大佐板垣征四郎做《从军事上所见的满蒙》的演讲，阐释了日本殖民者对于占领、吞并满蒙的强烈愿望，以及满蒙地区丰富的资源对于日本殖民主义战争的重要作用，提出："在对俄作战上，满蒙是主战场，在对美作战上，满蒙是补给的源泉，从而，实际上满蒙在对美、俄、中的作战上都有最重大的关系。如

---

① ［日］关宽治、岛田俊彦：《满洲事变》，王振锁、王家铧译，上海译文出版社，1983，第123页。

② 《东北抗日联军史》编写组：《东北抗日联军史》上册，中共党史出版社，2015，第32页。

果单用外交手段，毕竟不能达到解决满蒙问题的目的。"①上述言论表现了日本军国主义分子以及战争狂热分子对侵略的煽动。

随着战争形势的变化，日本殖民者对侵略方针及政策进行了更加深入的研究，逐步制定出更加清晰、明确的侵略满蒙的政策方略。1931年，日本参谋本部制定了解决满蒙问题的步骤：第一步，在东北地区建立一个亲日政权，取代张学良政权；第二步，将这一亲日政权从中国主权下分离，从而成立一个独立的国家，并继而获得国际社会的承认，最终实现占领满蒙的目的。这是针对中国东北地区的形势制定的侵略方针，最终伪满洲国的建立与这一方针完全吻合。同年6月19日，日本陆军省和参谋本部拟定了《解决满蒙问题方案大纲》，这成为日本帝国主义侵略东北的纲领性文件，其中提出："（1）倘若满洲的排日活动再发展下去，也许要采取军事行动。（2）让日本国民和世界各国了解满洲的排日活动，以便在采取军事行动之际，能得到国内外舆论的谅解。（3）采取军事行动时所需要的兵力，在与关东军协商后，由参谋本部作战部拟定上报。（4）为谋取国内外谅解而采取的措施，约以一年为期，即到明年（1932年）春为止"②。日本关东军之后采取的一系列军事行动，基本上都是按照这一纲领执行的。

日本外务省、陆军省等机构制订了侵略中国东北的方案与计划，日本关东军也积极制定相关的政策和计划。后者的计划与陆军省制定的侵略步骤体现了内在的一致性，但是更加激进。1931年，关东军制定了《满蒙问题处理方案》，认为应该以军事占领解决满蒙问题，主张"阴谋制造关东军行使武力的机会"③。关东军制定的这种激进的方案得到了日本军部的支持。关东军参谋部将这一方案具体化为《关东军占领满蒙计划》，以更利于执行。

综上所述，侵略并占领中国东北地区是日本帝国主义长期策划的阴谋，是日本殖民主义对外侵略的重要一环。日本外务省、陆军省、日本军部以及关东军等都制定了详细的步骤与计划，使其侵略方针逐步清晰、明确，表明了日本帝国主义对于战争的狂热，为侵略战争疯狂制造舆论。

---

① ［日］小林龙夫、岛田俊彦：《现代史资料》7，みすず书房，1964，第139页。

② 《东北抗日联军》编写组：《东北抗日联军史》上册，中共党史出版社，2015，第33页。

③ ［日］小林龙夫、岛田俊彦：《现代史资料》11，みすず书房，1964，第286页。

2. 对东北地区的军事侵略

九一八事变之前，日本关东军在东北地区制造了"万宝山事件"和"中村事件"，公开挑衅，煽动战争狂潮。日本殖民者为了挑拨中国人民与朝鲜人民的关系，在吉林省万宝山策划了"万宝山事件"，为发动战争制造舆论。1931年，中国人郝永德成立了"长农稻田公司"，骗取了万宝山附近12户农民的土地。为了获取利益，郝永德将这些土地违法转租给188名朝鲜人耕种。朝鲜人获得土地之后，开凿了从马家哨口至姜家窝堡长达10公里的水渠，侵害了当地农户的利益，当地政府进行了劝止。日本殖民者充分利用这一机会，日本驻长春领事派遣日本警察到达现场，声称"保护"朝鲜人，同时采取手段制止朝鲜人撤走。另外，为了制造舆论，日本殖民者通过《朝鲜日报》记者金利三制造假新闻，谎称大批朝鲜人在万宝山被杀害。这一假消息掀起了朝鲜半岛大规模的排华运动，许多地区出现了袭击华侨的暴行，华侨的生命和财产遭受巨大损失，导致朝鲜华侨被杀142人，受伤546人，失踪91人，财产损失无数。日本军国主义分子以此为契机，在国内大肆鼓吹，"满蒙生命线受到威胁"，必须用武力从根本上解决满蒙问题，维护日本的权益。

1931年，日本殖民者策划了"中村事件"。1931年春，日本参谋部大尉中村震太郎在日本特务机关派遣下，在中国东北从事间谍活动。6月26日，中村震太郎被当地驻防的中国屯垦区第三团所部拘捕，在中村震太郎身上搜出了大量的军用地图等，包括中村震太郎在实地调查中绘制的洮（南）索（伦）铁路桥梁渠涵洞草图、兴安屯垦区兵力分布图以及关于雨量、气候、村落、居民、土地等资料。证据确凿，团长关玉衡下令将中村等人处死。"中村事件"发生后，日本国内大肆叫嚣用武力解决这一问题，军部甚至提出"不管中国方面态度如何，都要立即以最大决心采取行动"[1]。这里所谓最大的决心即武力解决。日本军部认为，除行使武力之外，满蒙问题解决别无他途。"万宝山事件"和"中村事件"使日本帝国主义侵略中国东北的阴谋完全暴露出来，"中村事件"成为日本发动九一八事变的借口之一。

---

[1] 王野平译：《"九一八"事变——奉天总领事林久治郎遗稿》，辽宁教育出版社，1987，第118页。

1931年9月18日，日本关东军发动了震惊中外的九一八事变。日本关东军炸毁了沈阳北郊柳条湖附近的一段南满铁路，然后诬陷是中国军队炸毁铁路。日本关东军以"中国军队挑衅"为借口，向中国军队发动了进攻。日本关东军攻占了东北军的北大营，同时占领了奉天城，之后沿着南满铁路、安奉路前进，占领了安东、营口、凤凰城等重要城市。随后开始向北进攻，9月19日夜，经过一天一夜的激战，日军占领了长春。在日军占领吉林市的过程中，熙洽等人投降，日军没有遇到抵抗，21日，日军第二师团主力进驻吉林市。同日，日军侵占了延吉、和龙、珲春、汪清等县。23日占领了敦化等地，24日日军占领了吉林省西北全境。日本殖民者占领了长春和吉林之后，开始向黑龙江地区进攻。从11月4日至19日，马占山领导黑龙江军民进行了江桥抗战，多次打退日本侵略军，击毙了大批敌人；但是由于弹尽粮绝、腹背受敌，孤立无援，马占山部退出齐齐哈尔，日军随即入城，黑龙江省陷落。日军自1931年10月起对以锦州为中心的辽西地区进行侵扰，于1932年1月3日进入锦州城内。1933年初，日军为了巩固对辽宁、吉林以及黑龙江的占领，同时为侵占华北奠定基础，决定占领热河。1月3日，日军占领了山海关和临榆县城，拉开了进攻热河省的序幕。3月4日，承德陷落。至此，日本殖民者基本实现了对东北地区的殖民占领。

3. 日本殖民主义对东北地区的殖民统治

日本殖民者对东北地区进行了全方位的殖民统治，包括建立傀儡政权、镇压东北人民的反抗、对东北地区进行经济统制与掠夺、对东北地区进行文化奴役等。

建立傀儡政权。九一八事变之后，溥仪与日本殖民者相互勾结，答应了日本殖民者的要求，几经辗转，回到东北。1932年3月1日，日本关东军发表了所谓"建国宣言"，宣布"满洲国"成立。3月8日，溥仪来到长春。3月9日，举行就职典礼，正式成为日本殖民统治的傀儡与工具。伪满洲国成立之后，公布了所谓"政府组织法"，在政治体系方面规定了伪满洲国实行所谓立法、行政、司法以及监察四权分立；在军事组织上，成立了伪军政部，组建了伪满洲国军队。为了实现对伪满洲国军队的控制，在伪军政部内设置了军事顾问团，由日本关东军军官组成。军事顾问团操纵伪军政部的一切军务、政令以及指挥和调动权利。由此可见，伪满洲国的建立，完全是日本侵略政策的产物，是在日本帝国主义操纵和支持下，唆使一小撮汉奸、走狗拼凑而成的一个卖国的、傀儡的、殖民地化的伪政权。

对东北人民进行统治与镇压。伪满洲国建立之后，东北人民展开了积极的反抗斗争。日本殖民者为了强化其在东北地区的统治，将东北彻底变成其殖民地，在东北地区开展了严酷的法西斯统治，对东北人民的反抗运动进行了疯狂的镇压。1932年，伪协和会成立。伪协和会成立之后，积极配合日伪军警对东北各地区进行"讨伐"，同时制造反动舆论，毒害与腐蚀东北各族人民群众。为了强化统治，日本殖民者在东北地区建立了伪军警宪特机构，并不断强化，逐渐形成了以日本军警宪特为主、伪满军警宪特为辅的军警体系。为了稳固殖民统治，削弱东北人民的抵抗意识，日本殖民者对东北各地进行了连续"讨伐"，对东北人民进行了血腥镇压。同时制定了各项反动法令，强化对东北人民的统治以及对东北抗日武装的镇压，例如1932年颁布所谓《治安维持法》《暂行惩治盗匪法》，1933年颁布所谓《暂行保甲法》等。

在伪"暂行惩治盗匪法"中，日本殖民者不仅规定了对中国的反日爱国人士进行"惩治"的内容，而且允许日本军警随意杀害东北人民，规定日本军警可以"临阵格杀"与"酌情处置"。这样的规定就使日本军警超越了法律规定，给东北人民带来了巨大的灾难。以上列举的反动法令只是日伪颁布的反动法令的一小部分，从中可以看出日本殖民当局通过反动法令实现对东北人民肆无忌惮的迫害。另外，为了切断东北抗日武装与广大东北人民的联系，日本殖民者实施"集家并村"政策，在东北地区广泛制造"无人区"，建造"集团部落"，强化对东北城乡的法西斯统治和经济掠夺，使东北人民生活于水深火热之中。

对东北地区的经济统制与掠夺。日本殖民者在发动九一八事变，武装占领东北，确立了对东北地区的殖民统治之后，开始有计划地夺取东北地区的重要经济部门和资源，主要包括铁路交通、金融机构、工矿企业、通信设备以及海关等。"南满洲铁道株氏会社"（下简称"满铁"）根据关东军的授意，拼凑了伪东北交通委员会，成为日本殖民者争夺路权的工具。"满铁"通过修建铁路等手段逐步攫取东北全部铁路的交通经营权，1933年与伪满交通部签署了所谓《满洲国铁道借款及委托经营契约》等文件，开启了"合法"攫取东北铁路经营权的历程。1935年，伪满洲国与苏联签订协议，苏联出让了中东铁路的权益。至此，"满铁"垄断了东北全部铁路交通经营。金融是主要的经济命脉，由于其特殊地位，成为日本殖民者占领的首要部门。九一八事变第二天，关东军占领了沈阳城内东北三省的官银号、边业银行、中国银行、交通银行等金融机构。同时在长春占领了东北三省的官银号、边业银行等金融机构及其所有支行。日军所到之处，其金融机构全部被日本关东军占领和封闭。为了进一步掠夺东北地区的金融资源，1932年日本殖民者策划成立了伪满中央银行，作为操纵东北金融大权的机构，逐渐成为日本帝国主义对东北经济进行殖民掠夺的重要工具。日本殖民者侵略中国东北的根本目的在于获取东北地区的资源，将其作为原料产地，以及继续扩大战争的军事基地。因此，在日本殖民统治建立之后，加紧了对东北地区矿产资源和工矿企业掠夺的步伐。九一八事变之前，东北地区的邮电通信事业得到了迅速发展，在中国邮电通信体系中占有重要的位置。1931年9月19日，日本关东军发布了《关东军关于迅速占领通讯设施的命令》。同日，日军派员强制检查辽宁邮政局以及齐齐哈尔、安东、吉林等地的电话局，强制检查信件，扣留关内报纸，并霸占东北国防无线电台。伪满洲国建立之后，在关东军的授意下，1932年4月，成立了邮务省和邮务管理局，发行邮票，并以关东军武力为后盾，扣留邮政款项，强迫使用伪满洲国邮票。从此，日本彻底控制了东北地区的邮政大权。

对东北地区进行文化奴役。日本殖民当局为了将东北地区彻底变成其殖民地，强化在思想文化方面的统治，进行疯狂的文化奴役活动，具体表现在奴化教育、殖民地科研、思想控制、国策文艺、建立图书馆和博物馆等方面。伪满洲国成立的第二年，伪国务院对东北地区的教育进行了"改革"。1933年5月，伪国务院颁布"命令"，废除了三民主义教育方针，明确提出"以后各学校课程应教授四书五经，以尊重礼教。凡属有党义之教科书予以全部废除"①，在新学制出台之前试图以恢复封建主义取代东北地区已经初步形成的现代化教育体系。1937年5月，伪满洲国公布了新学制，之后在推行过程中逐步调整，1939年规定教师录用为官吏。在新学制体系下，重点发展中等教育，大力采

---

① "满洲国"史编撰刊行会编：《"满洲国"史（分论）》下，东北沦陷十四年史吉林编写组译，1990，第685页。

用实业科目，着力培养技术人员，这是为日本殖民统治培养技术人才的需要。在教育管理方面实行国家集中管理，将日语和满语都规定为"国语"，将日语置于至关重要的地位，通过强迫进行日语学习，推行奴化教育。

新学制对于东北地区的教育体系以及教育管理进行了严格的规定，其本质是为日本侵略者的殖民统治服务，消灭中国文化。为了彻底强化奴化教育，日本殖民者成立了"建国大学"，将其作为培养殖民统治骨干的场所。伪满政权建立了一所特殊的学院"大同学院"，这是一所伪官吏培训机构，为殖民侵略以及殖民统治服务。另外，伪满政权为了培养专业技术人才，建立了一批专科学校。总之，日本殖民者积极推行奴化教育，一方面，试图泯灭中国人的民族意志，消灭中国文化，用日本的文化取代中国文化；另一方面，培养技术人才以及御用官吏，为维护伪满政权的运行以及推行殖民侵略政策服务，这些措施对于东北地区教育发展形成了灾难性的影响。九一八事变之后，日本殖民者在东北地区设置了科研机构，开展"科研活动"，化学工业研究是日本殖民科研的重要内容，满铁中央试验所是化学工业研究的重要机构。对于化学工业的研究，日本殖民者投入了大量的人力、物力和财力，其研究成果对于提升日军的军事能力、掠夺及利用东北地区的资源发挥了重要的作用。在农事试验以及农产品加工方面，开展了牲畜改良、土壤改良、作物种植、农作物品种培育等试验，另外开展了桑蚕、病虫害研究、林业研究等事项。伪满时期，日本殖民者在地质调查方面主要进行矿产地调查、地质图测绘、一般地质调查。九一八事变之后，日本殖民者将沈阳故宫、东北大学、冯庸大学以及萃升书院等地保存的珍贵的汉文书籍集中到张学良府邸，1932年4月建立了奉天图书馆，7月将奉天图书馆移交给伪满洲国当局。1937年12月，随着"满铁"附属地"政权"的移交，附属地的15所图书馆以及3个分馆，藏书约为26万册，全部移交给伪满洲国。"满铁"投入大量的人力、物力、财力资源经营图书馆，一方面是对东北地区文化侵略的重要手段，另一方面作为殖民图书馆，"满铁图书馆"为"满铁国策会社"业务提供参考，通过文化手段为日本帝国主义侵略提供服务。"满铁图书馆"的性质及职能同样能够说明伪满政权统治下的图书馆的性质及职能。日本殖民者在中国东北地区经营图书馆事业，为日本殖民者在东北地区进行殖民掠夺、殖民统治以及扩大侵略战争提供情报信息和文献资料，同时实现了对中国东北地区的文化奴役和掠夺。另外，为了强化、深入对中国东北地区的文化侵略，掠夺中国东北地区的文化资源，日本殖民者在东北地区广泛建立了博物馆，作为对中国东北地区进行殖民统治的文化机关。博物馆是日本帝国主义掠夺中国文物标本、实行奴化教育的工具。

综上所述，九一八事变之后，日本殖民者强化了对中国的殖民侵略，逐步实现了对东北三省的占领。为了巩固殖民统治，扶持中国清朝废帝溥仪建立了伪满洲国，通过法西斯统治、经济统制与掠夺、奴化教育、思想控制等手段对东北人民进行了疯狂的奴役与剥削。日本殖民主义对中国东北的殖民侵略与占领，一方面限制了东北地区先进思想传播，另一方面激起了中国人民的反抗，一定程度上为马克思主义在东北地区传播创造了条件。

（四）自然环境的影响

1. 地理环境

根据九一八事变前夕的统计，东北地区辽、吉、黑三省总面积130余万平方公里，人口近3000万，土地肥沃，矿藏丰富，幅员辽阔，是中国重要的边陲重地和战略地区。

中国东北地区位于东北亚的腹心地带，东与朝鲜隔江相望，南与华北连成一片，联结着北京，辽东半岛的南端与山东相望，西与蒙古高原相连，北与苏联（今俄罗斯）为邻，因而在政治、经济和军事上都具有重要的战略地位。东北地区的铁路四通八达，公路纵横交错。另外，东北地区南临黄海和渤海，海岸线曲折，港湾众多，交通十分便利。纵观东北地区历史发展，从远古、中古至近古及以后的各个时代，东北地区在政治以及军事领域显示出巨大的历史活力，彰显了勇于进取的历史主动精神。这些无不得益于优越的自然条件的培育，天地灵气之陶冶。

从地形地貌分析，东北地区多姿多彩，"北有黑龙江与乌苏里江之饶，南拥渤海与辽河之利；东连长白山与莽莽林海之珍，西领千里草原之财"①。区域内，东北大平原纵贯南北，北连松嫩平原与三江平原，南抵辽河平原，松花

---

① 李治亭：《东北通史》，中州古籍出版社，2003，第4页。

江水系与辽河水系分流南北，伴之以河川湖泊。三省山川相连、土地相接，没有门庭的限制。东北地区地域广阔，东部地区植被丰富，中部主要分布着平原，西部以草原为主，南部半岛分布着丘陵。东北地区是中国纬度最高、经度最偏东的地区，自南向北跨暖温带、中温带和寒温带，以冷湿的森林与草甸草原景观为特征，东北地区的气候、土壤、植被等都表现出了冷湿特征。东北地区的地理环境，使东北地区经济形态与生活方式呈现出多样性的特点，异彩纷呈，农业、畜牧业、渔猎业都得到了充分的发展。

2. 气候条件

东北地区是典型的大陆性季风气候，冬季占了将近半年，冬季太阳入射角非常狭小，导致昼短夜长，地面上获得的光热非常少，从而使东北地区成为我国寒冷区域之一。夏季，气温升高，降水增多，季风从东南海面涌入东北地区，从而使东北地区形成了一年中最多雨的季节，同时由于气候条件的影响，东北地区夏季容易产生大雨和暴雨。东北地区每年有近半年冰雪天气，冬季严寒时间漫长，夏季温暖时间短促，这就决定了东北地区的耕作只能一年一熟。从地理位置上分析，东北地区北邻北半球冬季的世界寒极——西伯利亚最冷中心，大兴安岭1月份平均气温接近零下50℃，夏季受低纬度以及海洋上来的湿热气流的影响，气温高于同纬度各地区。因此，东北地区年温差高于同纬度各地区。

东北的大部分地区降雪非常多，一般从当年的11月到第二年的3月都是降雪季。由于降雪多、温度低，导致东北各地的积雪时间都特别长，其中，大兴安岭北部地区积雪超过7个月，松嫩平原一般达到5～6个月，积雪最短的也有3个月左右。相对湿度是表示空气中湿润和干燥程度的重要指数。每年的7、8月份是东北地区雨水量最高的季节，所以相对湿度最大，东北地区绝大部分地方相对湿度都达到75%～80%，长白山和大小兴安岭很多地方超过80%。这就决定了东北地区的气候条件中，冷湿特征非常明显。

东北冷涡是东北地区气候和气温方面重要的现象。"东北冷涡是一种高空的冷性旋涡，强度较大，东北冷涡内，天气具有稳定的规律性特点。冬季，东北地区经常处于低温天气，可能引起很大的降雪，这种降雪天气向西可影响到内蒙古，向南可影响到河北和山东半岛一带。夏季，常造成东北、华北、内蒙古等地区的雷阵雨天气"①。东北冷涡移动非常缓慢，而且与东北地区冰雹的产生关系密切，特别是当高空中的冷中心与地面的暖中心重叠时，更容易产生冰雹。东北地区农业发展过程中，经常会遇到夏季低温的情况，这是威胁东北地区农业生产的重要灾害性天气现象。低温导致湿度不够，使农作物贪青晚熟，使农业生产受到影响。如果夏季低温遇到早霜，那么问题会更加严重。东北冷涡和夏季低温，直接影响了东北人民的生产和生活，对于东北抗日联军的斗争也产生了重要的影响。

综上所述，自然条件对于社会发展以及精神文化的形成具有重要的作用。在分析东北抗联精神形成的过程中，不能忽略自然条件的影响。东北地区多山，而且冬季气候寒冷，这一方面使东北抗联的斗争面临着困难，激发了东北抗联艰苦奋斗的精神；另一方面有利于东北抗联在敌强我弱的情况下，发挥独立自主的创新精神，开展山地游击战争。东北地区耕地众多、土地肥沃，这为东北抗联屯田垦荒创造了条件，激发了东北抗联自力更生的精神。东北地区三省相连，没有门庭的限制。另外黑龙江与俄罗斯相邻，这为东北抗联团结协作斗争创造了条件。东北地区具有明显的地域特色，东北抗联在东北这片土地上以爱国主义为引领，充分发挥了革命英雄主义精神，铸就了伟大的东北抗联精神。

---

① 李红娟：《东北抗联文化研究》，博士学位论文，吉林大学，2017，第41页。

第二章 02

| 东北抗战的曲折历程 |

　　东北抗日联军是在中国共产党号召和领导下，在东北地区抗击日本帝国主义侵略，反对伪满洲国统治，独立坚持十四年抗战的人民武装。这支抗日武装的成立和斗争不是一帆风顺的，而是在长期复杂的斗争中经历了艰难曲折的历程，大体可以概括为五个阶段。

一、东北抗日义勇军揭竿而起

毛泽东同志在《论联合政府》一文中指出："中国人民的抗日战争，是在曲折的道路上发展起来的。这个战争，还是在一九三一年就开始了。一九三一年九月十八日，日本侵略者占领沈阳，几个月内，就把东三省占领了。国民党政府采取了不抵抗政策。但是东三省的人民，东三省的一部分爱国军队，在中国共产党领导或协助之下，违反国民党政府的意志，组织了东三省的抗日义勇军和抗日联军，从事英勇的游击战争。这个英勇的游击战争，曾经发展到很大的规模，中间经过许多困难挫折，始终没有被敌人消灭。"①毛泽东主席充分肯定了东北抗日武装的历史作用与贡献。

（一）东北抗日义勇军举旗抗日

东北抗日义勇军，是九一八事变之后由一部分东北军爱国官兵、山林队为基础，自发组织起来的一支抗日武装力量。它的活动遍布东北全境，于1932年形成高潮，到1933年初随着时局的变化发展，逐步失利和走向瓦解。

1. 黑龙江省的抗日义勇军

开始于马占山率部进行的江桥抗战。九一八事变前后，驻黑龙江省的东北军约有3万人，马占山为黑龙江省代主席，兼东北边防军驻黑龙江省司令官。他与军事副指挥兼参谋长谢珂，共同维持该省局面。江桥抗战从1931年11月4日开始至19日结束，历时16天，分为两个阶段。第一阶段，日军主力约4000人，在飞机、大炮掩护下向江桥守军发起攻击。守桥部队奋勇还击，与敌展开白刃格斗，日军攻势受挫。江桥守军虽然连续三次反击获胜，但也付出

---

① 毛泽东：《毛泽东选集》第3卷，人民出版社，1991，第1034页。

马占山（1885—1950）

了相当大的代价。从7日开始，江桥抗战进入第二阶段，即三间房阻击战①。三间房守军虽然只有4000余人，但仍击退了日军10余次攻击。18日，日军在飞机、坦克掩护下再次发动进攻，并对三间房一带形成包围态势。为保存力量，当日晚马占山下令守军各部队沿齐（齐齐哈尔）昂（昂溪）铁路向齐齐哈尔撤退。日军一部已抵省城齐齐哈尔南端并继续向前逼进。19日晚，日军5000余人攻陷齐齐哈尔。黑龙江省守军沿齐齐哈尔铁路北撤至克山、拜泉线集结。

江桥抗战，是东北军爱国官兵抑制蒋介石和南京政府不抵抗政策，奋起抗击日本侵略者的英雄壮举。虽然以失败告终，但它激发了全国民众的抗日热情，得到全国人民的声援，赢得了国际进步舆论的赞扬，更获得了东北人民的支持。尽管江桥抗战不能改变蒋介石和国民党南京政府的不抵抗政策，但推动了东北各地抗日义勇军的兴起，揭开了东北军民有组织地奋起抗击日本帝国主义武装入侵的序幕。

2. 吉林省的抗日义勇军

主要包括两股力量，即吉林自卫军和吉林救国军。

冯占海（1899—1963）

吉林自卫军的抗日斗争。1931年9月21日，日军占领吉林后利用傀儡政权控制了吉林全省。同年10月5日，原吉林省政府主席兼东北边防军副司令长官张作相，致电副司令长官公署卫队团团长冯占海，任命他为吉林省警备司令，全权负责吉林省的抗日斗争。10月下旬，冯占海率领部队渡过松花江，向舒兰、五常开进。冯占海率部在五常与马锡麟部伪军作战，经过七天的围攻，占领了舒兰县城。此后，冯占海将兵力集中部署

---

① 三间房是洮（南）昂（昂溪）铁路线上的一个车站，北距齐齐哈尔35公里。

于五常、阿城一线，以保卫哈尔滨和宾县吉林省政府，沿途受到各界人民的拥护和支援。1932年1月下旬，日军开始向哈尔滨进犯，李杜和冯占海率部浴血奋战，取得了第一次哈尔滨保卫战胜利。1月30日，李杜和冯占海召开抗日将领军事会议，决定由各部队联合组成吉林自卫军和抗日联合军。中共满洲省委曾在一份向中央的报告里指出："从今年1月底日本帝国主义进攻哈尔滨时，丁超、邢占清、冯占海等部下的士兵积极与日本帝国主义作战，且获得了许多胜利，二十六旅的士兵英勇的（地）向日军进攻……"[①]对吉林自卫军的斗争做出了客观评价。

日伪军第一次进攻哈尔滨失败后，关东军本部迅速调来南线日军增援哈尔滨，吉林自卫军各部在哈尔滨外围与日伪军展开激战。1932年2月4日拂晓，日军先后突破顾乡屯、南岗防线。5日晨，日军从哈尔滨总站突入道里；晚上，自卫军全线撤退，哈尔滨沦陷。自卫军各部相继撤至方正、延寿一带，广泛吸收当地的民众，凝聚起民众的抗日力量，继续向日本侵略军展开游击作战。吉林自卫军的创建及早期抗日战斗的表现，一方面打击了日本侵略者，另一方面也激发了人民群众抗战的斗志。

1932年2月，吉林自卫军撤出哈尔滨。冯占海率部退至松花江下游一带休整，李杜集中部队于依兰一带进行整顿，并在下江一带与日军形成对峙局面。为争取时间调集兵力，日军派汉奸熙洽等赴乌吉密与自卫军进行停战议和。3月中旬，日军第二师团和伪军李文炳等部向自卫军进犯。在敌人的突然袭击下，邢占清等部损失严重，冯占海指挥方正城内义勇军正面迎击和袭击敌侧后，虽然毙敌千余人，但自身也付出沉重代价，且弹药消耗殆尽。4月初，自卫军放弃方正县城，撤至依兰一带休息调整。日军利用松花江水运将重兵运送至自卫军后方，随即先后攻陷依兰、汤原、佳木斯、富锦等沿江各地。由于自卫军总司令部与各部联系中断，各路队伍只好各自为战。同年5月下旬，冯占海在宾县整顿队伍，改为吉林救国军，部队迅速发展壮大到三万余人。利用日军主力在松花江沿线驻守之际，吉林救国军攻克吉林，直逼长春，给日伪统治带来极大威胁。

---

① 中央档案馆、辽宁省档案馆、吉林省档案馆、黑龙江省档案馆：《东北地区革命历史文件汇集》甲10，1988，第179页。

吉林救国军的抗日斗争。1932年2月初，以原吉林步兵第二十七旅第六七六团第三营为基础，广泛吸收各阶层爱国人士，组建了吉林救国军，王德林为总指挥，孔宪荣为副总指挥。2月13日，下达动员令，计划进攻敦化，派出一批人员到吉敦路附近破坏桥梁、断敌通信。敦化城外沙河沿驻有伪军一个团，其中一部分下级军官和士兵对救国军抗日素怀同情，所以在15日晨6时救国军主力攻击南门时，伪军一直保持中立态度，对攻城部队极为有利。7时许，南、东、北三门相继被占领，击毙日军大尉以下50余人，其余日军从西门溃退。但是，2月17日，从长春前来增援的独立守备大队赶到后，日军重夺敦化。救国军撤出敦化后，在宁安南湖头集中整顿，此后即在宁安、绥棱、穆棱一带开展游击战争。3月18日拂晓，一大批日伪军行至镜泊湖南湖头墙缝一带。被日军逼迫带路的猎人陈文起不顾自己生命安全，把敌人带进救国军的阵地。救国军突然猛攻，一个营的伪军投降，日本大尉小川松本等120余人被击毙。同时，救国军也伤亡极大，陈文起壮烈牺牲。3月19日晚，敌宿营于小嘉吉河上沟，救国军得此情报后，即在镜泊湖西岸再设伏兵，并派兵诱敌深入，将日军包围在一个狭长地带。双方激烈厮杀，日军上田支队132人被击毙。①

1932年5月，中共满洲省委派周保中到吉林救国军中开展工作。在周保中的指挥和建议下，先后取得了攻克敦化、额穆县城等战斗的胜利。东北各地义勇军抗战的胜利，极大地推动了人民群众的抗日斗争，促进了各地抗日武装的建立和发展。从1932年起，在延寿、宾县、吉林、榆树、扶余等地先后组建了名目不同的义勇军，少则几百人，多则数千人，互相策应，互相联络，给日伪军以沉重打击。

3. 辽宁省的抗日义勇军

辽宁省的抗日义勇军主要包括辽西、辽北、辽南和东边道义勇军。辽西一带的抗日义勇军，主要由以下几部分组成：东北国民救国军，由绿林首领高鹏振在黑山组建；东北抗日义勇军第三纵队，由东北军少校张海涛组建；东北民众抗日救国会，由耿继周、郑桂林等人组建；辽西抗日救国义勇军，由已退伍

---

① 东北抗日联军史料编写组：《东北抗日联军史料》（下），中共党史出版社，1987，第380～381页。

的下级军官王显廷等组建。至1931年底，在辽西一带已有抗日义勇军队伍十几支。1931年12月17日，日本内阁通过了增兵东北的提案；21日，日军向锦州进攻。辽西各地义勇军在营沟、北宁线上坚持积极抵抗日军，但因当地驻军缺乏坚守锦州之决心，加之武器装备落后，最后在日军的进攻之下开始向关内撤退。辽西大好河山即将陷入敌手，抗日义勇军将士于31日在沟帮子发出通电，谴责国民党政府不抵抗政策，表明抗日义勇军誓与敌人血战到底的气概。电文略称："日本倭寇压迫已亟，竟分三路向西猛进，寇迹所至，杀掠奸淫，我义勇军为自卫计，乃与当地驻军，协力抵抗，惟日军陆空并进，炮火尤烈，致我军前仆后继、死亡枕藉。然我义勇军决不以此而退却，而屈服，不过弹药将尽，来源已绝，大敌当前，势难徒手生擒。辽西之半壁山河，势将沦陷，国事之危，燃眉不足以喻其急矣!而党国之公，于此民族危亡千钧一发之时，仍从事高位之分配、权利之攘夺。且更有丧心病狂之党国败类，以此空前国难，为其获取政之唯一利器，使三千万纯良民众，陷于水深火热之中，数万里大好版图，断送于夷狄铁蹄之下。痛心惨目，莫此为甚。东北者，全国人之东北也，非仅东北三千万民众之东北也。吾东北三千万民众，相信吾国四万万同胞，共同要求，只有和平统一，对于国难，完全一致，并无南北畛域之念，对我为国杀贼，为民族生而奋斗之义勇军，当能表热烈之同情。"[1]

辽北、辽南和东边道义勇军：1931年10月初，原东北军军官高文斌发动和组织了辽北骑兵第一、第二路义勇军，编为九个支队，后经东北民众救国会改编为第五军团。11月底，辽宁公安骑兵总队在沈阳盘山镇压了汉奸凌印清，并将这次杀敌反正有功的首领项青山、张海天、盖中华分别委任为东北抗日义勇军第一、第二、第三路司令。不久，原东北军军官李纯华与上述三路司令相互切磋，宣传共同抗日的道理，统一组建辽南救国军。1932年4月，在东边道（今丹东岫岩一带）以唐聚五为首的辽宁民众自卫军的成立，使辽东地区的抗日斗争规模扩大。辽宁民众自卫军的成立，标志着辽宁的抗日斗争进入了高潮。同年，《盛京时报》载文惊呼："安奉线警匪频仍，凤凰城被焚，通讯断绝，形势严重。"[2]日本《协和》杂志在1932年1月20日发表《安奉路线遭难

---

[1] 陈觉：《国难痛史》，东北问题研究会，1931，第1~2页。

[2] 《盛京时报》，1931年12月27日。

记》文章，惊呼："安奉线上的事情使我们胆战心寒。"凤城站日本籍站长遭到义勇军攻击之后，哀叹："万事休矣，现在只有待毙别无他路。"事后还心有余悸地说："从那以后，大约一周左右根本不能入睡。"当时指挥日本守备队作战的西河小队长也承认，那次战斗虽然不是大仗，却也是一次艰巨的战争。[1]夜袭凤城是九一八事变以来辽东地区军民共同反日的一次努力。此次战役鼓舞了士气，振奋了人心，燃起了抗日斗争的烈火。

为加强统一领导，东北民众抗日救国会常委会决定，将辽宁各地义勇军队伍划分为五个军区，任命彭小秋、王化一等分别为第一至第五军区总指挥。1932年7、8月间，辽宁各地抗日义勇军队伍约为15万人。

在与日军的斗争中，辽宁各地的抗日义勇军也积累了丰富的对敌经验。1932年初，日军占领锦州后，企图进犯山海关；但是被辽西义勇军队伍牵制，日军曾多次出兵"讨伐"，但均以失败告终。同时，活动在营口、海城一带的项青山部等亦多次打破日军的封锁和"讨伐"，逐步向北发展。据当时的"满铁""匪情统计"，仅仅7月中下旬的20天内，"满铁"沿线被义勇军袭击、捣毁事件就达1063起[2]，平均每天50余起，使敌人的铁路运输几乎陷于瘫痪。1932年5月至8月，唐聚五、王凤阁等部率领东北抗日义勇军攻占新宾，攻克柳河，捣毁日本领事馆，进逼山城镇，威胁伪东边道保安司令部，迫使敌人从沈阳等地调兵增援。1932年8月下旬，由冯基平等组建并领导的辽宁抗日义勇军第二十四路军从三个方向攻击沈阳之敌，并在大南门沈阳北大营以及兵工厂等地与日伪军激战。虽然在军事上未取得重大战果，但在政治上打击了日伪统治者的嚣张气焰，扩大了抗日义勇军的影响。

（二）东北抗日义勇军的发展与溃散

1. 黑龙江省

从江桥保卫战撤退后，马占山、谢珂等一面整顿部队，一面以省政府的名

---

[1] 《安奉路线遭难记》，载《协和》杂志，1932年1月。

[2] 《盛京时报》，1932年8月23日。

义，令各地区广泛组织地方武装，同时注意收编各地自发组织起来的武装部队，不断壮大黑龙江省的抗日武装力量。1932年4月，马占山召集军事会议，并邀请吉林自卫军代表参加，共同研究两省抗日义勇军的联合作战问题，做出相应的战略部署；但后因马占山一度降日，尽管重举抗日旗帜，响应者已不及江桥保卫战之时。

1932年9月25日，原黑龙江省边防军步兵第二旅旅长苏炳文在海拉尔召集军官会议，酝酿举兵抗日大计，最终决定成立东北民众救国军，亲任总司令，张殿九任副总司令，谢珂任参谋长。10月中旬，驻拜泉的马占山旧部朴炳珊，经苏炳文联络后，就任东北民众救国军东路总指挥，后兼任救国军副总司令。东北民众救国军成立之初，朴炳珊率部连克泰安、克山等县城，并切断克山至齐齐哈尔铁路运输，给日军以沉重打击。随后，东北民众救国军组织部队强渡嫩江，但因日军有备，导致东北民众救国军较大人员伤亡。11月中旬，正当黑龙江省各路义勇军计划联合夺取齐齐哈尔时，日军从南满、吉东地区抽调大批精锐部队向义勇军各部发动攻击，义勇军李海青部在昂溪附近被强敌包围，损失近500人。日军随即进犯富拉尔基，东北民众救国军苏炳文、张殿九等率部迎击，激战三昼夜后，救国军被迫退至朱家坎一带。11月底，日军又以飞机轰炸苏炳文在海拉尔的兵营，同时向扎兰屯、七棵树、朱家坎等地进犯。苏炳文部仅剩2000余人，无法挽回败局，遂于当年12月初退入苏联境内。与此同时，朴炳珊部在泰安也遭强敌围捕。至此，黑龙江各地义勇军联合围攻齐齐哈尔之敌的计划遂告失败。部分抗日义勇军从扎兰屯出发，经索伦山进入热河省沽源一带活动。其余的黑龙江抗日义勇军，于1932年底到达开鲁，也转至沽源一带活动，后被北平军队收编，坚持游击战争至1933年底。

2. 吉林省

1932年秋，日本关东军司令部调整军事部署，在击溃马占山、苏炳文部之后，集中兵力向哈（尔滨）、绥（芬河）路沿线和松花江下游地区进行大规模"讨伐"。11月下旬，日军以3个师团的兵力大举进攻，丁超、王之佑先后投敌。李杜被迫率部北撤，伤亡较大，12月下旬撤至虎林，1933年1月上旬进入苏联境内。1933年1月9日，在日军大举进攻东宁的情况下，吉林救国军王德林部陷入日军包围。王德林被迫下令化整为零，潜伏山林深处。1月13日，王德林、孔宪荣率部约600人及伤员、家属，从东宁退入苏联境内。后救国军姚振山等部与东北抗日联军配合作战，为抗日作出了贡献。1941年春，姚振山等在与日伪军作战中牺牲。

3. 辽宁省

从1932年9月起，日军调动大量的军队，先后对辽南、辽西、辽北、辽东三角地带进行了大规模"讨伐"。

王凤阁（1897—1937）

从1932年9月上旬开始，日伪军共计调集4万余人兵力，10月11日起向以通化为中心的辽宁民众自卫军发起进攻。辽宁民众自卫军各部仓促应战。从1936年10月至1937年3月，日伪军对王凤阁部进行了长达五个月的"讨伐"。王凤阁指挥所部在老秃顶子顽强拒敌，部队损失大半。王凤阁又率部队退守高山据点据守，终因弹尽援绝，王凤阁同妻子和4岁的儿子在突围中被敌俘去。日军对其软硬兼施，王凤阁不为所动。1937年4月1日，王凤阁从容就义。

1932年9月，日军第八师团等部对辽西、辽北抗日义勇军进行了多次大规模"讨伐"。义勇军进行了顽强的抵抗，部分队伍失败，部分队伍退入热河境内。

1932年10月，伪凤城县府派出友田俊章等6人，到东北民众自卫军驻地劝降，被邓铁梅下令处决。日军恼羞成怒，自1932年10月至1933年秋，进行了五次较大范围的"讨伐"，但均未能消灭邓铁梅部。邓铁梅部义勇军因为连年战斗，部队减员严重，武器弹药缺乏，处境十分艰难，无法开展大规模的军事活动，所以进行分散活动与日伪军周旋于深山密林之中。1934年5月，邓铁梅身患重病，在养病期间，被敌人抓捕后押送沈阳。同年9月，邓铁梅在沈阳陆军监狱惨遭日军杀害。自1932年底起，辽宁各地抗日义勇军逐渐瓦解，形势朝着不利的方

邓铁梅（1892—1934）

向发展。至此，辽宁抗日义勇军的大部队活动宣告结束，但在有些地区也有一些零星的游击抗争活动。

同黑龙江、吉林两省抗日义勇军一样，辽宁抗日义勇军从兴起到失败，虽然有的坚持时间长一些，有的坚持时间短一些，但斗争规模之大、人数之众，是中国近代反抗外来侵略历史上蔚为壮观的一幕，充分体现了东北人民反抗外来侵略的光荣传统和牺牲精神。

这支前仆后继、可歌可泣的东北抗日义勇军，尽管其成分极其复杂，几乎包括了当时社会的各个阶层，虽然经过两年多的斗争后大部分失利瓦解，但是仍然具有重要的历史作用和意义。第一，东北义勇军的兴起，代表了中华民族救亡图存意识的新觉醒。第二，东北义勇军的武装反日斗争，打响了反对日本帝国主义侵略的第一枪，歼灭了日军的有生力量，打击了其嚣张气焰。第三，东北义勇军的反日武装斗争，为中国共产党制定和提出建立武装抗日统一战线提供了依据。第四，东北义勇军在东北抗日游击战争中锻炼和培养了一批军事领导人才，积累了丰富的斗争经验，为日后进行人民解放战争积累了宝贵财富。

东北抗日义勇军最后溃散了，原因是多方面的：一是由于东北义勇军得不到政府的支持，孤军奋战，无粮无饷，甚至使用大刀、长矛等冷兵器，这与装备精良的日军相比差距过大，这样的基本条件使义勇军受挫失利不可避免。二是由于东北义勇军没有统一作战的领导指挥系统，组织上涣散。黑、吉、辽东北抗日义勇军在创建过程中的领导系统各不相同，仅辽宁省的抗日义勇军就有两个系统，再加上日伪军的封锁隔绝，导致东北抗日义勇军无法形成一个统一强大的领导和指挥系统，致使黑、吉、辽的抗日义勇军不能连成一体，合成一军。甚至就一省的抗日队伍而言，抗日义勇军也不能很好地配合，未能互相联系、互相支援。三是义勇军大部分队伍都源于民间，没有统一的思想指导，导致斗争目的过于简单，甚至是行走在山林之中劫富济贫的绿林好汉，也缺少严密的组织纪律，更缺乏共同的奋斗纲领。四是在日军强大的进攻面前，不能有机地配合，不能为全局的需要而做出局部的牺牲。尽管中共满洲省委和东北地方党组织曾派出一些党员干部到抗日义勇军中开展工作，但力量弱小，对我党的认识有偏差和成见更无力解决其内部成分多样化和思想复杂等问题。

由于以上各种原因，东北抗日义勇军不到两年就陷于瓦解，东北人民群众的抗日斗争随之转入低潮。但是，东北人民自发英勇地抗击日本侵略者，在强敌入侵面前不畏艰险，在中国人民反帝反侵略的历史潮流中，在东北抗战十四年斗争的历史上，都留下了浓墨重彩的一笔。

二、反日游击队奋起抗日

（一）中共提出创建反日游击队的方针

九一八事变后，日本帝国主义以精锐的装备和兵力对中国领土进行野蛮侵占，激起了中华民族一切爱国志士的同仇敌忾。中国共产党在事变之初，虽然没有明确地提出以自己的武装来反击日本侵略者，但已经认识到除动员一切爱国民众起来反对敌人的野蛮侵略外，还必须用武力与日本侵略军进行战斗，这样才能将日本帝国主义赶出中国。为此，中共满洲省委于1931年9月23日在《对士兵工作的紧急决议》中提出，"党应加紧领导与号召士兵群众，发动他们不让日本帝国主义军队缴械"，动员他们"叛变到农村去，帮助与发动农民的斗争，并深入土地革命，进行游击战争"[1]。不久，中共中央就开展士兵工作、进行武装游击战争发出指示，指出："目前满洲有三个很好的条件利于游击战争的发动，一是，广大的士兵群众在生活上、政治上都陷于无出路的境地，在那里等待党去领导与组织他们。二是，满洲的局面是混乱与恐慌。三是，灾民骚动的蜂起与以前东满、北满、南满游击战争的基础。"要求党组织"要不迟疑地、大胆地、有计划地"加紧组织武装。

---

[1] 中央档案馆、辽宁省档案馆、吉林省档案馆、黑龙江省档案馆编：《东北地区革命历史文件汇编》甲9，1988，第72页。

1. 中共满洲省委关于创建抗日武装的方针及组织工作

根据中共中央的指示精神，中共满洲省委于1931年11月召开会议，确定了创建反日游击队的方针和措施，作出了加强党对创建游击队工作的领导、举办训练班培养游击队骨干、夺取敌人武装、创办刊物指导游击队工作、派巡视员具体指导各地创建游击队的工作等一系列决定。中共中央和满洲省委在九一八事变后不久，提出了在东北开展抗日武装斗争的问题，这在当时党中央的指导思想还十分"左"倾、以进行苏维埃土地革命为中心工作的情况下，是非常必要的。这说明，在党内一些负责同志在日本侵略者强占东北、民族危亡的关键时刻，能够认识到抗日救国是中国共产党义不容辞的责任。特别是新任满洲省委书记罗登贤，上任伊始，根据东北已被日本占领的事实，排除困难、实事求是地提出了把反抗日本帝国主义侵略、积极开展抗日民族战争、创建党领导的反日武装作为党的中心工作。

创建党领导的抗日武装工作在艰难中起步，因为东北是中国共产党力量较为薄弱的地区。虽然1923年这里有了党组织，但是由于长期处于奉系军阀的严酷统治之下，党的活动经常遭到破坏，加之东北地处边远，开发较晚，人烟稀少，群众没有经受过第一次大革命的锻炼和洗礼，阶级和政治意识比较淡漠，所以党组织一直是在极为困难的情况下缓慢发展着。到1932年1月，中共满洲省委所属党员仅有2132人，其组织主要分布在沈阳、哈尔滨、大连等中心城市和中东铁路、南满铁路沿线的一些城镇；在农村，除东满地区、磐石、珠河、汤原、宁安、饶河等地外，绝大部分地区尚未建立党组织。党员干部的缺乏，并没有影响满洲省委进行抗日武装创建工作。他们克服重重困难，把许多重要和优秀的干部派往义勇军中和农村，宣传党的反日主张，为建立自己领导的队伍而努力工作。例如周保中、李延禄被派到吉东地区的义勇军王德林部；满洲省委军委书记杨林、杨靖宇被派到南满地区工作；大连市委书记童长荣被派到东满地区；满洲省委军委书记赵尚志被派到北满地区的巴彦工作；曾任满洲省委秘书长冯仲云被派往汤原。他们到达各地后，紧紧依靠当地党组织，深入群众中调查了解情况，然后针对实际，着手组织反日武装。截至1932年秋，在南满、东满、北满、吉东4个地区相继建立了磐石、海龙、延吉、珲春、汪清、和龙、安图、巴彦、珠河、汤原、宁安、饶河、密山等中国共产党直接领导的十余支抗日游击队。

2. 北方会议"左"倾错误对东北的影响及纠正

1932年6月，五省委代表联席会议（即北方会议）在上海召开。主要讨论的问题是：反对右倾，推行六届四中全会的"左"倾机会主义路线，要求北方各省的党组织武装起来进行土地革命，积极创建苏维埃政权。何成湘作为满洲省委组织部长出席会议并作了重要发言，指明满洲地区与其他省份的不同之处：（1）满洲与关内隔绝，已成为日本独占的殖民地。（2）东北的工业基本为日本帝国主义所控制。（3）日本在东北成立了傀儡政权——伪满洲国。（4）中共在东北的组织还很薄弱，群众基础也不广泛。（5）东北群众的政治和文化水平都很低，加之日本人在满洲的统治时间长，殖民统治体系健全且严厉。要求党在东北地区的方针政策应区别于其他地方。何成湘的建议符合东北地区当时的实际情况。但北方会议根本无视东北地区的特殊处境，指责其是"满洲特殊论""北方落后论"。会议通过了三个文件，提出东北党组织的任务是推翻国民党的统治，建立苏维埃政权。

因北方会议精神严重脱离了东北广大民众一致抗日的要求，以罗登贤为书记的满洲省委积极采取了正确的对敌斗争政策和策略，但其做法却遭到"左"倾临时中央的无情打击，罗登贤随即被撤销了满洲省委书记职务。1932年7月，新一届满洲省委在哈尔滨召开省委扩大会议。在这次会议上，以李实为书记的满洲省委完全接受了北方会议精神。这些过"左"的政策，使在基层从事具体工作并深知广大民众心声的党员干部极为反感，并产生了强烈的抵触情绪。在东北地区实施的上述一系列"左"倾政策给党的工作带来了很大困难，致使刚刚开展起来的反日工作受挫：一是在城市和工人运动中暴露了我党的力量，使敌人变本加厉地进行镇压和破坏。二是在农村进行的抗租及没收地主土地等政策，使一些原本具有民族意识的地主乡绅开始恐慌起来，直至与共产党发生对立；党在农村的基础极其薄弱，不具备建立苏维埃政权的基本条件，即使有也很快被敌人扑灭，有的则自己垮掉了。三是将已经建立起来的抗日游击队统一改为工农红军，并迫使其完成建立红色苏区的任务。例如，把巴彦游击队改为"工农红军三十六军江北独立师"，导致原先对游击队大力支持和援助的地主不仅不给游击队粮食和武器，还反过来对游击队进行攻击。磐石游击队改为中国工农红军三十二军磐石游击队、汤原游击队改为红军三十三军汤原游击队后，情况也大体如此。另外，为了贯彻满洲省委要求把游击队的人数以最快的速度成倍增加的指示，将成分较为复杂的山林队生拉硬拽地收编到游击队，结果有些山林队的首领不接受这一套做法而被处决。他们为了保护自己，或是脱离游击队，或是杀掉我们派去的党代表，缴游击队的枪，均对共产党产生不满，我党领导的抗日游击队自己把自己孤立起来。四是以较"左"的态度对待各种反日义勇军，认为他们是旧军阀和地主阶级手里的工具，要求共产党员把向他们宣传反帝纲领与土地革命、反帝战争与土地革命结合起来，致使义勇军对我党疏远起来，导致东北地区的抗日斗争受到很大损失。总之，北方会议"左"倾冒险主义的方针政策，给东北地区刚刚发展起来的抗日斗争形势带来了诸多不良影响，给东北地区党组织还十分薄弱的组织系统造成了损失。这种不顾东北已沦为日本殖民地、中日矛盾已成为东北地区主要矛盾的做法，必然会使党在这一地区的工作遭受挫折。

为了改变这种被动的状况，1933年1月26日，中共驻共产国际代表团以中共中央的名义给满洲省委发出了《中央给满洲各级党部及全体党员的信》（简称《一·二六指示信》），明确提出了在东北地区建立反日统一战线、建立人民革命军、建立农民会和反日救国会等指示。1933年5月，中共满洲省委召开省委扩大会议，决定接受中央的《一·二六指示信》精神，并通过了《关于执行反帝统一战线与争取无产阶级领导权的决议》。此后，我党在东北地区领导的抗日斗争出现了新的局面。

（二）反日游击队的曲折发展

中国共产党领导创建的东北反日游击队，活动在南满、东满、吉东和北满等广大地区，是以武装反对日本帝国主义侵略为斗争宗旨、具有明确革命目标的人民抗日武装。游击队在创始阶段人数一般较少，武器装备也都很差，力量较为薄弱，缺乏武装斗争经验。但由于其骨干队员多数是党员、团员，政治觉悟高，组织纪律性强，并能团结其他抗日武装和广大群众并肩战斗，在军事斗争上机智勇敢、坚忍不拔，具有旺盛的战斗力，因而各反日游击队在不断打击日本侵略者的斗争中逐渐发展壮大。

1. 南满地区

九一八事变后，中共满洲省委派军委书记杨林帮助磐石中心县委组织群众的抗日斗争。在中共磐石中心县委的协调组织下，广泛建立了反日会等抗日群众组织，并于1932年2月9日至5月7日举行了三次较大规模的群众性反日斗争。

斗争初期，磐石县委首先组织起一支武装赤卫队，由共产党员李红光任队长，队员有31人。1932年6月初，在此基础上正式组建满洲工农义勇军第四军第一纵队（即磐石工农义勇军），李红光任队长，杨君武任政委，队员增至40余人。同年秋，磐石工农义勇军协同另一支起义部队攻克磐石县城，但是由于磐石县委贯彻北方会议精神，在刚刚建立的游击区内实行普遍没收地主土地、强制收缴地主和山林队枪支等"左"的政策，致使磐石工农义勇军接连受挫，一度被迫撤至玻璃河套地区。1932年12月，随着斗争形势的变化，中共满洲省委派军委代理书记杨靖宇到南满一带指导，帮助磐石工农义勇军整顿改编，改名为中国工农红军第三十二军南满游击队。1933年1月，中共满洲省委任命杨靖宇为南满游击队代理政委。从1月到5月，南满游击队作战30余次，先后取得了大坑、砖庙子、玻璃河套、萝卜地等战斗的胜利，歼敌近千人，游击队也扩大到200余人。据资料记载，1933年3月底，日本守备队气势汹汹地向南满游击队扑来。杨靖宇和李红光指挥游击队员奋起反击，激战数小时后，日伪军死伤20余人，而游击队则无人员伤亡。这次战斗的完全胜利，使游击队员精神更加振奋，"当地广大群众也非常高兴，更清楚地知道：只有共产党领导的工农红军游击队，才是真正彻底反日的民族革命武装，并且也只有红军游击队才有这样的战斗力"[1]。在战斗的同时，南满游击队也非常注意改善与东北抗日义勇军的关系，协同作战，开展如火如荼的抗日游击斗争。

在胜利形势的推动下，驻烟筒山伪军第十四团迫击炮连，在共产党员曹国安、宋铁岩的策划下宣布起义，并率50余人携带武器加入南满游击队序列，被编为迫击炮大队。至此，南满游击队已成为南满地区抗日武装的骨干，以磐石玻璃河套、红石砬子为中心的游击区已扩大到邻近的四五个县境。1932年8

---

[1] 中央档案馆、辽宁省档案馆、吉林省档案馆、黑龙江省档案馆编：《东北地区革命历史文件汇编》甲44，1990，第22页。

月，海（龙）柳（河）工农义勇军在中共海龙中心县委的领导下，由十几名中共党员为骨干组成。由于人员少，活动较困难，一度加入了民众自卫军。同年底，民众自卫军在日伪军的进攻下濒于瓦解时，只好在原海柳工农义勇军的基础上整顿改编，改名为中国工农红军第三十七军海龙游击队，由王仁斋任队长，刘山春任政委，活动在海龙、清原、山城镇一带。

2. 东满地区

东满即现在的延边地区，是朝鲜族民众聚集的地区，也是抗日武装斗争开展较早的地区之一。中共东满特委在给中央的一份报告里，曾这样描写日本侵略者对东满地区的一次"大讨伐"："日本军队来到东满就首先收缴地主与警察的武装，焚烧赤色区域附近地主的粮仓（因为武装与粮食是当时群众斗争的主要要求），开始大规模地屠杀韩国与中国的农民，焚烧农村。日本帝国主义毁灭了无数的农村，湾湾沟二十几里长及其附近一条沟十余里长，汪清永昌间以及其他各县的许多大小农村的一个房屋也不剩，他甚至把农民在房屋被烧毁临时盖的土幕（类似马架子）也烧毁。"①在中共东满特委和朝鲜共产主义者的统一领导下，先后发动了1931年的秋收斗争和1932年的春荒斗争。通过这两次斗争，东满地区各县普遍建立了赤卫队和农民协会等群众组织。

东满的反日游击队，怀着对日伪统治者的无比仇恨，积极投入到反"讨伐"的斗争中。中共东满特委书记童长荣对所属各县委组建党领导下的游击队的工作抓得很紧。1933年2月，中共满洲省委发出明确指示，要求把开展反日游击斗争、建立抗日游击队作为东满地区党的主要任务。随即，中共东满特委召开党团联席会议，号召党团组织开展创建反日游击队的工作。到1932年秋，东满地区各县相继建立了十几支反日游击队。

1932年春，延吉游击队成立，负责人为林承奎、崔贤、朴春、朱镇等，游击队员40余人，先后在太阳帽、依兰沟、春兴街等地袭击日伪军，缴获一些武器弹药。同年9月，延吉游击队扩编成延吉游击大队，朴东根为队长，朴吉任政委，全队人员扩大至130余人，有步枪51支、手枪15支。同时，珲春游击队也正式建立，负责人为姜锡焕、申朗东、孔宪琛等人，初期共有队员

---

① 中共延边州委党史研究室：《东满地区革命历史文件汇编》（上），2000，第196页。

130余人，分岭南、岭北两个队活动。随着形势的逐步发展，将两个队合并成立珲春游击大队总队。1932年11月，和龙游击队成立，负责人是张承汉、车龙德，全队共30余人，先后多次夺取反动地主武装的枪支装备自己，并取得了土城堡、大村等地战斗的胜利。到1933年春，和龙游击队发展到80余人，并扩编为和龙游击大队，张承汉任队长，车龙德任政委。东满地区较有影响力的革命队伍，还有汪清游击队和安图游击队，两队共有队员80余人。1932年冬，两支队伍合并成为汪清游击大队，由梁成龙任队长，全队扩至90余人。1933年春，日伪军向汪清游击大队根据地马家大屯进攻，汪清队联合当地的救国军进行了奋勇反击。经过近三天的激烈战斗，共毙敌200余人，缴枪200余支。

东满各县游击队建成后，都很重视选择有群众基础的山区，建立游击根据地。例如延吉游击队的依兰区，珲春游击队的荒区，和龙游击队的渔郎村，汪清游击队的嘎呀河和大、小汪清等多块游击根据地。游击根据地建立后，获得了人民群众的支援。到1933年5月以后，东满全区游击队已发展到约500人，成为东满地区打击日伪军的一支有生力量。

3. 吉东地区

1932年4月，中共满洲省委派军委书记周保中到吉东地区指导创建抗日武装的工作。经过中共宁安县委的积极工作，同年9月，李荆璞率所部从救国军中分化出来，成立平南洋总队。1933年5月，将平南洋总队改编为党领导下的宁安工农义务队，李荆璞任队长。

随着抗日斗争形势的变化，吉东地区的各抗日游击队先后组建。1933年1月，吉林救国军领导人王德林等越境进入苏联。之后，李延禄以救国军余部补充第一团和第二团为基础，编成东北抗日救国游击军，亲自担任司令，孟泾清任政委，张建东任参谋长。随后，东北抗日救国游击军北上密山，开辟新的游击革命区。1932年10月，崔石泉、金文亨等6名共产党员在饶河组建特务队，创建了抗日游击队。1933年4月，饶河工农反日游击队正式成立，由崔石泉任队长，金文亨任政治部主任，初期全队只有40余人，随后很快发展到100余人。1933年秋，中共密山县委开始组建抗日游击队，翌年正式成立，全队共30余人，协同抗日救国游击军共同在密山地区开展抗日游击斗争。

4. 北满地区

1932年初，清华大学学生张甲洲、张文藻等回到家乡巴彦县，5月组建了巴彦游击队，并命名为东北义勇军江北独立师，共200余人。为加强对这支队伍的领导，中共满洲省委派军委书记赵尚志等到该师工作，张甲洲任师长，赵尚志任参谋长。同年7月，部队发展到700余人，多次取得战斗胜利。8月，攻克巴彦县城后，部队遭受一些损失。11月，按中共满洲省委指示对部队进行整顿后，义勇军江北独立师被改编为中国工农红军第三十六军江北独立师，师长张甲洲，政治部主任赵尚志。改编后，部队远征庆城、铁力、安达等地，虽然取得一些胜利，但因扩大了打击面，部队内部也产生分裂现象，处境比较困难。1933年初，部队在铁力地区战斗中溃散。

1933年初，中共珠河（今尚志市）中心县委积极筹划建立游击队。与此同时，赵尚志到宾县义勇军孙朝阳部当马夫。在一次危难中，赵尚志提出建议，化险为夷，并使战斗获得胜利，被孙朝阳任命为参谋长。同年秋，在奸细的挑拨下，孙朝阳准备杀害赵尚志。赵尚志得知消息后，于9月间与李启东等7人携带步枪11支、轻机枪1挺离队找到珠河中心县委。10月，在县委领导下在珠河三股流成立珠河反日游击队，赵尚志被推举为队长，建队时仅有队员13人。珠河反日游击队成立后即开展游击活动，扫清了三股流周围的伪政权，缴获伪警察署和反动地主枪支装备自己，并粉碎了日伪军的两次进攻。到1934年初，队伍扩大到70余人，建立了党支部，由李福林任政委。

1932年，中共满洲省委派省委秘书长冯仲云赴汤原指导游击队创建工作。中共汤原中心县委经过积极宣传和认真培训骨干，于同年10月上旬建立了汤原游击队，但很快被强敌缴械。尔后几经挫折，在1933年底重建了汤原游击队，戴鸿宾任队长，张兴德任政治部主任。重建的汤原游击队，打击并清除了太平川附近的伪军警武装，在太平川建立起游击根据地，使游击队有了立足和休整的地方。

总之，在满洲省委贯彻《一·二六指示信》以后，不仅各反日游击队积极与附近的抗日队伍建立联系、相互配合，扩大了抗日民族统一战线，而且使各游击队和游击区也得到了迅速的发展。从1932年初到1933年底，中国共产党领导下的东北反日游击武装主要活动在南满、东满、吉东、北满等广大地区，经过艰苦战斗，给予日本帝国主义以沉重的打击。中国共产党领导下的东北反日游击武装是继东北抗日义勇军之后东北抗日斗争的主要力量，成为一支不可抗拒的洪流，开创了东北抗日斗争新的历史局面。

三、东北人民革命军英勇抗日

1933年7月至1935年底，在中国共产党领导下，东北人民革命军在东北各反日游击队迅速发展的基础上应运而生。

（一）东北人民革命军组建

1. 东北人民革命军第一军

1933年9月18日，磐石中心县委在西玻璃河套召开会议，南满游击队正式编成东北人民革命军第一军第一独立师，杨靖宇任师长兼政治委员，下设两个团和一个政治保安连、一个少年连。会上发布了《东北人民革命军第一军第一独立师成立宣言》。1934年11月7日，在东北人民革命军第一军第一独立师和第二独立师的基础上，东北人民革命军第一军正式成立，杨靖宇任军长兼政治委员，宋铁岩任政治部主任，朴翰宗任参谋长，第一师师长李红光，第二师师长曹国安。杨靖宇率教导团活动在临江、金川地区，第一师主要活动于临江，第二师活动于濛江、抚松等地。

2. 东北人民革命军第二军

1934年3月下旬，在延吉县三道湾张芝营召开了中共东满特委、各县县委和反日游击队负责人会议。会议决定，将东满游击队改编成东北人民革命军第二军第一独立师，师长朱镇，政治委员王德泰，将原四个中队改编为四个团。同时决定以汪清游击大队和珲春游击总队各编成一个团，组成第二独立师。根据中共满洲省委指示，中共东满特委和第一、第二独立师于1935年5月30

日发表《东北人民革命军第二军军部正式成立宣言》（以下简称《宣言》），宣布东北人民革命军第二军正式成立，军长王德泰，政治委员魏拯民，政治部主任李学忠，参谋长刘汉兴，下辖四个团，另设机关枪连、教导队和游击大队。游击大队大队长钱永林，政委金山浩。全军总兵力1200余人。《宣言》指出，东北人民革命军第二军是"中高工农及爱国志士的武装力量"，"是东满一切反日部队的中心部队"[①]。第二军政治部还发表了《告民众书》和《告各反日部队书》。

3. 东北人民革命军第三军

1934年10月20日，中共满洲省委发出了关于粉碎敌人的冬季"讨伐"指示，珠河中心县委和哈东支队着手建立东北人民革命军第三军。哈东支队经过整顿后，将部队分成三部分，赵尚志直接指挥哈东支队第七、第十一大队直趋大青川，将日本稻田公司供给日军食用的2000石稻谷焚毁。随后，刘海涛率第七大队留在这里活动，赵尚志率领第十一大队又返回西部，到珠河铁道北宋家店、黑龙宫烧毁伪军营房，打击了敌人的军事据点。然后又去延寿、方正活动。赵尚志领导的哈东支队，自成立之日起就英勇善战，常常出奇制胜。日军对哈东支队英勇善战感到十分惊奇，认为此次战斗"必有名将指挥"。哈东支队在三股流又与伪军一连发生战斗，击毙击伤伪军连长以下19人。

冯仲云被中共满洲省委派到珠河指导工作，并同部队一起参加了冬季反"讨伐"战争。哈东支队此时一方面派人去五常县冲河、向阳山一带，调查了解建立新的游击根据地和抗日人民政府的可能性；另一方面按省委要求积极筹备建立东北人民革命军第三军。得知该支队要扩编为东北人民革命军时，哈尔滨市反日会员等连夜绣制了锦旗，由交通员送到了游击队。1935年1月28日，在纪念上海抗战三周年的当天，东北反日游击队哈东支队在珠河县正式宣布改编为东北人民革命军第三军，军长赵尚志，政治部主任冯仲云，下辖六个团。

---

① 中国人民解放军历史资料丛书编审委员会：《东北抗日联军——文献》，白山出版社，2011，第425页。

4. 东北抗日同盟军第四军

李延禄领导的抗日救国游击军，主要活动区域集中在宁安一带。日寇曾派重兵对游击军进行疯狂"讨伐"，但都被英勇的游击军粉碎。1934年秋，抗日救国游击军到达密山，与密山反日游击队会合。为了解决战士严重缺少冬装的问题，经过共同研究决定攻打密山。经过三个小时的激战，攻克密山，缴获枪支弹药等军需物资，不仅解决了全军的冬季服装问题，而且取得了对敌斗争的一次重大胜利。同年8月，满洲省委派吴赤峰来巡视工作，传达了省委的指示，听取了各方意见，决定将游击军改编为人民革命军。1934年10月，人民革命军与密山反日游击队合并成立抗日同盟军。同年12月正式命名为东北抗日同盟军第四军，军长李延禄，政治部主任何忠国。

5. 东北人民革命军第五军

1934年，宁安游击队主要活动于石门子和庙岭一带，在周保中、李荆璞、付显明等领导下，一年内与敌进行过大小数十次战斗，先后袭击了伪警察署，毙敌数百人，缴获了大批枪支弹药。付显明领导下的另一支游击队，于1934年春经过机动灵活应战，攻打了团山子日本守备队，打死日军20余人；同年秋，围攻了黄旗屯驻扎的民愤极大的伪自卫团，将其80多人全部消灭，以致敌人再不敢到黄旗屯驻防。在斗争中不断发展壮大的宁安游击队，于1935年2月改编为东北人民革命军第五军（当时也称东北反日联合军第五军），军长周保中，副军长柴世荣，政治部主任胡仁，下辖两个师和三个独立营，一师师长李荆璞，二师师长付显明。

6. 东北人民革命军第六军

1936年1月30日，在东北人民革命军第三军、东北抗日同盟军第四军的帮助下，经赵尚志等人建议，在汤原县温家屯，汤原反日游击总队改编为东北人民革命军第六军，军长夏云杰，代理政治部主任张寿篯（李兆麟）。全军编为4个团，计1000余人。第六军的成立，标志着松花江下游地区抗日游击战争进入了新的发展时期。

（二）东北人民革命军的抗日斗争

1. 南满游击战争广泛开展

东北人民革命军第一军成立后，根据中共南满第一次代表大会精神，划分了游击区域，以机动灵活的游击战术打击敌人。第一师依托龙岗山脉，主要活动区域集中在通化、临江、柳河和兴京等地；第二师依托濛江，主要活动区域集中在磐石、海龙、东丰、永吉等地。1935年8月之后，敌人开始秋季"讨伐"，一面加紧瓦解各路抗日义勇军，以此孤立人民革命军；一面调动伪军围攻抗日游击区。东北人民革命军被迫向桦甸、濛江、金川、柳河等县山林地带收缩。在反"讨伐"战斗中，第一师副师长韩浩不幸牺牲。为摆脱被动局面，第一军军部经过协商，决定先脱离被敌围攻地区，采取两面夹击，伺机回师作战，以开辟新游击区和保卫老游击区。经过激烈战斗，最后将敌击溃，毙伤敌50余人，俘敌10余人，缴获步枪50余支、迫击炮1门及大量军用品。战斗一经结束，该地区的许多抗日义勇军和山林队积极参加江南的东北抗日联军总指挥部，与第一军协同作战。同时，第一军第二师又联合江北山林队等11支部队，重组东北抗日联合军江北总指挥部，协同抗击日寇。

东北人民革命军第二军成立后，于1935年6月发表了《东北人民革命军第二军为成立东满抗日联合军指挥部致各反日部队的信》。信中认真总结了以往抗日武装"各自为战，没有统一的指挥，互不联系，常受敌人各个击破的打击"的教训，认为"东满一带的各反日部队亲密地团结起来，成立东满抗日联合军指挥部，有计划、有组织地指挥和领导东满的反日革命战争，是目前抗日救国的唯一紧急任务"，[①]提出了抗日联合军的四条主张。

东北人民革命军第二军第一团主力部队最先投入战斗，于1935年4月末从安图县车厂子根据地出发，向敦化、额穆等地区进军。5月2日，第一团第四、五连等部共170余人，决定在长（春）图（们）铁路哈尔巴岭至大石

---

① 中央档案馆、辽宁省档案馆、吉林省档案馆、黑龙江省档案馆：《东北地区革命历史文件汇集》甲45，1990，第159页。

头之间颠覆敌人的火车。他们参照提前得知的铁路运行表，在火车到达之前将路轨拆开，致使由朝鲜清津开往长春的第202次国际列车在此段颠覆，然后集中火力向在火车上的日伪军频繁射击，最后毙敌10余人，俘虏日伪军政要员13人。该事件让日伪统治者极为震惊，相关报纸均在显著位置以大字标题作了报道"京图线开车以来发生的最大惨事"。而后，第一团主力部队不断向西挺进。5月12日，该团在敦化县伏击尾追的日军"讨伐队"。之后，第一团主力一部分继续留在敦化，一部分返回安图游击区继续作战。8月和9月间，第一团在长图铁路东部沿线进行的破袭战，破坏了敌人的运输线，缴获了大量物资，补充了部队的物资储备。

1935年10月4日，杨靖宇率第一军军部及所属教导团，从金川河里根据地出发来到濛江县那尔轰，举行了第一、第二军的会师仪式和军民联欢大会，近1000人出席会议，第一、第二军代表杨靖宇和李学忠在大会上作了重要讲话。杨靖宇指出，第一、第二军会师后，我东满、南满游击区打成一片，一、二、三、四、五、六军与各抗日军共同组织东北抗日联军，更能集中力量、统一领导，顺利地打击日匪。杨靖宇的讲话鼓舞了抗日军民的士气。两军互送礼品，共同演节目和表演投弹、射击技术助兴。整场气氛特别热烈，军民备受启发和鼓舞。

2. 哈东各县游击战普遍发展

东北人民革命军第三军成立，是哈东人民抗日斗争中的一件大事，激发了军民的抗日热情，也把哈东的抗日游击战争推向了一个新的发展阶段。1935年2月，敌人从一面城、呼兰、延寿等地调集伪军孙团、警察大队向宾县、方正、延寿一带进攻，总兵力共1000余人。第三军第一师与其他抗日武装随即开始了反"讨伐"作战。第三军司令部直属队在赵尚志率领下，突然南下五常攻占方城岗和小山子，摧毁几处大排防所。然后北上抵达宾县，接连围攻驻三道街、财神庙等地反动大排并缴获了80余支枪，而后横扫延寿附近的伪警察所，延寿日伪统治者大为震惊。

第三军联合抗日义勇军各部所取得的胜利，鼓舞了抗日义勇军的士气，严重威胁了日伪的反动统治。1935年3月下旬，日伪当局开始发动"春季大讨伐"，企图打击东北人民革命军第三军，消除人民对中国共产党和第三军的期望。3月25日，第三军司令部在老黑顶子召开了一次抗日部队会议，与会者40余人。经协商同意，分别成立了延方、路北、路南三个联合军指挥部，分别由刘海涛、王惠同、张连科担任指挥，决定由各抗日部队分区保卫抗日游击区。这次会议进一步将许多抗日义勇军部队团结在人民革命军第三军周围，调动各种抗日力量共同与日伪军作战。

东北人民革命军第三军在反对敌人的历次"大讨伐"战争中，由于敌人集中优势兵力、采取极其野蛮的烧杀手段，加之珠河中心县委和第三军某些"左"的政策尚未彻底清除，导致哈东各县游击根据地均不同程度地遭受破坏。但是，因珠河中心县委和第三军司令部没有固守根据地，而是在坚持原有游击区斗争的同时，机动灵活地开辟新游击区，从而为第三军部队和根据地的壮大发展奠定了坚实基础。

3. 在勃利、方正开展游击战

1935年11月，面对日伪军开展冬季"讨伐"，对松花江和牡丹江沿岸进行严密封锁，企图一举消灭抗日武装等阴谋，第四军军部与第三军司令部在方正县五道河子会师。第三军从第四军处学习了《八一宣言》，进一步了解了中共中央关于建立抗日统一战线抗日联军和国防政府的精神。之后，两军的主要领导人面对当前的严峻形势，共同协商制订了对敌作战方案。决定，第四军第二团、第三军第四团坚持在方正、依兰、勃利地区开展游击战争；第四军第五团开赴桦川、集贤一带活动，借以分散敌人的目标；第四军军部及该军第一团与第三军司令部及该军第五团，联合民众救国军谢文东部、自卫军支队李华堂部，共同突围，跨跃松花江北上，会合汤原反日游击总队；根据《八一宣言》精神共同组建"东北反日联合军总司令部"和"东北反日联合军临时政府"。

1935年12月12日，李延禄领导的第四军会同第三军北上总队，抵达通河县境东六方屯，袭击了当地保安队，缴获了一些枪支和棉军装。李延禄与赵尚志研究决定智取二道河子，第三、四军各选几十名指战员穿上缴获的伪军服装，由东六方屯保董带路骗开伪警备队大门，很快占领了院中各炮台要点，击毙敢于顽抗的日本指导官，缴获了大批军用物资，特别是棉军装数百套。这样，第四、第三军部队全部换上了新棉衣，两军共同挺进汤原。1936

年1月实现与汤原反日游击总队会师。

4. 绥宁地区游击战的扩展

东北人民革命军第五军经过半年多在绥宁地区的战斗，部队从1934年的困难中不断发展壮大，逐渐开辟了新的根据地。此时，敌人视这一地区为重要统治地区，派3000余名日伪军和伪警察武装驻扎于此。鉴于严峻形势，中共吉东特委写信给第五军党委，明确指出为避免孤军作战危险，要扩大游击活动区域，开创广阔的抗日局面，第五军应分别与第一、二、三、四军取得联络，以期各军统一配合作战，相互牵制敌军。1935年5月15日，第五军军部召开领导干部会议，经研究决定执行分头行动的战斗方略，除留出一部分兵力在宁安活动负责全军行动外，将主要作战部队分为东西两支部队：一支从宁安向西部活动，以苇河与中东铁路沿线为目标，兼及西南额穆、敦化，以期联络第一、二、三军；另一支从宁安东出穆棱、密山等，联络第四军。

东北人民革命军第五军在中共吉东特委和宁安县委等的指导下，在周保中等抗联将领的努力运筹下，在一年多的战斗中虽几经曲折，但都转危为安。第五军抗日游击根据地已发展到整个绥宁地区，在战斗中将士也经受了严峻考验和历练，部队得到很大发展，队伍也不断扩大，第五军的声望不断提升。至此，过去松散的绥宁抗日同盟军现已成长为中国共产党直接领导下的东北地区抗日武装中的重要基本部队之一。

总之，东北人民革命军各部认真贯彻反日统一战线方针，在成立后两年多的时间里，采取机动灵活、切实可行的战略战术，歼灭了大量日伪军，沉重地打击了敌人，发展壮大了自己。抗日游击根据地范围不断扩大，为东北抗日联军组建打下了坚实的基础。

四、东北抗日联军艰苦抗日

（一）东北抗日联军组建的方针政策

1935 年是国际和国内形势发生重大变化的一年。5 月，日本帝国主义按照既定的大陆政策，制造华北事变，策动汉奸进行所谓"华北五省自治运动"。由于蒋介石国民党政府的退让政策，华北危机日益加深，中日矛盾进一步尖锐。

1935 年 7 月 25 日至 8 月 20 日，共产国际在莫斯科召开了第七次代表大会。中共满洲省委派魏拯民同志以东北抗日游击队代表身份去莫斯科汇报工作，参加中共代表团，出席这次大会。会上他深深感受到全世界无产阶级和劳动人民对中国人民抗日斗争的支持。他在写给亲友的信中说，我们第一次感到这样的幸福，全世界各兄弟党的代表欢聚一堂，讨论制止血腥的侵略战争；全世界劳动人民都在支持我们，都在关心着我们每一个斗争的胜利。大会的主要任务是，决定共产国际和各国党在反法西斯斗争中的策略方针，提出了关于建立反法西斯统一战线的政策。会上，共产国际总书记季米特洛夫作了《法西斯的进攻和共产国际为建立反法西斯统一战线而斗争的任务》的报告。共产国际完全同意在中国建立一个"反对日本帝国主义及其走狗的广泛的反帝统一战线"。这次会议，促进了中国共产党政策的转变和抗日民族统一战线政策的制定。中共代表团在大会上正式提出了建立"反帝人民统一战线"的主张，起草了《为抗日救国告全体同胞书》（即《八一宣言》），明确地把原来的下层统一战线扩大为各党各派各军各界各个民族的联合。①

接着，中国共产党在当年 8 月 1 日发表了著名的《八一宣言》，指出，在日

---

① 中央档案馆编：《中共中央文件选集》第十册，中共中央党校出版社，1991，第 518～524 页。

本帝国主义疯狂侵略和国民党政府加紧卖国的情况下，亡国灭种的危机迫在眉睫了。近年来，我国家我民族已处在千钧一发的生死关头。抗日则生，不抗日则死，抗日救国成为每个同胞的神圣天职！积极号召，"无论各党派间在过去和现在有任何政见和利害的不同，无论各界同胞间有任何意见上或利益上的差异，无论各军队间过去和现在有任何敌对行为，大家都应当有'兄弟阋于墙，外御其侮'的真诚觉悟，首先大家都应当停止内战，以便集中一切国力（人力、物力、财力、武力等）去为抗日救国的神圣事业而奋斗"。①

《八一宣言》提出了建立抗日民族统一战线的具体办法：组织全中国统一的国防政府与红军和东北人民革命军及各种反日义勇军一块，组织全中国统一的抗日联军。抗日联军应由一切愿意抗日的部队合组而成。在国防政府领导之下，组成统一的抗日联军总司令部。《八一宣言》号召全体同胞：有钱的出钱，有枪的出枪，有粮的出粮，有力的出力，有专门技能的贡献专门技能，以便我全体同胞总动员，并用一切新旧式武器，武装起千百万民众来，一定能够战胜日本帝国主义。同年12月，中共中央根据共产国际的指示，在瓦窑堡举行政治局会议，确定了抗日民族统一战线策略的总路线，将苏维埃工农共和国"改变为苏维埃人民共和国"，并调整了各项政策。瓦窑堡会议后，中共采取下层和上层相结合的方式，积极开展各阶层抗日民族统一战线工作。

《八一宣言》传到东北后，东北的抗日武装斗争和广大人民群众的抗日热情受到很大鼓舞。在《八一宣言》的指导下，东北党组织进一步开展建立东北抗日联军的工作。1936年1月，在汤原境内召开了北满各抗日部队首脑的联席会议，学习讨论中共中央《八一宣言》。会议经过协商，决定成立东北抗日联军总司令部，以便统一指挥对日作战，并选举赵尚志为总司令。决定筹备成立国防政府，组织联军政治、军事学校。2月20日，发表了《东北抗日联军统一军队建制宣言》（以下简称《宣言》）。《宣言》指出："现在根据全国运动的进展，必须进一步巩固抗日军队的组织，统一抗日军队的行动。因而就要改革抗日军队的建制，废除抗日军一切不同的名称，全部一律改成为东北抗日联军第

---

① 中央档案馆编：《中共中央文件选集》（第10册），中共中央党校出版社，1991，第518~524页。

一、二、三、四、五、六军及××游击队。"并宣布："（一）东北抗日联军在政治上、在民众救国运动紧密的关系上，完全接受东北反日救国总会的指导。（二）凡中国同胞及一切反日武装军队，不分宗教、不分政治派别、不论任何社会团体或个人、不分性别、不分穷富，只要是抗日救国，我东北抗日联军便与其行动一致，因此对于海内外同胞暨南京政府内反日派别、在野政党、军政名流以至中国苏维埃红军，最近抗日救国对日宣战的一切主张，均竭诚拥护。（三）我东北抗日联军随时准备参加全国统一之抗日联军军队编组，同时欢迎目前东北各抗日武装军队参加东北抗日联军组织，并由公意建立东北抗日联军总司令部。（四）凡被压迫民族，高丽人、内蒙古人、台湾人、个人或团体，或军队，我东北抗日联军均一律参加，结成弱少民族联合战线，对抗日本强盗帝国主义，并愿与反帝国主义的社会主义国家苏联友好提携。同时与目前在国际政策上对日寇立于反对地位，例如英、美、法等其他反日国家，均为我联军所同情，互为赞助。（五）昨天即为国贼，作日寇的间谍走狗者，今天若能悔过自新，回念中华祖国民族的生存而欲望反正抗日救国者——我联军完全不咎既往，愿诚意与之作今后抗日新提携。"[1]宣言发表之后，东北抗日联军各军相继建立，人数迅速增加，进一步突显了东北人民抗日武装斗争力量的伟大。

东北抗日联军标志

　　在此期间，中共东北党组织也发生了很大变化。由于1935年2月中共上海中央局被破坏，中共满洲省委与中共中央失掉联系，遂改由中共驻共产国际代表团直接领导。同年11月，中共驻共产国际代表团决定取消中共满洲省委，建立南满、东满、吉东、松江（北满）4个省委和哈尔滨特委。1936年1月9日，中共满洲省委正式撤销。改组后的中共东北党组织根据中共驻共产国际代

[1]　东北抗日联军史料编写组：《东北抗日联军史料》（上），中共党史出版社，1987，第168～169页。

表团的指示，将原来的东北人民革命军统一改编为东北抗日联军。

（二）东北抗日联军的成立和发展壮大

东北抗联是中国共产党领导的东北人民抗日武装，包括第一军到第十一军。

1. 东北抗联第一军

发祥地是吉林省磐石县，主要活动在包括吉林省中部、东南部和辽宁省东部的广大南满地区。人数最多时达3500人以上。东北抗联第一军的前身是1932年6月4日成立的磐石工农反日义勇军，同年11月改称中国工农红军第三十二军南满游击队，1933年9月又改称东北人民革命军第一军独立师，1934年11月扩编建立了东北人民革命军第一军。1936年7月正式改编为东北抗日联军第一军，同时又与在东满一带发展起来的东北抗日联军第二军联合，组成东北抗日联军第一路军。其主要领导人是伟大的民族英雄、东北抗联第一路军总司令兼政委杨靖宇将军。

杨靖宇，东北抗联第一路军总司令兼政委、第一军军长兼政委

2. 东北抗联第二军

九一八事变后，在中国共产党领导下建立的一支人民抗日武装，是东北抗联的一支劲旅。它产生于东满，活动范围由东满逐步扩大到南满、吉东等地区。它经历了东满各县抗日游击队、东北人民革命军第二军、东北抗联第二军三个发展阶段，人数最多时达4000余人，后与东北抗联第一军组成东北抗联第一路军。它在军长王德泰、政委魏拯民、政治部主任李学忠、参谋长刘汉兴等率领与指挥下，依靠广大汉族、朝鲜族人民群众，协同东北抗联第一军与第五军，联合其他反日武装，在东南满和吉东地区进行了英勇卓绝的抗日游击战争，配合了全国抗战，为中华民族解放事业建立了不朽的功勋。

王德泰，东北抗联第一路军副
总司令、第二军军长

魏拯民，东北抗联第一路军政
治部主任兼第二军政委

3. 东北抗联第三军

其发展大致经历了珠河东北反日游击队、东北反日游击队哈东支队、东北
人民革命军第三军、东北抗联第三军等阶段，涌现出了赵尚志、李兆麟、冯仲
云等抗日名将。东北抗联第三军与抗联第六、第九、第十一军一起最后组成东
北抗联第三路军，成为北满地区（系指哈尔滨以北、松花江中下游的广大地
区）抗日武装斗争的重要力量。游击根据地创建是从珠河县三股流的仅仅一小
块区域，逐步发展到松花江下游两岸的广阔地域。活动范围遍及北满，从小兴
安岭以东的国境线到小兴安岭以西的黑嫩平原，沉重打击了日本侵略者。根据
敌第四军管区司令部1938年冬《公报》中的材料，仅在三江省（今黑龙江省

赵尚志，东北抗联第三军
军长

李兆麟（张寿篯），东北抗联
第三路军总指挥

冯仲云，东北抗联第三军政
治部主任

合江地区）一年来东北抗联第三军主力部队即与日伪军作战427次，使日伪军伤亡达7690人[①]。1938年后，历经挫折，顽强苦斗，配合苏联红军，打败了日本侵略军，取得了抗日战争的最后胜利。

4. 东北抗联第四军

李延禄，东北抗联第四军军长

它经历了东北抗日救国游击军、东北人民抗日革命军、东北抗日同盟军第四军、东北抗联第四军四个阶段。在鼎盛时期曾发展到近2000人。1933年1月至1938年12月，先后转战于中东路东段、松花江南北的宁安、穆棱、勃利、方正、汤原、富锦等县，与其他部队密切联合，有力地抗击了日本侵略者。东北抗联第四军军长由李延禄担任，1936年春李延禄奉调进关后由李延平继任。1938年5月，第四军主力部队积极参加第二路军西征。同年12月，东北抗联第四军不幸陷入敌军重围，一直坚持奋战到弹尽粮绝，军长李延平、副军长王光宇先后壮烈牺牲，东北抗联第四军失利。后于1938年冬并入第二路军总指挥部，东北抗联第四军遂告结束。

5. 东北抗联第五军

发源于吉林省东部，由周保中亲自创建、领导并不断发展壮大，大体上经历了反日游击队、绥宁反日同盟军、东北反日联合军第五军、东北抗联第五军等阶段。这支队伍鼎盛时期达到3000余人，是战斗在吉东地区抗联各军的骨干力量。东北抗联第五军所进行的英勇顽强的抗争，沉重打击了日本侵略者，破坏了敌人后方，阻滞了敌人进关，有力地配合了全国抗战。1937年10月，东北抗联第二路军成立，以第四军、第五军

周保中，东北抗联第五军军长、第二路军总指挥

---

① 孙凤云：《东北抗日联军斗争史》，黑龙江人民出版社，1991，第129页。

为主，周保中任总指挥。后将第七、第八、第十军纳入第二路军序列。第五军是第二路军中绝对的核心力量。

6. 东北抗联第六军

第六军经历了红军三十三军汤原反日游击中队、汤原反日游击总队、东北人民革命军第六军、东北抗日联军第六军四个历史阶段。全军总人数曾达2500余人。其领导人先后为夏云杰、李北麟、冯仲云、戴鸿宾、冯治纲等。1938年8月，东北抗联第六军第二、三、四师主力部队英勇地冲破了日本关东军策划的伪三江省"大讨伐"，先后到达松嫩平原，开辟了龙南、龙北抗日游击区，继续坚持抗日游击战争。1940年4

夏云杰，东北抗联第六军军长

月，东北抗联第六军接受东北抗联第三路军总指挥部的命令，取消了抗联第六军的番号，同抗联第三、九、十一军合并，编为第三、六、九、十二支队。当时抗联第六军部队编入第三、九支队后，成为龙北抗日武装的主力部队。1941年，深入大兴安岭，联合鄂伦春等少数民族，开展甘（甘南县）阿（阿荣旗）平原游击战，并转战敌人后方打击日伪军。1942年9月，第三路军第三、九支队全部转入苏联境内，编入东北抗日联军教导旅，不断以小股部队的活动方式回国侦察日军情报，直至抗战胜利。

7. 东北抗联第七军

诞生在黑龙江省饶河县，以饶河为中心转战在宝清、同江、密山等地，与日本侵略者进行了顽强的抗争。其发展大体经历了饶河农工义勇军、饶河民众反日游击大队、东北抗日同盟军第四军第二师、东北抗日联军第七军、东北抗日联军第二路军第七军、东北抗日联军第二路军第二支队等几个阶段，高峰时期队伍曾发展到3个师14个团。抗联第七军在党的直接领导下，坚持了长达11年（1932年10月至1943年12月）之久，建立了以暴马顶子为中心的游击根据地，坚持党的抗日民族统一战线政策，团结各民族人民共同抗战。特别是1941年以后，抗联第七军在极其艰苦的环境下，奋力开展小股部队活动，侦察敌情，组织伪军哗变，在群众中创建反日组织和团体等，为赢得抗日战争的最后胜利提供了条件。第七军优秀的抗日将领陈荣久、李学福、张文偕、王汝起等先后壮烈牺牲。

8. 东北抗联第八军

其前身是1934年土龙山农民暴动组织起来的民众救国军。1934年10月，该组织遭到日军毁灭性打击，后克服重重困难，绝处逢生，先后得到东北人民革命军第三军、东北抗日同盟军第四军和东北抗联第五军的帮助，逐步走上了共同抗日的道路，于1936年9月18日改编为东北抗联第八军，军长谢文东。1937年6月该军总人数近千人，曾经为东北抗日游击战争作出了贡献。1938年以后，面对日本帝国主义的"大讨伐"，东北抗日游击战争进入了更加艰苦的时期，该军主要领导人谢文东等经受不住考验，在面对日本侵略者的军事"讨伐"和政治诱降的双重压力下，于1939年3月叛变投敌，东北抗联第八军遂告瓦解。

9. 东北抗联第九军

第九军是在东北抗日义勇军余部的基础上逐步建立起来的，其前身是东北军镇守依兰的李杜二十四旅九十六团第二营，营长李华堂。后与东北抗联第三军、第四军、第五军共同作战。1937年1月，在中国共产党抗日民族统一战线的旗帜下建立了东北抗联第九军，军长李华堂，下辖3个师1000余人。东北抗联第九军先后集中在依兰、方正、汤原、宝清等地，与日本侵略者作战百余次，打击和牵制了日伪军。1938年后，李华堂投降日军，第九军余部在共产党员郭铁坚率领下继续坚持抗战。

10. 东北抗联第十军

第十军是在东北抗联第三军的团结与帮助下，以"双龙"反日山林队为基础而编成的一支抗日武装队伍。1936年冬，成立东北抗日联军第十军，军长汪亚臣，下辖10个团千余人。1941年1月，军长汪亚臣牺牲。在东北抗日游击战争时期，抗联第十军开辟了九十五顶子山区抗日根据地，坚持抗日游击战争达十年之久。

11. 东北抗联第十一军

抗联第十一军的发展大体经历了明山队（义勇军时期）、东北抗日联军独立师、东北抗日联军第十一军三个阶段。它由最初的几个人，经不断扩大，一直发展到1500余人。其主要领导人是祁致中、金正国、李景荫、于天放等。这支队伍在后方基地建设、建立兵工厂方面具有突出的成绩。1938年后，队伍遭受严重挫折，损失很大，但始终坚持斗争。最后与抗联第三、六、九军一起，合编为东北抗日联军第三路军。第十一军的广大指战员坚持长期抗战，为东北人民的解放事业作出了应有的贡献。

1936年1月中共满洲省委撤销后，东北地区相继成立了中共南满、吉东和北满省委，分别领导按照东北抗日联军活动区域组建的三路东北抗联队伍。1936年7月，东北抗日联军第一路军由东北抗联第一、二军组成，杨靖宇任总司令，受中共南满省委领导；1937年10月，东北抗日联军第二路军由东北抗日联军第四、五、七、八、十军和东北义勇军姚振山部、救世军王荫武部组成，周保中任总指挥，受中共吉东省委领导；1939年5月，东北抗日联军第三路军由东北抗日联军第三、六、九、十一军组成，李兆麟任总指挥，冯仲云为政治委员，归中共北满省委领导。东北抗日联军三路军的成立，实现了在中国共产党领导下东北抗日联军积极作战的局面，有力地促进了东北抗日游击战争的深入发展，将东北抗日游击战争推向了高潮。

自1937年以来，日本不断增兵东北，以强大的兵力对东北抗日联军进行"大讨伐"，极力强化法西斯统治，在农村推行"集团部落"政策，以隔断抗联部队与人民群众的联系，断绝抗联部队的给养来源，使东北抗日联军在反"讨伐"斗争中遭到重大损失。抗联部队人员由原来的3万余人锐减到不足2000人。为保存实力，培养干部，坚持斗争，1941年东北抗联大部相继进入苏联境内建立南、北两营进行整训，只留少数抗联部队同敌人斗争。

东北抗联之所以能够在严酷的环境中，以落后的武器装备同日本侵略者奋战十四年之久，其根本原因在于这是在中国共产党领导下的一支真正的革命军队，有着严格的纪律和高度的政治觉悟。面对敌强我弱的严峻形势，东北抗联积极采取游击战术，并依托东北广大的山林为掩护，机动灵活地与日本侵略者周旋，并与兄弟武装部队建立反日统一战线，积极寻求外部支持，获得了苏联的帮助。但遗憾的是，东北抗联的斗争和全国其他地区的革命斗争一样，难免有缺点和错误，即在某种程度上缺乏统一的领导和指挥，在面对强大的敌人进攻时，不能按照统一计划配合作战。

东北抗联在漫长的十四年抗战历程中，由于所处的环境不同，形成了一些有别于其他抗日战场斗争的特点：一是，长期持久。自日本军国主义发动九一八事变至1945年8月15日日本宣布投降，东北抗联开展的游击战争长达十四年，这期间经历了局部抗战和全国抗战两个历史阶段。二是，艰苦卓绝。主要表现：日伪当局对东北抗联疯狂"剿杀"，东北自然条件恶劣，东北抗联长时间与党中央失去联系。东北抗联进行的抗日斗争是在人类生命极限的最恶劣条件下。进行的最残酷的战争。三是，孤悬敌后。东北抗联当时基本上得不到关内的军事援助和经济救济。四是，曲折复杂。由于在敌强我弱的条件下，缺乏领导游击战争的经验，加之党内"左"的错误影响，东北抗联从开始就遇到很多困难和干扰。同时，由于东北地域及有关情况的特殊性，东北抗联还要面临很多重要关系的处理。

东北抗联的斗争为中国抗日战争和世界反法西斯战争的胜利发挥了重要作用。一是，东北抗联和在此之前东北抗日义勇军进行的抗日游击战争，是中国人民抗日战争的起点，揭开了世界反法西斯战争的序幕。二是，在全国抗战爆发之前，东北抗日义勇军、东北人民革命军、东北抗联的英勇斗争，打乱了日军进攻中国关内的计划。三是，全国抗战爆发后，东北抗联的斗争融入全国抗战的洪流中，有力地配合了全国抗战。四是，1945年8月8日苏联对日宣战，东北抗联积极配合苏联红军进军东北，并先机进占12个地区57个大小战略要点。东北抗联在肃清日伪残余、维持社会秩序、建立人民武装、恢复党的组织、建立人民政权等方面，发挥了重要的作用。五是，东北抗日联军在长期与凶恶的敌人斗争实践中，铸就了伟大抗联精神——忠诚于党的坚定信念、勇赴国难的民族大义、血战到底的英雄气概。东北抗联精神注定会成为中华民族宝贵的精神财富。

五、东北抗联教导旅坚持抗日

（一）东北抗联教导旅成立

1940年春，东北抗联陷入困境，东北党组织急于与中共中央取得联系，并希望获得苏联一些援助。这时苏联也十分关心远东边境地区的安全。为此，北满与吉东的党组织代表与苏联远东当局在伯力达成协议：在保持东北党组织独立的前提条件下，由苏联方面出面请共产国际帮助恢复东北党组织与中共中央的联系；苏联可以为东北抗联部队提供某些必要的援助。

为便于统一管理，越境入苏的东北抗联部队于1940年冬先后建立了南、北两个野营。北野营亦称A野营，位于伯力东北75公里处，主要人员包括抗联第二路军和第三路军的人员，最初百余人，后扩大到300人。1940年12月，成立了野营临时党委，由姜信泰担任书记，委员有乔书贵、李永镐、金京石等。野营临时党委成立后，在思想政治教育和军事训练等方面对部队进行指导，有效地增强了抗联战士对抗战必胜的信心。南野营亦称B野营，1940年冬，选址于海参崴与双城子之间的二道沟。在南野营集中的抗联人员主要是抗联第一路军的第二、第三方面军和第二路军第五军的一部，约200人。1941年2月，成立中共道南特委，由季青担任书记，委员有柴世荣、朴德山等人，崔贤、金润浩为候补委员。道南特委主要负责南野营和尚在东北境内的抗联第一、二路军党的领导和军队的统一指挥。南、北野营成立后，广大抗联战士开荒种地，伐木建房，采石铺路，并集中进行政治、文化学习和军事训练，为后来东北抗联教导旅成立打下了基础。

1942年8月，南北两个野营正式合并，改编为东北抗联教导旅。以北野营为中心，将两个野营的抗联人员和由两个野营派回东北以及在东北原地坚持游击活动的抗联部队全部编入抗联教导旅。旅长周保中，政治副旅长李兆麟，参谋长杨林，副参谋长崔石泉。东北抗联教导旅成立初期，下设四个步兵教导营、两个直属教导连（无线电连、迫击炮连）。全旅共有官兵1000余人，其中苏籍官兵300人左右，抗联部队700余人[1]。1944年又增设自动枪营，无线电连扩编为营。正职全部由抗联干部担任，副职由苏联军官担任。抗联教导旅，名义上由苏联远东军总部代管，称苏联远东军步兵独立第八十八特别旅，但实际上一直接受中共组织的直接领导，始终保持了东北抗联相对的独立性和完整性。教导旅的武器装备、生活补给均由苏联方面提供。抗联人员正排以上干部均授予军衔，待遇与苏籍军官相同。

随着东北抗联教导旅的成立，东北抗联领导人已有建立东北统一党组织的愿望。1941年5月，北野营临时党委提出《关于东北党统一领导及抗日联军总司令部建立意见书》。1942年4月，李兆麟、周保中草拟了《党组织的改组与集中领导》提案，上报共产国际中共代表团。1942年9月，教导旅召开党员大会，正式成立了中共东北党组织特别支部局，亦称中共东北委员会。周保中作了《关于留C（苏）中共东北党组织总结状况及改组的报告》，选举了中共东北党组织特别支部局第一届执行委员会委员和候补委员，执行委员有周保中、李兆麟、崔石泉、王明贵等，候补执委有王一知（女）、沈泰山等，由崔石泉任书记。中共东北委员会的成立，有效地指导了东北抗联战士的政治学习和军事训练，为迎接抗战胜利进行了充足的准备。

东北抗联广大指战员因长期处于紧张艰苦的战争环境下，没有时间和机会很好地学习政治理论和党的文件，在这种情况下边外野营应运而生。边外野营，首先从文化方面加强政治理论学习，东北抗联指战员认真阅读学习《论持久战》《整顿党的作风》以及中共中央《关于增强党性的决定》等著作和文件。通过这种方式，同志们的政治觉悟和党性得到了进一步提升，也直接促进了抗联干部和战士之间的团结。其次，从军事训练方面强化军事理论的指导，结合苏德战争的一些实践，使东北抗联战士有效地学习了现代化步兵的一般战术，并进行了实际操作，在滑雪、游泳、射击以及救护训练等方面对东北抗联指战员进行了专业培训。女指战员接受无线电技术、装拆无线电、野外实地应用、排除障碍等项目的培训；高级干部研读毛泽东同志《中国革命战争的战略问题》等军事理论。总之，边外野营的学习和训练，为下一步迎接东北解放以

---

① 《东北抗日联军史》编写组：《东北抗日联军史》下，中共党史出版社，2015，第952页。

及配合全国人民的抗日战争做了精神上和物质上的准备。

1943年10月5日在东北抗联教导旅营地野战演习后，主要干部拍摄留念

（二）派遣小部队开展活动

从1942年至1945年，东北抗联教导旅不断派遣相应的小部队回到东北地区活动，他们主要分布在延吉、宁安、敦化、饶河、萝北、绥化等敌人统治比较薄弱的山区。这些小分队的主要任务是联络群众进行军事侦察，并通过各种形式进行相关的抗日救国宣传，在可能的条件下发展地下武装，开展游击战争，破坏敌人的一些军事交通设施等。这些小部队一般由15～20人组成，多的有50余人，队长和政治委员都参加其中，而且每个小部队的负责人都是由富有斗争经验的同志来担任，每个小队内部还有党小组，主要担负领导责任。每个小部队根据时局的变化，开展机动、灵活、巧妙的活动，与敌人周旋，对敌进行打击。

从1941年至1943年冬，东北抗联二支队刘雁来小部队一直坚持在饶河一带活动，一面从事农业生产，为抗联部队补给；一面侦察敌情，及时向野营部队通报。1942年7月7日，在小部队坚持抗日的影响下，驻饶河伪军71名士兵携大批枪支弹药越境投奔到东北抗联野营。在抗联小部队的宣传和影响下，伪军日趋觉醒。

这一阶段小部队的游击活动中，袭击敌人据点、破坏敌铁路运输的事时有发生。东北抗联野营部队派出金光侠小部队炸毁林口至佳木斯铁路线上的一段铁轨和桥梁。王效明、隋长青等小部队，也多次破袭图佳铁路，使敌人的运输时常停顿。季青和柴世荣小部队分别活动在道南和穆棱、林口一带。1943年3月6日，在哈尔滨郊外滨洲线外，大榆树信号所附近的铁路拐弯处，小部队拔去道钉15个，拿掉两块铁板，造成哈尔滨到满洲里的军用货车出轨。同年10月末，哈绥线南沟的日军据点遭袭击，20余名日军被歼灭。小部队在东宁二十八道河子伏击追兵时，又消灭日军百余人。1944年至1945年上半年，小部队在北满、吉辽边区、伪通化省等仍有不少袭击活动。

总之，从1942年至1945年，派到东北各地的小部队共达300余人次；但是到1945年，各个小部队遭受很大的挫折，但抗日的火种一直没有被扑灭，直至全国抗战的最后胜利。

（三）配合苏联红军解放东北

1945年5月2日，苏联红军攻克柏林；5月8日，德国无条件投降，日本帝国主义陷入孤立。随着时局的变化，抗日战争也度过了最困难的阶段，处于胜利的前夜。1945年4月24日，毛泽东同志在党的第七次全国代表大会上作《论联合政府》的报告。东北抗联教导旅从收音机里听到了这个报告的全文，备受鼓舞。根据七大制定的政治路线，中共东北委员会和抗联指挥部决定制订新的行动计划，以抗联干部为领导骨干，计划筹备6万至10万人的东北抗联军队，以备参加大规模的对日作战和对敌活动，同时加强了在东北的各个小队的侦察活动。

为配合苏联红军解放东北，早在1945年7月下旬，东北抗联教导旅指挥部抽调精干力量，组成百人的小分队，空降到指定的牡丹江、鹤立、磐石、海龙、辉南、长白、蛟河、拉法、海拉尔、满洲里、洮南、鲁北、通辽、开鲁、扎赉诺尔、索伦、赤峰、长春等地，进行战前的侦察活动，以积极配合苏军作战。原在东北各地坚持游击战争的抗联小分队，也按照东北抗联教导旅指示，袭击敌人后方的补给线，破坏敌人的武器设施，而且许多抗联小分队还直接参与了战斗。如王杰忱（王亚东）率领的抗联小分队，在苏联对日宣战后，迅速扩建为百余人的革命队伍，在穆棱一带消灭了一支300余人的日军部队，与苏联红军顺利会师。在东满的一支小部队也在短时间内扩大为千余人的革命队伍，在苏联红军尚未到达前，就攻取了许多村镇。松花江下游的抗联小分队，在战斗中迅速成长壮大，并参加了饶河、宝清、汤原地区的作战。

1945年7月26日，中美英三国首脑在柏林西南的波茨坦发表了著名的《波茨坦宣言》，这对于穷途末路的日本帝国主义又是沉重的打击。随着战争时局的变化，美国于8月6日、8月9日向日本广岛、长崎分别投下一颗原子弹。8月8日，苏联对日宣战。8月9日，苏联发布对盘踞在中国东北的日军作战的命令。同日。毛泽东发表了《对日寇的最后一战》的声明，指出了日本帝国主义的境地，号召全国一切抗日力量举行全国大规模的反攻行动，命令对一切不愿投降的侵略者实行广泛的进攻，扩大解放区，缩小沦陷区①。

1945年8月，为了适应战争形势的变化，东北抗联教导旅党组织重新调整了东北党委的成员，并组成了朝鲜工作团。东北抗联主力部队兵分三路，配合苏联红军解放东北：一路由李兆麟率队挺进哈尔滨；一路由冯仲云率队向沈阳进发；一路由周保中率领进攻长春。苏联红军在总长度400公里的战线上，分四个方向直入我国东北：一是从后贝加尔方面进攻长春和沈阳之日伪军；二是进攻承德、锦州和张家口之日伪军；三是从海参崴方面进攻哈尔滨和吉林之日伪军；四是从伯力、海兰泡方面进攻齐齐哈尔等地之日伪军。此外，苏联太平洋舰队在朝鲜北部以及千岛群岛等登岸联合作战。日本帝国主义依靠中国东北和朝鲜进行最后挣扎的计划彻底失败了。8月15日，日本裕仁天皇正式宣布无条件投降。

日本政府虽然投降了，但侵占中国东北的一部分关东军仍然没有放下武器。于是，苏联红军按原计划，以排山倒海之势攻入东北。在东北抗联的配合下，陆续解放了东北的重镇长春、沈阳、哈尔滨。东北抗日联军和中共东北委员会回到东北以后，东北党组织的中心任务是：恢复党对东北地区的领导，争取与组织广大群众，重新恢复和建立东北各地党组织，整顿社会秩序，维持社会治安，开展建军工作以及建立人民政权。不久，在佳木斯、长春、沈阳等地

---

① 毛泽东：《毛泽东选集》第3卷，人民出版社，1991，第1119页。

建立了各级党组织，而后各市县也都纷纷建立了党组织。

在日本帝国主义宣布无条件投降后，在敌伪统治时期的汉奸警察、特务等摇身一变，变成了国民党的地下军，大肆搜罗当地的土匪、流氓，组成所谓"先遣军""挺进军"，杀害干部群众，在东北各城乡进行破坏活动。在这种情况下，中共东北委员会派往各地的东北抗联干部也积极发动当地的群众，相继建立人民武装，宣扬党的纲领。1945年9月，东北抗联更名为东北人民自卫军，周保中任总司令。同时，在哈尔滨、齐齐哈尔、北安、佳木斯、牡丹江、吉林、延吉等地分设自卫军总指挥部，开展了轰轰烈烈的剿匪斗争，为最终建立和巩固东北根据地打下了坚实的基础。同年9月，中共中央成立东北局，统一领导东北的各项工作。随后，中共东北委员会因完成了其历史任务而予以撤销。不久，东北人民自卫军与挺进东北的八路军、新四军部队一道，被统一编为东北民主联军。至此，东北抗日联军完成了自己的光荣使命，进入新的历史时期。

第三章

03

┃东北抗联精神内涵┃

在东北抗日战争中，以杨靖宇、魏拯民、赵尚志、周保中、李兆麟、冯仲云、赵一曼等为代表的中国共产党人和东北抗联广大指战员，在武装反抗日本帝国主义侵略的战争中作出了巨大的贡献，用鲜血和生命铸就了伟大的东北抗联精神。

《辞海》对"精神"的释义是："唯物主义常将其当作'意识'的同义概念。指人的内心世界现象，包括思维、意志、情感等有意识的方面，也包括其他心理活动和无意识的方面。"这里更多强调的是有意识的东西。从哲学的角度来说，精神是客观物质世界在人们大脑中的反映，即都是精神的范畴，包括人类社会的道德、法律、宗教、艺术等一切精神文化生活。而居于支配地位的精神要素在意识形态领域中起主导作用。

由于研究的视角不同，想要说明或解决的问题不同，其内涵可以说观点众多、极不统一。"三涵说"有三种。第一种是坚定的信仰信念，高尚的爱国情操，伟大的牺牲精神。第二种是爱国主义情怀，扎根人民群众，休戚与共、精诚合作。第三种是心系祖国、胸怀全局、勇挑重任的责任担当精神，不畏艰险、排除万难、百折不挠的艰苦奋斗精神，英勇顽强、坚贞不屈、视死如归的革命牺牲精神。"四涵说"主要有三种。第一种是救亡图存、勇赴国难的爱国主义精神，不畏强敌、英勇顽强的战斗精神，百折不挠、不畏艰险的奋斗精神，坚贞不屈、大义凛然的牺牲精神。第二种是"全民族、各阶级、团结起、夺回我河山"：勇赴国难的爱国情怀；"未惜头颅新故国、甘将热血沃中华"：视死如归的民族气节；"火烤胸前暖，风吹背后寒"：不畏艰险的英雄气概；"十年血战还要争取最后的一朝"：百折不挠的坚定意志。第三种是矢志不渝的爱国主义，艰苦奋斗的革命精神，不屈不挠的革命意志，英勇献身的高尚品质。"五涵说"主要有两种。第一种是忠贞报国、勇赴国难的爱国主义精神，勇敢顽强、前仆后继的英勇战斗精神，坚贞不屈、勇于献身的不畏牺牲精神，不畏艰苦、百折不挠的艰苦奋斗精神，休戚与共、团结御侮的国际主义精神。第二种是理想信念，爱国主义，艰苦奋斗，不畏牺牲，团结合作。

中宣部将东北抗联精神的内涵概括成三点，即忠诚于党的坚定信念，勇赴国难的民族大义，血战到底的英雄气概。本书采用了中宣部的概括。

一、忠诚于党的坚定信念

忠诚是中华民族最重要的传统美德。党员干部对党的绝对忠诚是一种更为无私、更为可贵的优良品格，也是最重要的纪律要求。对党忠诚是共产党人价值观的精髓，是无产阶级政党与生俱来的血脉传承。无论是在日伪军残酷"讨伐"下，还是在极端恶劣环境中，抑或是与上级党组织失去联系的情况下，东北抗联指战员始终坚持党的领导，坚信抗战胜利不动摇。

（一）坚定理想信念

理想信念，是一个人的精神支柱，也是一个政党、一个民族的精神支柱。党领导的东北抗日斗争，其长期性、严酷性、艰苦性、复杂性世所罕见。能够支撑东北抗联坚持下来的主要精神力量就是共产主义理想信念。

1932年初，中共满洲省委书记罗登贤在哈尔滨道外牛甸子岛上冯仲云家里，主持干部会议。他分析了当时的危急形势，号召东北全体党员与东北人民共存亡。"蒋介石国民党以不抵抗政策出卖东北同胞，我们中国共产党人，一定与东北人民同患难，共生死，争取东北人民的解放。""敌人在哪儿蹂躏我们同胞，我们共产党人就在哪儿和人民一起与敌人抗争。"接着，他又庄严声明，"党内不许有任何人提出离开东北的要求。如果谁提出这样的要求，那就是恐惧动摇分子，谁就不是中国共产党党员！"[①]正是在这种坚强信念支持下，杨靖宇、赵尚志、赵一曼等共产党人走向抗日战场，谱写了一曲曲英雄壮歌。

杨靖宇在哈尔滨工作期间，先后担任满洲反日总会党团书记兼哈尔滨道外区委书记、中共哈尔滨市委书记、满洲省委代军委书记。他积极工作，真抓实干，卓有成效。1932年4月，杨靖宇与即将离任的中共满洲省委军委书记周保

---

① 中共党史人物研究会编：《中共党史人物传》第49卷，陕西人民出版社，1991，第247～248页。

中谈话，表达了一名共产党员对党绝对忠诚的誓言："我们是反对旧礼教的，但是可以这样理解，把'天将降大任于是人也'改作劳动人民之寄希望于共产党，党之寄希望于共产党员也，'必苦其心志，饿其体肤，劳其筋骨，行拂乱其所为'，那些在革命斗争中，经不起考验，而临阵逃脱的，有如朝露，见太阳即散失；有如秋草，经风霜即枯萎。一个普通的人都应该讲求'富贵不能淫，贫贱不能移，威武不能屈'，何况是共产党员呢？党员对党的革命事业必须具备'鞠躬尽瘁，死而后已'的精神。"①对于杨靖宇的工作，满洲省委在给中央的报告中曾作出过这样的评价："这个同志，政治上在满表现得最坚决的。曾坐过五次牢，在工作上表现是很艰苦、深入与努力……他是省委候补委员，河南人，知识分子，担任哈尔滨市委一个时期的工作，在政治上在各方面都比较有大的进步。"②

杨靖宇一方面对抗战充满信心，鼓励指战员艰苦奋斗；一方面拒绝敌人的高官诱惑，坚决抗日。1938年5月上旬，杨靖宇在司令部驻地辑安老岭山区五道沟举行的欢迎南满省委书记、东北抗联第二军政委魏拯民的大会上，表达了抗战必胜的信念："共产党这条蛟龙就是锁不住、斩不断的。独立旅走了八个月，走了四个省，战胜了千难万苦，终于来到了南满。敌人想把我们割成一块块，是永远办不到的。现在形势很好，关里八路军、新四军打了很多大胜仗，我们在东北的任务，不但要扯住日本人的后腿，而且要配合关内作战，最后胜利一定属于中国人民。"③同年5月11日至6月1日，杨靖宇与魏拯民共同主持了东北抗联第一路军总部与中共南满省委高级干部联席会议（即第一次老岭会议），制定了在对日作战中保存实力、粉碎敌人全面进攻的策略方针。1940年2月，在生命的最后日子里，杨靖宇对革命仍然抱有必胜的信念，他鼓励身边的战士，"革命就像一堆火，看起来很小，可燃烧起来能烧红了天，照亮黑夜。正是为了革命的火焰燃烧得更旺，才会有许许多多的同志前赴后继献出了宝贵的生命。我们可能牺牲，革命并不等于失败。""为了革命，我们要坚持到

① 赵俊清：《杨靖宇传》，黑龙江人民出版社，1994，第83页。
② 赵俊清：《杨靖宇传》，黑龙江人民出版社，1994，第97页。
③ 伊俊山：《南满远征》，《吉林文史资料》编辑部、政协通化市委员会文史资料研究委员会：《吉林文史资料·第24辑·回忆杨靖宇》，中国人民政治协商会议吉林省委员会文史资料研究委员会，1987，第129～130页。

底。就是死也不能向敌人屈服。革命不管遇多大困难总会胜利的！"①

在面对敌人高官厚禄的诱降时，杨靖宇丝毫没有动摇。1938年，日军曾向杨靖宇诱降，许诺其可担任"东边道大都督"。对此，杨靖宇说："一个忠贞的共产党员，民族革命的战士，为了伟大的共产主义理想，为了中华民族的解放事业，头颅不惜抛掉，鲜血可以喷洒，而忠贞不贰的意志是不会动摇的。日寇威胁和利诱的手段，只可以玩弄那些民族的败类。"②

杨靖宇壮烈殉国后，东北抗联第一路军副总司令魏拯民在杨靖宇追悼大会上说："他为革命事业艰苦卓绝地奋斗了一生。他的全部生活是党的生活，他没有个人生活。"③1958年2月23日，在杨靖宇将军壮烈殉国18周年暨杨靖宇将军公祭大会上，中共中央代表为杨靖宇所致悼词指出："杨靖宇同志英勇奋斗的一生，表现了一个共产党人的崇高品质。他对革命最坚决、最勇敢，任何困难不能把他压倒。他对党是最忠实的，时时刻刻都尊重党的组织和党的纪律。"④这是对杨靖宇对党忠诚、坚定共产主义信念的真实评价。

周保中面对困难局面信念坚定。1938年，面对日伪的残酷"讨伐"，东北抗联的抗日斗争进入十分艰苦的阶段；但东北抗联指战员仍然斗志顽强，坚信抗战一定会胜利。对此，周保中在日记中写道："抗日联军是东北唯一的救国武装力量，在现时遭受各种困难，首先是日贼各种样式的进攻，时刻有弹尽粮绝的危险……谁能支持到最后，最后胜利就属于谁的。""因此，需要我们每个忠实于中国民族解放战争的布尔什维克，必以坚强忍耐与目光久远的态度和坚强灵活的手段，领导抗日联军部队及群众的救国抗日斗争。"⑤

在东北抗联高级将领中，赵尚志可谓命运多舛。屡次遭受挫折和打击，但丝毫未熄灭赵尚志抗日的热情。面对组织的误解不气馁，身处逆境而不灰心，历经磨难仍坚定地忠于党，其传奇的经历展现的是忠诚的内涵。

1932年10月，由于受到北方会议"左"倾错误的影响，由张甲洲、赵尚志领导的巴彦游击队，改编为中国工农红军三十六军江北独立师，进行土地革

① 赵俊清：《杨靖宇传》，黑龙江人民出版社，1994，第420页。
② 黄生发：《忆民族英雄杨靖宇》，载周保中等著：《密林篝火》，战士出版社，1983，第15页。
③ 封志全主编：《抗联一路军在濛江》，吉林大学出版社，1990，第278页。
④ 封志全主编：《抗联一路军在濛江》，吉林大学出版社，1990，第282页
⑤ 周保中：《东北抗日游击日记》，解放军出版社，2015，第333页。

命，打土豪、分田地。这一政策遭到了原来支持游击队的地主的强烈反对和报复，导致在攻打东兴设治局时，遭到大批地方武装夹击，损失惨重。1933年1月，因违反政策收缴鄂伦春族猎人武器事件，遭到鄂伦春人的连续追击，队伍损失很大，巴彦游击队被迫解散。1933年春节前，赵尚志被开除党籍。委屈、苦闷的赵尚志没有消沉，而是隐姓埋名，悄悄离开哈尔滨，于1933年3月投奔孙朝阳部队当了一名马夫，伺机再起。同年10月，赵尚志建立了珠河东北反日游击队。1934年3月，赵尚志联合各路义勇军、山林队成立了东北反日联合军司令部，被推举为总司令。后率部取得了"木炮打宾州"、攻占五常堡、智取四道河子、激战肖田地等战斗的胜利。1935年1月，中共满洲省委根据珠河中心县委的请示，重新审查了赵尚志被开除党籍的问题，恢复了他的党籍。据韩光回忆，一个深夜，他和赵尚志谈心，谈起赵尚志被开除党籍，韩光说："他一心为革命，不惜抛头颅、洒热血，这在他都不在话下。唯独被开除党籍，给他在精神上的打击，使他难于忍受。他苦思了几天几夜，睡不好觉。最后，也想开了。干不干革命是每个人自己的事。于是自己找门路，钻进孙朝阳部里去。原本想设法影响孙朝阳，改造这支武装走上真正抗日救国的道路。不成功，才拉出来自己干。"①这段肺腑之言，足以证明赵尚志是非常珍重一个共产党员政治生命的。

赵尚志第二次被开除党籍发生在1940年。1940年1月28日，中共北满省委召开第十次常委会会议，根据赵尚志"反对伟大的中共中央路线，推行'左'倾关门主义路线，而且时常流露反党反组织行为；并推断其所要召集的北满党军负责人会议是'以籍奸细名义为论罪，企图捕杀冯仲云、高禹民以及张寿篯、许亨植、张兰生、金策等'"②情况，作出永远开除赵尚志党籍的决议。3月20日，赵尚志在不清楚被开除党籍的具体原因情况下，给北满省委《请求书》说："党籍是每个共产党员的生命，因为我参加革命斗争已将十五年。党的一切工作，就是我的一生的任务，我请求党重新审查。同时，我认为党不能把我从党的部队里清洗出去，那将使我受到宣布死刑一样。我万分地向党请求党审查，给我从组织上恢复党籍，领导我的工作。我不能一天离开党，

---

① 《韩光党史工作文集》，中央文献出版社，1997，第203～204页。
② 赵俊清：《赵尚志传》，黑龙江人民出版社，1990，第342页。

党也不要一天放弃对我的领导。"①为此，冯仲云、周保中先后给北满省委写信，请求重新审查开除赵尚志党籍的问题，并希望把他留在党内。1940年5月，北满省委对冯、周的建议作出正式答复，对开除赵尚志党籍的决议只取消了"永远"二字，其他没有变化。1982年，中共黑龙江省委决定，恢复赵尚志的党籍。

赵尚志并未因此而消沉，回国后他担任东北抗联第二路军副总指挥，积极投身到抗日斗争中去。1942年2月12日，赵尚志被敌特诱骗，受伤被俘后牺牲，为中华民族解放事业流尽了最后一滴血。

赵一曼在狱中，遭受各种酷刑，仍然坚定信念。她忍着伤痛怒斥日本审讯官大野泰治，揭露日军侵略中国东北以来的各种罪行，表现出了一个共产党人保卫民族的决心。她坚贞不屈地说："你们不用多问，我的主义就是抗日，正如你的职责是以破坏抗日逮捕我们为目的一样。我有我的目的，进行反满抗日并宣传其主义，这是我的目的，我的主义，我的信念。"②她至死没说出有关抗联的一个字。

东北抗联高级干部的铮铮誓言和英勇行为，淋漓尽致地体现了救亡图存，为民族独立、自由和解放而血战到底的坚定信念。这种信念是共产党人的精神追求和力量源泉，是东北抗联的政治灵魂和立足根基。

（二）干部率先奔赴抗日战场

面对东北沦亡、民族危机严重的局面，中国共产党把民族大义放在第一位，鲜明地举起抗日大旗，在号召全国民众武装抗日的同时，从1931年10月起，中共满洲省委和各地党组织先后派遣500余名党团员到游击队和各部义勇军中工作；还从反帝大同盟、互济会、反日会等进步团体中选派骨干，加入义勇军。其中，比较著名的有杨靖宇、赵尚志、周保中、李兆麟，即人们常说的"南杨北赵东周西李"。此外，这个时期，中共满洲省委还派遣了魏拯民、童长

---

① 中央档案馆、辽宁省档案馆、吉林省档案馆、黑龙江省档案馆编辑：《东北地区革命历史文件汇集》甲26，1989，第85页。

② 李云桥：《赵一曼传》，商务印书馆，2018，第299～300页。

荣、李延禄、夏尚志、冯基平、林郁青、邹大鹏、杨林、王仁斋、刘三春、赵一曼、张甲洲等在东北各地创建党领导的抗日武装。这些民族精英在国家面临危亡之际，以国家兴亡为己任，自觉投身抗战前线，掀起了风起云涌、波澜壮阔的抗日斗争。

1. 杨靖宇

杨靖宇，原名马尚德，河南确山县人。1929年7月到东北做地下工作，曾先后在抚顺、哈尔滨工作。1932年11月，根据中共满洲省委的决定，杨靖宇以省委特派员的身份前往磐石、海龙（今梅河口市）等地巡视和指导工作。此后，他始终战斗在抗日第一线。曾任东北人民革命军第一军独立师师长兼政委、东北人民革命军第一军军长兼政委、东北抗日联军第一军军长兼政委、东北抗日联军第一路军总司令兼政委。从磐石游击队、东北人民革命军，到东北抗日联军，杨靖宇通过自己的言行，真正践行了"宁愿站着死，不愿跪着生"的铮铮誓言。1937年7月全面抗战爆发后，东北抗日联军第一路军发布了总司令布告，号召全面抗日："我东北全体同胞，应在全国总动员之下，凡我中国人，应抛弃过去旧仇宿怨，亲密联合，响应中日大战，暴动起来，打倒日本帝国主义，推翻傀儡政府'满洲国'。为独立、自由、幸福之中国而奋斗！"[1]

1939年10月，面对日军即将开始的"大讨伐"，为了既保存实力，又有效打击日军，杨靖宇决定转移第一路军大部人马，自己率领警卫旅400多名战士牵制日军主要兵力。在最危险的时刻，他一次又一次分兵，让同志们安全脱险，为抗日救国保存更多的力量，而他自己却将生死置之度外。

杨靖宇原本有机会可以退守苏联。1939年秋在辉南石道河子干部会议上，面对敌强我弱、敌众我寡的形势，一部分人认为应该把部队转移到苏联境内，以保存实力，等时机好转时再回来；但杨靖宇不同意。他说："我们是干什么的？我们是东北抗日联军，是抗日的队伍。抗日抗日嘛，你跑到苏联去还叫什么抗日联军。你跑到苏联去，日本鬼子就能自己跑回去，就不用打啦？抗联是打鬼子的，就得坚持战斗。"[2]还有一部分人建议先退守到长白山原始密林

---

① 中共通化市委党史研究室/卓昕编著：《杨靖宇全传》下卷，吉林文史出版社，2005，第1219页。

② 封志全：《抗联一路军在濛江》，吉林大学出版社，1990，第250页。

中躲避一阵，杨靖宇也不同意，"我们在这里坚持打下去就能牵制敌人的一部分力量，对关内的抗日战争有利。如果我们转移了，走了，这里的抗联就没有了，敌人就会乘机宣传抗联被消灭了。这对群众的影响肯定不会好，特别是敌人会更加集中兵力到关里去，给党中央增加压力。我们的力量虽然不大，但是在这里打下去，起码能拖住敌人一部分力量，支援全国的抗日战争。"①就这样，杨靖宇放弃了避走苏联和躲进密林的机会，不走不躲，坚持在战场上与敌人短兵相接。他用个人的鲜血和生命，向敌人宣告了"有东北抗联在，抗日的旗帜就在，谁也别想轻易地把东北夺走"的决心。

对坚决抗战者的讴歌，对叛变投敌者的声讨，也体现了杨靖宇的爱国精神。1936年冬，东北抗联第一军独立旅旅长于万利在辽宁宽甸被敌人包围。于万利手抱机关枪向敌人猛射，最后毁掉机枪，宁死不降，英勇牺牲。杨靖宇得知后，深情地说："于旅长不愧为一个抗联的优秀指挥员，是个有骨气的中国人，是个好同志。他为了抗日救国大业，浴血奋战，英勇献身，到最后连手中的枪都不留给敌人。我们活着的人，永远不要忘记他们，要替他们报仇，向日本强盗讨还血债。"②

在严酷的战争环境下，一些意志薄弱者脱离革命队伍，甚至投降了日本侵略者。尤其是1937年12月抗联第一军军需部长胡国臣、1938年2月抗联第一军政治部主任安光勋、1938年6月抗联第一军第一师师长程斌先后投敌，给东北抗联第一路军带来了重大灾难。对此，杨靖宇深恶痛绝。1938年他针对叛变分子的罪行向战士们发表一次讲话："我们为救中国，保卫老百姓，南征北战……要想真心保国，就不能调过枪来打中国同胞。我们要牢牢记住：先有其国，后有其家。同胞们，我们就是死也不能投降！"③ 1939年11月，他以东北抗联第一路军总司令的名义，发表了《告安光勋、程斌、胡国臣转降队书》，对安、程、胡等叛变抗日斗争事业，甘心充当日寇鹰犬表示无比愤怒，"你们始而参加革命，继而背叛革命，终而破坏革命，思想矛盾，行动卑鄙，试问人生意义在哪里？""你们不知耻造谣撞骗的行为，虽影响到抗日联军内极少数动

---

① 封志全：《抗联一路军在濛江》，吉林大学出版社，1990，第250页。
② 赵俊清：《杨靖宇传》，黑龙江人民出版社，1994，第291页。
③ 于连水：《杨靖宇将军转战在白山黑水间》，中国青年出版社，1983，第284页。

摇分子的附和，但绝不能说革命无望和不能取得最后的成功。"①在这里，杨靖宇以叛徒为反面教员，用抗日救国的道理教育广大战士。这是杨靖宇在极端艰苦环境中发出的铮铮爱国心声，表达了对叛徒的无比痛恨，对抗战必胜充满信心。

1940年2月23日上午，杨靖宇遇到四个农民打扮的人。他拿出钱托他们给买点粮食和一双棉鞋。这几个人对他说："你还是投降吧，如今'满洲国'不会对投降者杀头的。"杨靖宇则坚定地答道："我是中国人，良心不允许这么做，这样做也对不起广大人民。一句话，我是中国人，是不能向外国人投降的！"②当天下午，杨靖宇孤身一人在与敌人作战中壮烈殉国。

杨靖宇坚贞不屈、忠心报国的爱国主义精神，连日本军人也为之动容。曾参加"剿杀"杨靖宇的日本士兵金井这样评价杨靖宇："关东军一共有70万部队，日本是决心占领这块土地的，我不明白杨将军的抵抗意义何在。不理解他的同时，我却佩服他。他的军队一共3000人，没有重武器，没有任何援助，他却没有后退一步。到后来，也就是现在，我的想法全变了，我感到杨靖宇是一个伟大的人物。一个到外国去征战的军士，表现得再英勇也只是短暂的英勇；而一个为保卫自己祖国而战的勇士，才具有永恒的意义。"③作为一位英雄，杨靖宇被曾经是他的敌人的人赞颂；作为一种精神，被曾经是他敌人的人认可。这在人类历史上是不多见的，从而更加说明了杨靖宇爱国主义精神的不朽和伟大。

2. 赵尚志

赵尚志，奉天省朝阳县人，1925年末入黄埔军校学习。1926年他被党组织派回哈尔滨，先后担任中共满洲省委反日总会党团书记、军委书记等职。1932年5月，受中共满洲省委派遣到哈北地区巡视，指导反日斗争。1933年10月，创建了珠河东北反日游击队。在成立大会上，赵尚志率领全体队员鸣

枪宣誓："我珠河东北反日游击队全体战士，为收复东北失地，争回祖国自由，哪怕枪林弹雨，万死不辞，赴汤蹈火，千辛不避，誓死武装东北三千万同胞，驱逐日寇海陆空军滚出满洲，为中华民族的独立、解放奋斗到底！"①后任东北反日游击队哈东支队司令、东北人民革命军第三军军长、东北抗日联军第三军军长等职。他不仅具有出色的军事才能，而且有较高的文学素养。他写的诗歌《十年血战还要争取最后的一朝》，表达了自己抗战到底、誓死如归的战斗精神和必胜信念：

> 献身为抗日救国真荣耀，
>
> 抵挡那倭寇匪徒的残暴，
>
> 纵然阵亡了无数的英豪，
>
> 十年血战还要争取最后的一朝。
>
> 携手一致革命者才是知友，
>
> 用大家精诚的鲜血将旗染好，
>
> 庆凯歌看红旗到处飘飘，
>
> 十年血战还要争取最后的一朝。②

由于赵尚志团结抗联兄弟部队以及广大义勇军、山林队等武装，一道进行抗日斗争，日本侵略者对他又怕又恨，无奈地感叹道："小小的'满洲国'，大大的赵尚志。"

3. 周保中

周保中，云南大理县人，白族。曾入云南陆军讲武学校、苏联中国共产主义者劳动大学、国际列宁学院学习。九一八事变后回国。1932年2月，中共中央派遣周保中到东北，任中共满洲省委军委书记。按满洲省委指示，先后到吉林自卫军、中国国民救国军中工作。1934年2月，任绥宁反日同盟军办事处主任和党委书记。后历任东北反日同盟军第五军军长、东北抗联第五军军长、东北抗联第二路军总指挥、东北抗联教导旅旅长等职。1935年春，他撰写了七

---

① 赵俊清：《赵尚志传》，黑龙江人民出版社，2002，第130页。

② 赵俊清：《赵尚志传》，黑龙江人民出版社，2002，第456～457页。

绝《抗争与宁死不屈》，表达了自己抗日爱国的决心：

> 点点星火遍地烧，
> 日日夜夜倭寇嚎。
> 倒悬不解三千万，
> 田横壮儿五百条。①

4. 李兆麟

李兆麟，原名张寿篯，奉天省辽阳县人。1932年2月，根据中共北平（今北京市）市委和军委的指示，李兆麟与地下党员冯基平回到辽阳一带组织建立了东北抗日义勇军第二十四路军。1934年初，任珠河反日游击队副队长。同年6月，珠河游击队改编为"东北反日游击队哈东支队"，其任政治部主任。后任东北人民革命军第三军师政治部主任、北满抗日联军总政治部主任、东北抗联第三路军总指挥、东北抗联教导旅政治副旅长等职。李兆麟文采飞扬，创作了许多诗歌。他在诗歌《保卫白山黑水》中，表达了坚决抗日的决心：

> 白山麓，黑水之滨，
> 雪耻安邦去从军，
> 赴国难，伸义愤。
> 破虏血染袍，
> 百战铁将军。
>
> 力击倭奴师，
> 勇杀敌，不顾身，
> 朔气难冷救国心。
> 壮士十年荣归后，
> 高筑凯旋门。②

---

① 张正隆：《雪冷血热》上，长江文艺出版社，2011，第259页。
② 韩玉成主编：《东北抗战歌谣》上，中共通化市委党校、杨靖宇干部学院内部印刷，2020，第32~33页。

5. 魏拯民

魏拯民，山西省屯留县人。九一八事变后，魏拯民被派到东北工作，任中共哈尔滨市道外区委书记、哈尔滨市委书记，发动和组织群众进行抗日斗争。1934年冬被派到东满，后任中共东满特委书记，参与领导创建东北人民革命军第二军，任政治委员，联合东满地区各抗日武装开展游击战。1935年夏，作为东北地区的唯一党代表，赴莫斯科参加共产国际第七次代表大会。此后，魏拯民先后担任中共南满省委书记，东北抗联第一路军总政治部主任、副总司令。他能征善战，指挥有方，使东满、南满地区的抗日工作得到空前发展，取得了多次胜利。1940年3月，杨靖宇牺牲后，他接替杨靖宇全面统帅第一路军。1941年3月8日因病去逝，年仅32岁。

6. 李延禄

李延禄，吉林省延吉县人。九一八事变后，被派到吉东任吉林中国国民救国军总部参谋长兼补充第一团团长。曾率部进行了有名的墙缝伏击战和海林阻击战。1933年1月率补充团脱离救国军，组织成立中国共产党领导的抗日游击总队，任总队长。旋即所部扩编为东北抗日救国游击军，任总司令。同年7月，所部改称东北人民抗日革命军，任军长。1934年冬，任东北抗日同盟军第四军军长。后任东北抗日联军第四军军长。1939年，任中共中央东北工作委员会副主任。1945年作为正式代表参加中共七大。抗日战争胜利后任合江省人民政府主席，松江省人民政府副主席。在艰苦的战争年月，李延禄舍生忘死、历尽艰险，为东北抗日斗争作出了重要贡献。

7. 赵一曼

赵一曼，四川省宜宾县人。她曾就读于莫斯科中山大学，毕业于黄埔军校第六期。1931年九一八事变后被调到东北，在沈阳工厂中领导工人斗争。1932年，赵一曼任满洲总工会秘书、组织部部长。1933年，赵一曼任哈尔滨总工会代理书记。7月，赴哈尔滨以东的抗日游击区，任珠河中心县委委员，后任珠河区委书记。1935年秋，赵一曼兼任东北人民革命军第三军一师二团政委，群众亲切称她"瘦李""李姐"。1935年11月，在与日军作战中，赵一曼为掩护部队腿部负伤后在昏迷中被俘。1936年8月2日，牺牲于珠河县（今黑龙江省尚志市）小北门外，年仅31岁。她曾写有一首七律《滨江述怀》，表达了自己爱国抗日的豪迈胸怀：

誓志为国不为家，
涉江渡海走天涯。
男儿岂是全都好，
女子缘何分外差？
未惜头颅新故国，
甘将热血沃中华。
白山黑水除敌寇，
笑看旌旗红似花。①

赵一曼雕像

正是在这种爱国主义精神激励下，无数爱国志士和民族英雄，保家卫国、甘洒热血，成为中华民族历史上永远的丰碑。同时，中国共产党人以爱国主义为号召，组成了空前广泛的抗日民族统一战线，沉重地打击了日本侵略者。

（三）加强军队中党的建设

东北抗联是由深受阶级压迫和民族压迫的各阶级各阶层群众组成的，其中也包括收编的统战部队。他们有着强烈的爱国之心和高涨的革命热情。但由于人员成分复杂，教育不够，他们身上还存在狭隘、散漫、自私等陋习。因此，加强东北抗联思想政治工作，尤其是党的建设显得十分重要。在这方面，杨靖宇、魏拯民、周保中、李兆麟等人做了大量的工作，从而保证了东北抗联的战斗力。

东北人民革命军成立后，杨靖宇十分重视政治工作，把党的建设放在重要位置。他曾对连以上干部讲："打日本必须有正确的路线、方针和政策，这个路线已经有了，就是在共产党的领导之下，进行抗日斗争。"②为此，杨靖宇在

---

① 刘颖：《东北抗联女兵》，黑龙江人民出版社，2015，第8页。
② 赵俊清：《杨靖宇传》，黑龙江人民出版社，1994，第199页。

军队中大力加强党组织建设。1934年9月18日东北人民革命军第一军建立后，军部设有党部，杨靖宇任书记。下属师团均设有党部，连建有党支部，各排和卫队建有党小组。各级党部、党支部、党小组经常开会，除了政治学习，还讨论形势任务、群众工作、反日会、自卫队、对敌作战及伪军士兵工作等。党支部建在连上是我军的优良传统，有力地发挥了党对部队的领导作用。

对于杨靖宇领导东北人民革命军、东北抗日联军的成绩，1936年7月，中共满洲省委常委小洛在莫斯科向中共驻共产国际代表团汇报南满地区工作时，是这样评价的："他的政治水平、工作能力，不仅在南满首屈一指，在全东北也是最强的一个。自他到南满以来，工作有很大成绩，始终毫不懈怠地努力。在队内、地方、党内、南满人民中，信仰威信均极好。自己一举一动，个人行为，亦为全体所钦敬。在忠实于党及坚决执行党的决定这一点上，比特委书记更要强些。"①

魏拯民为了提升抗联指战员的政治文化水平，花费半年时间，亲自编写了一本《政治读本》，文字简明扼要，内容浅显易懂。他认为，一支抗日救亡的爱国军队，既要有英勇顽强的意志和坚定的信念与决心，也要有文化知识。最为可贵的是，魏拯民把一些重大的政治问题也写进了读本，以引起抗联指战员的高度重视。1937年11月，他曾对东北抗联第二军独立旅政委伊俊山说："所有的共产党员，都必须在其所到之处同群众进行密切联系，去帮助群众、组织群众。要彻底改变那种只顾打仗不去联系群众和组织群众的单纯军事观点。因此，我才把树立密切联系群众的作风，作为单独一章写进政治读本。在敌人千方百计要把我们和人民群众分开的情况下，在我们被迫走进大森林的情况下，加强和人民群众的联系，就成为特别重要的大问题，就成了生死攸关的大问题。"②他在给杨靖宇的信中说："培养一支能文能武，既有高度政治觉悟又有文化素养的抗日救国部队，应该是我们第一路军理想的追求。"③魏拯民将这个读本用汉、朝两种文字印成小册子，下发到连队，得到了干部和战士的热烈欢迎。

---

①　赵俊清：《杨靖宇传》，黑龙江人民出版社，1994，第293页。
②　郭肇庆：《魂系长白山——魏拯民传》，黑龙江人民出版社，2009，第317页。
③　郭肇庆：《魂系长白山——魏拯民传》，黑龙江人民出版社，2009，第303页。

周保中在指挥部队军事斗争的同时，也时时关注部队中党的建设，尤其重视党的群众工作。1936年6月，他曾对陶宜民等人说："东北抗日联军是中国共产党领导的抗日队伍，自建立以来，在党的正确领导下，宣传群众、组织群众，在广大人民群众的密切配合下英勇奋战，战绩辉煌，抗日斗争形势越来越好，抗日联军队伍不断扩大，使日寇在东北背上了一个沉重的包袱。因此，日寇近来频繁出动，一方面对抗日联军进行大规模'围剿'，另一方面疯狂推行'归屯'并户，在物资上严密封锁、政治上招抚利诱分化瓦解，企图一举消灭我们，甩掉抗联这个包袱，集中军事力量向关内进攻，进而侵占全中国……我们要积极深入群众，开展反封锁、反分化斗争，打乱敌人的计划，粉碎敌人的阴谋。"①

即使在繁忙、残酷的战斗中，周保中也心中有党，始终把党的领导放到重要位置。1938年5月，周保中要求西征部队，"任何时候，必须巩固内部，加强军队政治的思想的教育提拔及培养各级新干部。在军队中，应在斗争各方面，做到个人本位革命的精兵主义。""严密党组织，提高党政治教育及经常生活，提高党纪军纪，发展自上至下特别要发展自下至上的自我批评，反对腐化及一切私利主义、虚伪主义、两面派，党官僚军阀化均所极应排斥，务求在党总路线下思想一致，确立工作各方面之原则依据性。揭发与铲除内奸及动摇分子及破坏纪律者，特别是对上级负责者要严明。"②

李兆麟在东北抗日战争前期，主要负责部队的思想政治工作。他十分重视培育指战员的民族气节和提高革命觉悟，尤其是加强部队党的领导。1937年8月，时任东北抗联第三军政治部主任李兆麟，起草了《关于军队中党的工作问题》指示信，下发到第三军各师党委。他要求加强各级党委领导力量，建立健全连队党支部和党小组，在团部、师部、军部和各独立机关如执法处、后方办事处、被服厂、军械厂、医院等建立党支部，严肃党的组织生活，要求全体党员发挥先锋模范作用。

① 中共吉林省委党史工作委员会编：《回忆周保中》，吉林人民出版社，1989，第28页。

② 周保中：《关于游击策略的新决定事项给宋一夫的信》，1938年5月3日。载吉林省档案馆、中共吉林省委党史研究室编：《周保中抗日救国文集》上，吉林大学出版社，1996，第640页。

针对抗日斗争中出现的错误思想，尤其是组织上的关门主义、行动上的"左"右倾错误，杨靖宇、李兆麟等人都进行了坚决的斗争，这也是在部队中加强党的建设的重要体现。1937年6月15日，杨靖宇在宽甸县境主持召开了抗联第一路军军党部扩大会议，在总结党的工作时，他特别强调："要了解队伍健强与否，主要靠党的工作如何而决定。党是生命线。但在这方面，有的不了解党的工作的重要性，没有把党的工作列为第一等工作。其表现是：在组织上存有严重的关门主义现象，党的组织生活薄弱；领导工作方式不是以一贯的精神而是忽高忽低形式或机械的进行；党部对干部训练不够，不能经常详细检查与布置他们的工作。"因此，他要求，"把一切精力集中到党的工作上来。大胆地打破关门主义，自今冬至明春，应扩大三倍党员，运用各种各样的新方式，如支部代表联席人，互定竞赛条例，开展模范党部、宣传周、肃反周等把工作深入到支部中去。"同时，杨靖宇针对队伍内部分领导畏惧困难、对革命前途存在的种种模糊认识甚至错误观念、右倾情绪进行了批评。最后，杨靖宇说："我们为保证争取光荣的、神圣的、反日民族革命战争最后的成功，应当与右倾机会主义者和一切不正确的观念作不调和的斗争。"①这次会议统一了全军干部的思想认识，增强了队伍的凝聚力，推进了南满地区乃至整个东北抗日斗争的发展。这是杨靖宇对党忠诚的重要体现。

李兆麟十分重视部队的统战工作。他针对山林队、义勇军缺乏最先进的战斗意识和行动纲领，还保留着多年形成的封建传统和各种落后的生活习惯，主张对他们进行团结、教育和改造。他反对"左"倾关门主义，尤其反对随意缴械的办法，他强调："须注意对于各队的耐心教育，不要走简便道，轻易缴义勇军的械是错误。假定不是投降或日贼奸细部队，绝对不轻易缴其武器，因为目前收编各队应当在政治上、军事上、干部上帮助他们，轻易缴械是表现我党在领导东北民族革命战争中无能，是自杀政策，是中了日贼毒计。如果其领袖障碍抗日事业前进，教育无效，可肃其领袖及坏分子出队，另派长官或选举长官都可，但不必全部缴械。但你们对于这一工作的运用不必机械，须特别灵活。"②针对义勇军中的首领具有较高影响力和控制力的实际情况，李兆麟特别

---

①　赵俊清：《杨靖宇传》，黑龙江人民出版社，1994，第317～318页。

②　辽宁社会科学院地方党史研究所：《李兆麟传》，当代中国出版社，2010，第51页。

强调要转变对其首领的态度，"用诚恳革命家的精神，以对于最好的抗日救国伴侣的热情，加紧对于各收编队伍的领袖的政治教育，使他们觉悟到有彻底改造自己队伍的必要。同时我们要特别注意到经过这上层顺利的桥梁，努力加紧下层统一战线的工作。"①

李兆麟把自己的主张运用到实际工作中，取得最明显的成效是对东北抗联独立师祁致中（祁明山）部的改造。祁致中原在伪三江省桦川县驼腰子金矿工作，1933年组织了金矿工人起义，建立了"东北山林义勇军"。1934年加入了中国共产党，所部改编为东北抗联独立师。由于部队中成分复杂，良莠不齐，加之北满党内"左"倾关门主义严重，因而积累了许多亟待解决的问题。1937年4月，李兆麟来到独立师，与祁致中进行了长达10天的个别谈话，消除了祁致中的疑虑，提高了其对党的认识，也帮其解决了一些重大问题。随后，祁致中清洗了一部分坏分子，驱逐了一个很坏的团长。李兆麟在给中共北满临时省委的报告中作出结论："独立师目前的表现决不象（像）个别同志报告的那样严重，好象（像）朝不保夕，快反革命的样子。恰相反，更初步走向忠实于民族革命战争。"②在李兆麟等人的努力下，独立师完成了从民间自发抗日武装到中国共产党领导下的人民军队的转变。同年11月，独立师改编为东北抗日联军第十一军，祁致中任军长，后因战功卓著享有"祁老虎"的美誉。对此，周保中曾评价说："亏了北满省委正确决定由张寿篯同志去和缓了限制了关门主义左倾乱干的办法，祁明山却表示了许多对共产党的忠实，对民族解放斗争的决心，接受了寿篯同志整理和改善军队许多的提议。独立师的发展和巩固，完全可以随着党的领导路线和工作进行为转移。"③

总之，正因为东北抗联高级将领在抗日战争中始终加强党的领导，东北抗联才能始终保持高昂的斗志和坚强的战斗力。应该说，这是东北抗联坚持十四年抗战最重要的因素。

---

① 辽宁社会科学院地方党史研究所：《李兆麟传》，当代中国出版社，2010，第51~52页。

② 温野、魏哿奇：《东北抗日联军第八~十一军》之"十一军"，黑龙江人民出版社，1986，第189页。

③ 周保中：《关于目前形势和部队现状问题给化兄转驻际遇表兄的信》，1937年6月24日。载吉林档案馆、中共吉林省委党史研究室编：《周保中抗日救国文集》上，吉林大学出版社，1996，第387页。

（四）心中有党，努力找党

在长期的革命斗争中，东北抗联指战员始终心中有党，在与党中央失去联系后，他们千方百计谋求与上级领导联系，以便得到党的指示。1935年后，由于中央红军正在长征，东北抗联与党中央联系便基本上断绝了。1936年1月，中共驻共产国际代表团正式撤销了满洲省委。东北的抗日斗争陷入了各自为战的境地，这给东北抗战造成了一定的损失。1937年1月16日，杨靖宇在写给中共驻共产国际代表团的信中说明了这个问题的严重性，"不能得到指示与领导，而（在）完全独立的状态中进行工作。这在工作上有了很大的损失，对这一问题感觉到有了最大的遗憾。"①1939年10月12日，冯仲云在给中共中央的信中，谈到了与党中央失去联系的痛苦，"从1935年5月—1939年5月，整整4个年头了，这是多么悠久的岁月啊！这4个年头中，北满党完全是处在四处隔绝的状态中。他们与外部没有任何的联系，得不到任何直接的援助，没有得到上级组织的领导……我们站在布尔什维克的自我批评立场，向中央提出批评。中央三四年来与东北党尤其是北满党没有联系，使党内各种问题不能及时的在政治上、组织上的解决，使工作受到无限损失，是错误的。我们认为中央某些同志应该负着错误责任……"②1940年4月，魏拯民在给中共驻共产国际代表团的一份报告中写道："我们有如在大海中失去了舵手的小舟，有如双目失明的孩提，东碰西撞，不知所从。当目前伟大的革命浪潮汹涌澎湃之际，我们却似入于铜墙铁壁中，四面不通消息，长期闷在鼓中，总听不到各处革命凯歌之声。当然实际情况并不止此。自从与上级机关中断了联系之后，我们在工作上还不断的遭到不可想象的重大损失。就是一般干部在思想上、行动上，已发生了或大或小的变化：动摇、悲观、失望等现象。我们终日所希望的，就是不要再度长期中断了联络。我们很忧虑，万一再度长期断决（绝）了这种联

---

① 中央档案馆、辽宁省档案馆、吉林省档案馆、黑龙江省档案馆编辑：《东北地区革命历史文献汇集》甲22，1988，第206页。

② 赵亮、纪松著：《冯仲云传》，中央文献出版社，2008，第159～160页。

络时，不知将来更要遭到怎样严重的后果呢?"①实际上，从1935年5月开始，一直到1945年8月抗战胜利，共计10年多，东北抗联一直没有与中共中央联系上，这在中共党史上是绝无仅有的。就是在这种情况下，东北抗联主要将领也始终没有放弃寻找党中央，并努力与中共驻共产国际代表团联系。

杨靖宇在独立地开展抗日游击战争的同时，积极谋求与党中央的联系。当他得知中央红军举行东征、北上抗日后，决心举行西征，打通与党中央的联系。为此，1936年6月、11月，杨靖宇两次组织抗联第一路军西征辽西、热河省（民国时建制，今内蒙古、河北省、辽宁省的一部分）。由于种种原因，这两次西征均未达到目的，并付出了相当惨重的代价，但却显示了杨靖宇心中有党、胸怀全局的党性原则。此后，杨靖宇又转而谋求与中共驻共产国际代表团的联系。1937年1月16日，他化名元海写信给中共驻共产国际代表团的陈潭秋，以寻求帮助。"我们要求不仅现（在）要有密切的联络关系，而且最好是在东北建立总的领导机关，否则建立与你能发生密切关系的机关为要。"②在这种消息闭塞的情况下，杨靖宇没有消极等待，而是抓住一切可能机会，积极地谋求与党中央取得联系。

周保中在东北抗日斗争最艰苦的岁月，也心系延安，试图恢复与中共中央的联系。1940年，由于日伪军的残酷"讨伐"，东北抗日联军损失惨重，东北的抗日斗争进入最艰苦的阶段。为了总结东北抗日游击战争的经验教训，确定新的斗争策略，1月24日至3月19日，中共吉东省委书记周保中与北满省委代表、常委冯仲云在苏联伯力（今俄罗斯哈巴罗夫斯克）举行会谈，赵尚志参加，史称第一次伯力会议。会议的主要目的是：总结东北抗日游击战争的经验教训，确定今后斗争的任务、方针、策略；谋求通过苏联寻求与中共中央的联系及争取苏联对东北抗联的援助。3月24日，周保中、冯仲云分别以中共吉东省委和北满省委代表的身份联名写信给中共中央，表达了长期得不到党中央指示的痛苦："我们固然在中央总的政治路线下，坚固自信，忠实、彻底的继续

---

① 《东北抗日联军史料》编写组：《东北抗日联军史料》上，中共党史资料出版社，1987，第199页。

② 中央档案馆、辽宁省档案馆、吉林省档案馆、黑龙江省档案馆编辑：《东北地区革命历史文献汇集》甲22，1988，第206页。

进行东北的抗日救国斗争。然而我们设想到现实环境和中共党东北组织的久远前程，使我们不能不感觉到东北党自己四年来的'化外党'的苦痛。我们以往仅仅在一年、半年的时间内，偶然一次、两次，得到党的公开报纸：《救国时报》、《新华日报》"，因而提出："东北党的全部工作，迫望着党中央，迅速恢复直接联系，规定根本办法。""我们现在向党中央惟一的请求，就是要得到联系的建立和新的指示。"①在给《新华日报》主笔的信中，介绍了东北抗战的概况，要求国民党政府把东北抗联明令编入全国统一军制范围，并给予人力物力之资助。可惜的是，由于组织关系的中断，中共中央并没有收到这封信件。

1940年6月12日，东北抗联第二路军总指挥周保中、副总指挥赵尚志给苏方联络员"王新林"写信，汇报3个月的工作情况，再次提出了通过苏方建立与中共中央联系的要求："中国共产党组织领导东北民族解放斗争曾起过有重大历史的意义。现在是否能继续这一斗争，用什么具体的有力的方法来继续斗争，这是目前须要从根本上解决的问题。我们认为，有必要向中国共产党中央求得直接解决，因此我们向您提出请求：我们想派遣主要干部担负全权代表，经过您方面给以交通旅行的可能。能使我们的代表经过伊尔库次克转道入中国新疆省，向陕西延安中共中央所在地去。无论用国际普遍交通旅行的办法或特殊办法或政治犯越境犯的办法，只要把我们的代表遣送到中国去就行。这个问题请你用电报通知我们。"②此信有去无回，如石沉大海。

东北抗联的高级将领杨靖宇、魏拯民、周保中、赵尚志、冯仲云等，心系党中央，为了找党，采取了各种办法。虽然没有达到目的，但却体现了一个中国共产党党员坚定的组织信念，令人十分敬佩。

（五）贯彻执行党的抗日民族统一战线

九一八事变后，尤其是"北方会议"后，中共中央一方面号召东北人民进

---

① 中央档案馆、辽宁省档案馆、吉林省档案馆、黑龙江省档案馆编辑：《东北地区革命历史文献汇集》甲29，1989，第131～132。

② 《周保中、赵尚志关于三个月工作的报告》，1940年6月12日。载吉林省档案馆、中共吉林省委党史研究室编：《周保中抗日救国文集》下，吉林大学出版社，1996，第249页。

行抗日斗争，同时执行一条"左"的抗日路线，排斥东北抗日义勇军的上层和抗日山林队，要求中共领导的抗日游击队建立红军和成立红色政权，从而严重影响了东北抗日运动的发展。但在抗日第一线的指战员，则根据中共驻共产国际的指示和东北抗日斗争的实际，首创首行抗日民族统一战线。

1932年底，日伪军展开大规模"讨伐"。东北义勇军主力有的转移到热河地区，有的退入苏联境内。东北抗战逐渐沉寂，步入低潮。面对东北严峻的斗争形势，危难时刻，中国共产党再次挺身而出，开创性地发出建立东北抗日民族统一战线的号召，指明了东北抗战的方向。

杨靖宇到达磐石地区，深入调查研究，创造性地执行抗日民族统一战线政策，从根本上纠正了"北方会议"后的"左"倾错误。1933年1月17日，中共驻共产国际代表团（以下简称中共代表团）以毛泽东、朱德的名义发布《中华苏维埃临时中央政府工农红军革命军事委员会宣言》（简称《一·一七宣言》），提出为反对日本帝国主义侵入华北愿在三条件下与全国各军队共同抗日。1月26日，中共代表团发出《给满洲各级党部及全体党员的信——论满洲的状况和我们党的任务》（简称《一·二六指示信》），明确提出："尽可能的造成全民族的（计算到特殊的环境）反帝统一战线，来聚集和联合一切可能的，虽然是不可靠的动摇的力量，共同的与共同敌人——日本帝国主义及其走狗斗争。"《一·二六指示信》发出后，中共满洲省委主动调整自己的政策策略，扭转了"北方会议"带来的不利影响，共产党领导的抗日部队同其他抗日武装的关系明显改善。1933年7月，南满游击队和各抗日武装队伍在桦甸八道河子组成了"联合参谋部"，杨靖宇被推举为政委，李红光为参谋长。1933年9月18日，东北人民革命军第一军独立师成立。1934年2月，杨靖宇组建了下辖17支抗日武装4000余人的"东北抗日联军总指挥部"，并在17票中以16票当选为总指挥。这是第一个完全由中国共产党创建和领导、在广泛统一战线基础上建立的抗日领导机构。此举实现了南满地区抗日力量在中国共产党领导下的团结统一，极大地推动了东北抗日斗争，成为东北抗日民族统一战线的最初范例。

1934年初，周保中会同李荆璞、于洪仁等开始了创建反日同盟军的工作。经过努力，他们把柴世荣旅、王毓峰团、傅显明团、史忠恒团、裴振东团、王汝起团争取过来，正式建立了中国共产党直接领导的反日同盟军。随后，又吸收了"爱民""同好""三合""青山"等抗日山林队。当地的汉、满、朝各民族青壮年也都纷纷参加。至1935年初，由中国共产党领导的抗日武装已发展到近千人。2月10日，绥宁反日同盟军正式改编为东北反日联合军第五军，周保中起草并发表了《绥宁反日同盟军改组东北反日联合军第五军成立宣言》，庄严宣布："我们（的）任务，专门是打倒强盗日本帝国主义和推翻走狗'满洲国'，目的要收回中国领土，建立中国人民独立自由的人民政权。"[1]

1934年秋，在王德泰倡议下，东北人民革命军第二军独立师与10余支抗日武装召开大会，组建了东满抗日联合军总指挥部，推举王德泰为指挥，朱云光为副指挥，人员达1000余名[2]。此后，王德泰运用东满抗日联合军总指挥部这一统一战线的组织形式，在安图等地开展了更大规模的游击战斗。6月下旬，第二军独立师第三、四团联合周保中率领的绥宁反日同盟军，史忠恒、孔宪荣、柴世荣等率领的救国军600余人攻打了汪清县大甸子镇，沉重打击了敌人，开辟了汪清大甸子一带新的游击区。

1935年3月初，赵尚志联合谢文东的民众救国军、李华堂的民众自卫军和祁致中的"明山队"，成立了东北反日联合军总指挥部，赵尚志为总指挥，李华堂为副总指挥，谢文东为军事委员长，张寿篯为总政治部主任。联合统一战线的形成使抗日战场烽烟四起，如火如荼。此后，东北反日联合军攻破了方正县城，占领小黄烧锅，毁灭周家营子伪警察所，大大鼓舞了人民的反日热情。6月，以第三军为中心的统一战线进一步扩大，许多绿林武装如"九江""北来""双龙""黑塔""压五省""东访贤""西访贤"等都加入到联合军中。

1935年6月，华北危机日益加深，中共驻共产国际代表团针对东北抗日情况，起草了《给吉东负责同志的秘密信》（亦称《六三指示信》）。《六三指示信》提出坚持长期抗战思想，重申扩大党的抗日统一战线和广泛开展抗日游击战争的主张。1935年7月，共产国际第七次代表大会正式提出建立反法西斯统一战线和实行反帝统一战线策略。根据这一精神，中共驻共产国际代表团发表了《中国苏维埃政府、中国共产党中央为抗日救国告全体同胞书》（亦称《八一宣言》）。《八一宣言》完整地阐述了党的抗日民族统一战线的策略战略，主张建立"统一的国防政府""统一的抗日联军"，"组成统一的抗日联军总司令

---

[1] 赵素芬：《周保中将军传》，解放军出版社，2015，第155页。
[2] 霍燎原：《王德泰与抗联二军》，吉林教育出版社，1994，第51页。

部"。9月2日，《东北抗日联合军组织条例》(草案)公布，第一条即为"东北抗日联合军由东北人民革命军、义勇军、自卫军、救国军及抗日山林队等等共同组织而成，取消原来各军名称而称为东北抗日联合军第×军第×师第×团"①。从1936年3月至1937年10月，中国共产党相继组建了东北抗日联军第一至十一军，最盛时人数为3万余人②。

1935年10月11日，杨靖宇、王德泰、赵尚志、李延禄、周保中、柴世荣、谢文东、吴义成、孔宪荣等东北抗日将领联合致电关内军政领袖、群团组织及全国同胞，主张"不分党派、信仰、职业、籍贯等之不同，都应不记旧仇宿怨，都应该以中华民族利益为重，马上停止内战，枪口一致对外，一致去武装抗日，一致去争取中华民族独立与统一，一致去保护中华祖国领土完整"③。这份通电推动了全国抗日救亡运动的高涨。1936年2月20日，东北反日救国总会及杨靖宇、王德泰、赵尚志、李延禄、周保中、谢文东等抗联将领共同发出《东北抗日联军统一军队建制宣言》，提出了"凡中国同胞及一切反日武装军队，不分宗教，不论政治派别，不论任何社会团体和个人，不分派别，不分贫富，只要是抗日救国，我东北抗日联军便与其行动一致"④的统战理论和策略，成为引领东北抗战的重要指导思想之一。1937年8月20日，杨靖宇发布《东北抗日联军第一路军总司令部号召东北同胞联合抗日的布告》："我东北同胞，应在全国总动员之下，凡系中国人，应抛弃过去旧仇宿怨，亲密联合，响应中日大战，暴动起来，打倒日本帝国主义，推翻傀儡政府'满洲国'，为独立自由幸福之中国而奋斗。"⑤这鲜明地反映了杨靖宇建立和扩大抗日民族统一战线的坚定立场和真诚愿望。

总之，在中共驻共产国际代表团的指示下，在中共满洲省委领导下，中国

---

① 中国人民解放军历史资料丛书编审委员会编《东北抗日联军——文献》，白山出版社，2011，第449页。

② 孔令波、王承礼主编：《东北抗日联军》上，吉林人民出版社，2005，第7页。

③ 中国人民解放军历史资料丛书编审委员会编《东北抗日联军——文献》，白山出版社，2011，第459页。

④ 中国人民解放军历史资料丛书编审委员会编《东北抗日联军——文献》，白山出版社，2011，第487页。

⑤ 中国人民解放军历史资料丛书编审委员会编《东北抗日联军——文献》，白山出版社，2011，第623页。

共产党在各抗日队伍中开展了卓有成效的统战工作，在极端困难的条件下，团结起大多数抗日力量，建立了东北抗日联军，牵制了大量的日本侵略军，创建了东北抗日游击根据地，有力地支持了全国抗战。可以说，"东北抗日统一战线提出的最早，坚持的时间比较长，曲折也比较大。这里既有成功的经验，也有失败的教训。这些经验教训，对全国抗日民族统一战线的形成还是有一定的借鉴作用。"①

二、勇赴国难的民族大义

爱国主义是中华民族精神的核心。爱国主义是人们忠诚、热爱、报效祖国的一种集情感、思想和意志于一体的社会意识形态。列宁说过："爱国主义就是千百年来巩固起来的对自己祖国的一种最深厚的感情。"②爱国主义是对生我养我的这片热土、山川和人民的真挚情感，是对悠久灿烂历史和文化传统的自豪和眷恋，是对祖国主权和尊严的坚决捍卫，是对卖国求荣的无比鄙视，是对爱国志士的无比崇敬。

（一）率先制定抗日救国指导思想

日本帝国主义发动九一八事变后，东北地方政府和东北军执行蒋介石的不抵抗命令，致使沈阳、长春等大城市迅速沦陷。面对日本帝国主义日益扩大的侵略战争和中国严重的民族危机，中国共产党从全民族的根本利益出发，迅速做出反应。

1931 年 9 月 19 日，即九一八事变的第二天，中共满洲省委召开紧急会议，讨论如何组织、发动群众进行反侵略斗争。会议通过了赵毅敏起草的《中共满洲省委关于反对日本帝国主义占领满洲的宣言》，认为"这一事件的发生

---

① 孔令波、王承礼主编：《东北抗日联军》上，吉林人民出版社，2005，第 282 页。
② 列宁：《列宁选集》第 3 卷，人民出版社，1956，第 579 页。

不是偶然的！这一政策是日本帝国主义为实现其'大陆政策'、'满蒙政策'所必然采取的行动！这一政策是日本帝国主义者为更有力的统治满洲、侵略蒙古，以致使满蒙成为完全殖民地的政策……"而日本帝国主义之所以能够占领中国东北，完全是国民党军阀投降帝国主义的结果。同时指出："只有工农兵劳苦群众自己的武装军队，是真正反对帝国主义的力量……只有在共产党领导之下，才能将帝国主义逐出中国！"并提出了"驱逐日本帝国主义与一切帝国主义的海陆空军""发动游击战争""打倒帝国主义"等口号①。

9月20日，中国共产党中央委员会发出《中国共产党为日本帝国主义强暴占领东三省事件宣言》，明确指出，日本帝国主义"强暴的占领中国土地，其显明的目的是掠夺中国，压迫中国工农革命，使中国完全变成它的殖民地"，"全中国工农兵士劳苦民众必须在反对第二次世界大战、推翻帝国主义统治、争取中国民族解放的利益之下实行坚决的斗争，一致反对日本强暴占领东三省，实行变帝国主义压迫中国的战争为拥护苏维埃中国反帝国主义反国民党的革命战争，以解放中国。""只有群众斗争的力量，只有工农苏维埃运动的胜利，才能解放中国。"因此提出"反对日本帝国主义强占东三省！""打倒一切帝国主义！""反对世界第二次大战！""变帝国主义国民党反对中国革命的战争为反帝国主义反国民党的革命战争！"②同日，中华苏维埃共和国中央工农革命委员会发出《关于反对日本帝国主义强占满洲的宣言》，分析了九一八事变的背景及原因，指出："对于日本帝国主义这次行动，必须要他立即撤退驻华的一切海陆空军，必须立即退出满洲，必须收回南满铁路与旅大租借地，必须取消他在华的一切特权及与反革命政府缔结的一切不平等条约，这样，才能根本消灭日帝国主义侵略中国的一切依据。""全中国的被压迫群众……中国革命的高潮与帝国主义国民党的残暴，都在推动你们向着苏维埃道路前进，你们要联合起来，在国民党的统治区域，工人罢工，农民骚动，学生罢课，贫民罢业，兵士哗变，一致进行反日本帝国主义与推翻投降帝国主义的国民党统治的斗

① 中国人民解放军历史资料丛书编审委员会：《东北抗日联军——文献》，白山出版社，2011，第1~3页。
② 中共中央文献研究室、中央档案馆编：《建党以来重要文献选编》（1921—1949）第8册，中央文献出版社，2011，第547~550页。

争，来参加国内战争与扩大民族革命运动的战线。这样，苏维埃革命必定是消灭日本帝国主义这次暴行的惟一的胜利的道路。"并因而提出了"反对日本帝国主义强占满蒙！""驱逐帝国主义在华的一切海陆空军！""打倒帝国主义！""反对第二次世界大战！"等口号①。9月22日，中共中央又作出了《关于日本帝国主义强占满洲事变的决议》，揭露了国民党政府不抵抗主义政策，分析了日本武装占领满洲的原因，剖析了日本发动九一八事变的目的，并提出了党在这次事变中的中心任务是"加紧的组织领导发展群众的反帝国主义运动，大胆地警醒群众的民族自觉，而引导他们到坚决的无情的革命争斗上来"。为此，要求各级党组织及全体同志进行7项工作，包括"进行广大的反对日本帝国主义的暴行的运动，丝毫地不要害怕群众的民族主义热忱，相反的必须加紧警醒群众的民族自觉而引导到反帝争斗上去，同时坚决地反对一切国民党的武断宣传"，"组织各色各种的反对帝国主义的公开组织，或者参加一切已经存在的反帝组织而夺取它们的领导。经过这些组织正确实行反帝运动中的下层统一战线，和吸收广大的小资产阶级的阶层参加争斗"，"党应该加紧士兵中的工作，各省委应该派大批的同志到白军中去发动他们的争斗，组织他们的游击战争"，"在灾民争斗中（不论在城市中与农村中的），必须加紧把他们与反对帝国主义争斗联系起来"，"特别在满洲更应该加紧的组织群众的反帝运动，发动群众争斗（北宁路、中东路、哈尔滨等），来反抗日本帝国主义的侵略，加紧在北满军队中的工作，组织他的兵变与游击战争，直接给日本帝国主义以严重的打击"②。

9月20日，《中共满洲省委、团满洲省委告群众书》指出，日本帝国主义侵略东北是经过长期的有步骤的准备，是为了直接压迫中国的苏维埃红军，是为了屠杀中韩革命群众，也是为了武力进攻苏联；日本侵占东北，是国民党一味妥协退让投降的结果。为此，号召东北的工人、农民、学生及一切劳苦群众起来，"反对帝国主义强盗大战！开始游击战争！实行土地革命！打倒中国国

---

① 中国人民解放军历史资料丛书编审委员会：《东北抗日联军——文献》，白山出版社，2011，第10～11页。

② 中国人民解放军历史资料丛书编审委员会：《东北抗日联军——文献》，白山出版社，2011，第19～20页。

民党！打倒日本帝国主义及一切帝国主义！加入童子团少年先锋队！加入反帝同盟、农民协会、赤色工会！"[1]9月21日，中共满洲省委作出《关于日本帝国主义武装占据满洲与目前党的紧急任务》的决议，针对日本帝国主义的武装侵略和国民党政府的不抵抗，要求"各地党部必须积极的坚决的号召群众罢工、罢课、罢市的示威"，"发动群众的行动必须要抓紧每一工厂农村士兵学生群众的愤恨与感觉及其切身痛苦，来告诉他们的出路与发动斗争"，"要动员广大群众的行动，利用更公开的机会去组织各种斗争委员会……同时特别加紧党的组织的发展，使党的组织真正得到伟大的收获。宣传鼓动工作必须十倍加紧，群众组织亦可能出版小报标语，组织宣传队贴标语队等……"，"下级党部目前对支部工作加紧是万分的重要，并且要特别注意保密工作，保存我们的力量"[2]。9月22日，在《中共满洲省委给中央的报告——关于日军占领满洲情形、省委的策略及工作布置》中，提出了工作的策略和布置：立即动员全体同志到群众中去活动，布置本区的工作；推动互济会到广大的城市贫民中去活动；把省委的宣言、主张写成标语张贴；设法派人到上海及各地去扩大宣传；对秘密工作要更加注意。23日，作出了《中共满洲省委对士兵工作的紧急决议》，具体要做以下几项工作：党应加紧领导与号召士兵群众，不向日军缴械，反抗国民党长官的一切命令，以至叛变；发动工农群众斗争，反抗日军的进攻；加强宣传工作，指出当胡匪不是出路；必须利用一切的可能召集士兵会议与公开的活动，成立士兵斗争委员会；各地军委改为兵委，集中做士兵工作；开展农村的武装斗争等。[3]1932年3月31日，中共满洲省委作出《接受中央关于上海事件致各级党部信的决议》，提出："我们党的任务不是抵制这一战争，而是积极地加入这一战争，夺取这一战争的领导"，"大规模组织群众，武装群众，宣传群众，扩大这一反日战争，建立民众的苏维埃政权，争取民族革

---

① 中央档案馆、辽宁省档案馆、吉林省档案馆、黑龙江省档案馆：《东北地区革命历史文件汇集》甲9，1988，第55页。

② 中央档案馆、辽宁省档案馆、吉林省档案馆、黑龙江省档案馆：《东北地区革命历史文件汇集》甲9，1988，第62~64页。

③ 中央档案馆、辽宁省档案馆、吉林省档案馆、黑龙江省档案馆：《东北地区革命历史文件汇集》甲9，1988，第71~73页。

命战争的胜利。"①尽管这些指示、决议还带有一些"左"的思想，但总的精神是号召东北民众武装起来，同日本帝国主义进行坚决的斗争。

（二）最早建立东北抗日游击根据地

关于抗日游击根据地问题，毛泽东在《抗日游击战争的战略问题》一文中作过详细论述，他指出："游击战争的根据地是什么呢？它是游击战争赖以执行自己的战略任务，达到保存和发展自己、消灭和驱逐敌人之目的的战略基地。……然而，没有根据地，游击战争是不能够长期地生存和发展的，这种根据地也就是游击战争的后方。"②"一切游击战争的根据地，只有在建立了抗日的武装部队、战胜了敌人、发动了民众这三个基本的条件逐渐地具备之后，才能真正地建立起来。此外，还须指出的是地理和经济的条件。"③但首先是一块地盘，一个落脚地，即战略基地，否则一切无从谈起。

从1932年至1942年，中国共产党领导的东北抗日武装，在反抗日本帝国主义的斗争中，在南满、东满、吉东和北满等地创建了8块抗日游击根据地，并以此为中心，建立了覆盖70余县的游击区，广泛组织群众，开展游击战争，沉重打击了日伪的反动统治，为东北抗战的胜利奠定了重要的基础。这些被毛泽东称之为长白山根据地④的抗日游击根据地，是中国乃至世界上最早的抗日根据地。

南满抗日游击根据地是最早建立的东北抗日游击根据地。1932年至1940年间，杨靖宇领导南满抗日军民在中长铁路沈阳至大连线以东地区建立了数块根据地，包括以红石砬子、玻璃河套为中心的磐石游击根据地，以濛江、桦甸和抚松边界的河里抗日游击根据地，以桓仁、本溪、兴京（今新宾满族自治县）交界的老秃顶子、和尚帽子为中心的桓本兴抗日游击根据地。此外，还建立了辑安（今集安市）老岭山区的蚂蚁河游击根据地。南满抗日根据地的建

---

① 中央档案馆、辽宁省档案馆、吉林省档案馆、黑龙江省档案馆：《东北地区革命历史文件汇集》甲10，1988，第52～53页。

② 毛泽东：《毛泽东选集》第2卷，人民出版社，1991，第418页。

③ 毛泽东：《毛泽东选集》第2卷，人民出版社，1991，第424页。

④ 毛泽东：《毛泽东选集》第2卷，人民出版社，1991，第419页。

立，使杨靖宇领导的南满抗日武装部队有了比较稳固的战略支撑点。

东满抗日游击根据地主要是东北人民革命军第二军、东北抗联第二军建立的。东满延吉、汪清、珲春、和龙游击队建立后，在偏僻边远山区建立了10余块抗日游击根据地。1935年初，东北人民革命军独立师在安图车厂子和汪清罗子沟，建立了车厂子、罗子沟游击根据地。11月，东北人民革命军第二军在安图奶头山创建了奶头山抗日游击根据地，人口达2万余人。第二军分兵远征后，发展了长白山抗日游击根据地，并先后在敦化、额穆（今蛟河）、宁安（今属黑龙江省）、临江、抚松、长白等县建立了数十处密营①。

吉东地区的抗日游击根据地主要是东北人民革命军第四军、第五军建立的。1932年春至1934年秋，东北抗日救国游击军在宁安、密山、勃利、穆棱、林口建立了小块根据地。1935年在方正县大罗勒密前五家子、陈家亮子建立了游击根据地和密营。1935年，东北反日联合军第五军开辟了以额穆、汪清、敦化、密山、勃利为中心的游击区。后转移到牡丹江下游地区，以刁翎为中心建立了三道通、四道河子根据地。转移到宝清后，又在兰棒山一带建立了游击根据地。

哈东抗日游击根据地是东北人民革命军第三军建立的。1933年10月，珠河反日游击队成立后，先后在珠河、宾县、延寿等县建立了游击根据地。1935年1月，东北人民革命军第三军成立后，建立了汤旺河后方根据地。整个游击区遍及珠河、宾县、延寿、方正、五常、双城、榆树、舒兰等10余县，其范围为东西200华里、南北350华里，人口达15万②。1938年后，东北抗联第三军还在德都朝阳山、通北（今北安市）南北河等地建立了后方基地和密营。

此外，东北抗联第六军与东北抗联第三军共同开辟了汤原、萝北、依兰等地的抗日游击根据地。东北抗联第七军在同江、富锦、宝清及密山等地建立了根据地。东北抗联第十军在五常县东南山区建立了以九十五顶子山、西鸭架岭为中心的较为巩固的抗日游击根据地。1938年秋至1942年，东北抗联第三路军各部在松嫩平原地区开辟了以朝阳山为中心和通北县南北河一带广阔的抗日游击区和后方基地，活动范围达20余县。

---

① 孔令波、王承礼主编《东北抗日联军》上，吉林人民出版社，2005，第246页。
② 孔令波、王承礼主编《东北抗日联军》上，吉林人民出版社，2005，第247页。

尤其是在东北抗日战争的后期，由于日伪军残酷"讨伐"，东北抗联先后丧失了固定的根据地。为了解决军队给养和生存问题，东北抗联在深山密林中地势险要、易守难攻、便于生活的地方广建密营，开展原始森林游击战，挑战人类生存极限。密营是东北抗战时期中共领导的抗日武装建立的一种特殊形式的根据地。

东北抗联五女峰密营

由于中共领导的东北抗日武装在游击根据地内建设和发展党的组织，建立了以农民委员会、反日会、救国会为主要形式的抗日民主政权，开展一些战时的经济工作以及文化、教育、卫生和宣传工作，保护民众的利益，从而得到了民众的支持，因此日伪军的"讨伐"大多以失败而告终。对此，我们可以从1935年日本侵略者的一份文件中得到证实："民众对匪贼的认识是极为良好的，并不像我们所认为的有不共戴天之仇。甚至可以说，三千万民众在精神上与匪贼无大差别者为数不少，大多数的民众还没有与匪贼分开。如果从精神影响来说，假定匪军有三万，其精神上的匪军之友军，尚不知有几倍或几十倍。这些匪贼的精神上的友军，虽不敢持枪反抗我们，却是培育匪贼之母体，历来讨伐得不到效果的最大原因，就在于此。"[1]可见，东北抗日根据地的建设，对于支撑东北抗战起到了十分重要的作用。

（三）率先开展山地抗日游击战

1937年全面抗战爆发后，毛泽东把独立自主的山地游击战争提到了战略

---

[1]　日本关东军参谋部《关于昭和十年度秋季治安肃正工作概况》，1935年。

高度。而东北抗日将领从建立游击队开始，便进行了独立自主的抗日游击战争，不断探索抗日游击战争规律，总结并积累了许多战略战术，形成了自己独具特色的游击战争模式，并在实际斗争中熟练运用。

杨靖宇战术的指导思想是根据敌强我弱的形势作出的，避强攻弱，避实就虚，以求打击敌人、保存自己、发展自己。因此，其战略实质是防御性质的。杨靖宇在长期实践中形成了自己独特的军事原则，如"四不打原则"，即：不能予敌以痛击的仗不打，于群众利益有危害的仗不打，不能占据有利地势的仗不打，无战利品可缴的仗不打。①杨靖宇打击敌人的战术有"三大绝招"，即半路伏击、远途奔袭、化装袭击；"四快"，即快集中、快分散、快打、快走。此外，还有其他比较灵活的游击战术，如夜间偷袭、伏击突袭、阻击拦截、声东击西、内外夹击、牵敌迂回、分化瓦解以及化整为零、集零为整，等等。杨靖宇运用游击战的主要特点体现在主动性和灵活性上，打得赢就打，打不赢就走，以及敌进我退、敌驻我扰、敌疲我打等。这些战术在实战中都被证明是行之有效的。

对此，1936年7月，中共满洲省委常委小洛在莫斯科向中共驻共产国际代表团汇报时这样评价杨靖宇："在运用游击战术方面，一年来也有很大进步。这表现于：（1）已经不至于作冒险的战争，对于保护干部也已十分注意。（2）开始自动地学会运用机动的战术。（3）不硬攻实打，不死守旧区，南满各活动部队相当能互相照应。正因为老杨有这些进步，所以自去年秋到今年以来，第一军损失较其他各军要少得多，而胜利反而要多些。游击区要更扩大些。"②因此，杨靖宇被誉为"东三省第一个执行游击战术的人"③。

赵尚志在东北抗日战争中，注意总结和积累对敌作战的经验和教训，不断提高自己的指挥水平。他在指挥战斗时，审时度势，因地制宜，灵活使用各种战略战术。他曾撰文总结了10种游击战术：运动战；外线战；进攻战；歼灭战；化整为零和化零为整；避实就虚，敌进我退，敌退我进；迂回奇袭；小包围和大包围；诱敌、毁敌、间敌、疲敌、惑敌；敌在明处我在暗处，行踪飘

---

①　赵俊清：《杨靖宇传》，黑龙江人民出版社，1994，第160~161页。

②　赵俊清：《杨靖宇传》，黑龙江人民出版社，1994，第293页。

③　虎啸：《民族英雄杨靖宇》，《救国时报》1936年6月30日，第2版。

忽，出没无常。赵尚志运用这些游击战术，巧妙利用地形地物，使敌人的"讨伐"计划一次次破产。对此，敌人承认："溯自事变以来，盗匪蜂起，五常、珠河、苇河、延寿、舒兰、额穆等县仍有流匪患扰，屡事'讨伐'，终难收效。"①

周保中根据东北敌强我弱、地理环境等特点，形成了对敌斗争的战略思想："关于抗日联军的战略战术问题，一般的是避强攻弱，乘隙伺虚，以求打击敌人、发展自己，或让避强敌，保存自己，因此，战略性质基本上是防御的。由于不能集中兵力对抗敌人进攻，故必须回避每一次的敌人'大扫荡'，迨至分散之敌疲惫之后，便迅速集中力量予以打击，然后再迅速分散。这是抗联战略问题的一般指导思想。"同时，周保中总结出一套适宜东北抗日作战的游击战术和普遍原则："埋伏、夜袭、阻击、急袭、避免与强大敌人接触。有所谓四快：快集中、快分散、快打、快走；四不打：情况不明不打、准备不好不打、没有获胜把握不打、硬仗不打。"②

李兆麟1939年5月任东北抗联第三路军总指挥后，在与日伪军进行作战的同时，积极探索战略战术。尤其是在读过毛泽东《论持久战》和得到第一次伯力会议精神后，思想认识有了很大的飞跃。1940年10月3日，他致函中共北满省委书记金策，提出改善游击战术、建立新的军事据点主张。在战术方面，李兆麟明确提出："我们要坚定的将死守据点打圈子的试探活动方法，改变为独立自主的，最大机动性的大踏步前进和大踏步后退（利用森林、草原、河流的隐蔽行动），采用'屯驻后迅速让避到另一地方，不拖延战争'的方法，多多采用奇袭、夜袭、设伏兵的战术，'给敌人以短促的急邃的打击和意外的偶然的打击'，以便避免与敌人'在固定区域作战和根据地附近作战'。这样使敌人作大规模的行动很困难，'分进合击'也困难发挥效能，'分区讨伐'堵击和搜寻山林，不会起更大的作用。同时我们偶然突入平原和山林毗连的区域，敌人快速机械部队也困难发挥其威力，我们可以迅速集中，和迅速分散，灵活的

---

① 赵俊清：《赵尚志传》，黑龙江人民出版社，1990，第198页。

② 东北抗日联军史料《编写组》编《东北抗日联军史料》下，中共党史资料出版社，1987，第448页。

保持自己的生存力量……"①同时强调要学会侦探、宿营、警戒、通信等。在李兆麟领导下，东北抗联第三路军顽强地与日伪军进行战斗，取得了一系列胜利。

东北抗日联军的战略战术是在对日作战中摸索出来的，是在逐渐与中共中央、中共驻共产国际代表团失去联系后和中共满洲省委撤销后独立自主形成的，体现了实事求是、勇于创新、不拘一格、灵活机动的特点，是中国共产党军事思想的宝贵财富。

（四）面对强敌，敢打敢拼

九一八事变后，中国共产党领导的东北抗日武装，英勇抗击日本侵略军。他们运用伏击、奇袭等游击战术，攻城破镇，沉重地打击了日本帝国主义，体现了人民军队不畏强敌、敢打敢拼的优良作风。著名的战斗有：攻占依兰县城、激战"冰趟子"、袭击通（化）辑（安）路等。

1. 攻占依兰县城

1937年2月21日至26日召开的方正县洼洪会议决定，集合哈东地区所有抗联部队，联合攻打依兰县城之敌，周保中、李华堂分别任正副总指挥。依兰县守敌有骑兵队约700人，伪军一个营约500人，警察队百余人，共1300余人。②周保中通过县城地下党和抗日救国会送出来的情报，了解了敌人的情况，决定运用围点打援的战术，袭击依兰县城。3月20日，云雾低迷，雪花纷飞，寒风阵阵，气温骤降，攻城部队乘机进入阵地。21日凌晨1时30分，战斗打响。主攻部队首先以南大营日军驻地为目标，攻击前进，突入城西北防所，将伪军一个排缴械。然后从城西北和西南两个方向，向南大营伪军围攻。独立支队则围攻东火磨的日军。至6时，城区大部分被我军占领。7时后，主力部队第五军、第九军700余人迅速撤到牡丹江西岸马家大屯一带，利用地形

---

① 中央档案馆、辽宁省档案馆、吉林省档案馆、黑龙江省档案馆编《东北地区革命历史文件汇集》甲58，1991，第34页。

② 赵素芬：《周保中将军传》，解放军出版社，2015年，第173页。

隐蔽埋伏，其余部队佯作仓惶撤退模样，诱使敌人出击。10时左右，在马家大屯东南与追击的日军步兵260余人激战。经2小时战斗，歼敌230余人。此役共歼灭日军300余人，俘虏伪军1个排，缴获步枪230余支、轻机枪10挺、子弹5万余粒、军马50匹。[①]攻克依兰，震惊中外，《救国时报》很快进行了报道。

2. 激战"冰趟子"

1937年3月初，赵尚志率领第三军远征部队进入通北、海伦地区活动。敌人则派出大批兵力不断追击、堵截，妄图把赵尚志的部队消灭在海伦东部山区。面对敌人的不断袭扰，赵尚志决定在"冰趟子"地方设伏，给敌人以打击。"冰趟子"位于通北县城以东、小兴安岭西麓，是县城通往山里的必经之路。道路北侧是山涧泉水流下来冻成的一片冰甸子，"冰趟子"因而得名。道路南侧是一座小山，易守难攻。此处还建有四座伐木工人居住的木营。3月7日，日军竹内部队守田大尉率日伪军700余人向"冰趟子"扑来。当敌人进入包围圈后，我军立即开枪，首先将一支伪军击退。当进攻木营的日军进入冰甸子站立不稳时，我军乘机用机枪扫射，成排的日军被打倒，敌人的第一次进攻被打退。日军随着后援部队的到来，又组织了第二次、第三次进攻，战斗进入白热化状态。尤其是木营的争夺，几易其手，战斗相当惨烈。当夜，赵尚志判断敌人将在沟口撤退，早早埋伏了兵力，又给敌人以很大的杀伤。此次战斗，日伪军死伤300余人，其中被击毙200余人，枪伤、冻伤100余人。我军仅牺牲7人[②]。"冰趟子"战斗是抗联历史上以较小代价以弱胜强的著名战例。

3. 袭击通辑路

为了掠夺通化地区的战略资源，从1937年4月开始，日伪当局开始修建通化至辑安（今集安）的铁路。为了破坏通辑铁路，消灭日伪军，配合全国抗战，1938年初，杨靖宇率领的东北抗联第一路军直属队和魏拯民率领的第二军教导团及独立旅，计1400余人，决定对通辑路进行大规模破袭。3月13日，杨靖宇率500余人，夜袭通辑铁路最关键的工程——老岭隧道。共毙俘日

---

① 赵素芬：《周保中将军传》，解放军出版社，2015，第174页。
② 赵俊清：《赵尚志传》，黑龙江人民出版社，1990，第285页。

伪军90余人，解放劳工1731人，烧毁建筑物12栋及大量建筑物资，日伪当局损失20余万日元。6月19日，杨靖宇、魏拯民率东北抗联第一路军700余人，分三路同时袭击了通辑路第十一、十二老岭河桥梁工地，土口子隧道和阳岔工程分区。此战共毙俘日伪军警99人，解放劳工700余人，烧毁大批建筑物，致日伪当局经济损失22万日元。日军哀称："6月19日是通辑线建设史上用血染成的最悲惨的日子。"①6月24日，抗联部队又袭击了土口子隧道，25日又夜袭了辑安工区及伪军骑兵第五团团部，给日伪军以重创。

（五）始终坚持爱国主义与国际主义相结合

无产阶级的国际主义是马克思主义的重要组成部分。在东北抗日战争中，东北人民革命军、东北抗日联军与朝鲜共产主义者、朝鲜革命军及苏军的密切配合，是国际主义精神的重要体现，也是东北抗联国际主义精神大放光芒的具体体现。东北抗联的国际主义精神，在反法西斯东方战场是非常特殊的，具有鲜明的特点。

1. 与朝鲜革命者并肩战斗

中朝两国山水相连，自古以来两国人民就有着密切的联系，是唇齿相依、患难与共的邻邦。

九一八事变后，中共满洲省委发出宣言、作出决定，联合朝鲜民众，共同抗击日本帝国主义的侵略。9月20日，在《中共满洲省委、团满洲省委告群众书》中，"号召全满洲朝鲜工人、农民、学生及一切劳苦群众起来，反对日本帝国主义武装占领满洲"②。12月1日，在《中共满洲省委宣言》中，号召"中日韩三国被压迫民众联合起来，推翻日本帝国主义在满洲的统治"③。1932年1月3日，在《中共满洲省委为年关与冬荒斗争告中韩农民书》中，号召中

---

① 孔令波、王承礼：《东北抗日联军》上，吉林人民出版社，2005，第430页。
② 中央档案馆、辽宁省档案馆、吉林省档案馆、黑龙江省档案馆编《东北地区革命历史文件汇集》甲9，1988，第51页。
③ 中央档案馆、辽宁省档案馆、吉林省档案馆、黑龙江省档案馆编《东北地区革命历史文件汇集》甲9，1988，第117页。

韩农民"举起犁头,自动武装起来!反抗进攻锦州,驱逐日本帝国主义滚出满洲!"①1932年1月30日,在《中共满洲省委为目前反帝斗争发布的口号》中,其中有3条涉及朝鲜民众,即"中韩满蒙被压迫民众联合起来推翻日本帝国主义在满洲的统治""组织中韩反帝大同盟""打倒日本帝国主义及其分裂中韩民族团结的阴谋"②。1933年5月15日,在《中共满洲省委关于执行反帝统一战线与争取无产阶级领导权的决议——接受中央一月二十六日来信》中,要求满洲省委、吉东局、奉天特委几个中心地方支部,在短期内成立少数民族委员会,系统地进行少数民族工作,"坚决的领导他们和中国民族在一块儿共同对付共同的敌人——日本帝国主义及其走狗'满洲国',领导中韩劳苦群众反对和揭破日本帝国主义'满洲国'、国民党以及地主豪绅分裂中国劳苦民众联合的政策与阴谋……"③6月10日,在《中共东满特委关于中韩民族团结起来反对共同敌人日本强盗告民众书》中,提出了"建立中韩民众革命统一战线"的主张,共同打击日本帝国主义。④10月9日,东北人民革命军制定了《东北人民革命军斗争纲领》,其中第十三条纲领是"韩、蒙民众亲密联合起来共同进行民族革命战争来反对共同敌人——日本及一切帝国主义,反对中韩剥削者、民族叛徒和王公喇嘛"⑤。1934年6月16日,在制定的《东北人民革命军及赤色游击队政治工作暂行条例草案》中,强调"人民革命军是东北中、韩、蒙等民族抗日反'满'联合的一种形式,同时又是工农联合的一种形式,因此政治工作必须巩固人民革命中的中韩蒙等民族联合和工农联合……"⑥中共满

---

① 中央档案馆、辽宁省档案馆、吉林省档案馆、黑龙江省档案馆编《东北地区革命历史文件汇集》甲9,1988,第159页。

② 中央档案馆、辽宁省档案馆、吉林省档案馆、黑龙江省档案馆编《东北地区革命历史文件汇集》甲9,1988,第207页。

③ 中国人民解放军历史资料丛书编审委员会编《东北抗日联军——文献》,白山出版社,2011,第133页。

④ 中国人民解放军历史资料丛书编审委员会编《东北抗日联军——文献》,白山出版社,2011,第151页。

⑤ 中国人民解放军历史资料丛书编审委员会编《东北抗日联军——文献》,白山出版社,2011,第212页。

⑥ 中国人民解放军历史资料丛书编审委员会编《东北抗日联军——文献》,白山出版社,2011,第306页。

洲省委、东北人民革命军制定的这些联合朝鲜人、朝鲜人民武装进行联合抗日的指示，为中朝人民共同抗击日本帝国主义打下了坚实的政治基础，并在实际斗争中产生巨大的作用。

东北抗日联军成立后，仍然把联合朝鲜人、朝鲜抗日武装作为重要的政策加以执行。1936年2月20日，东北反日救国总会、东北抗日联军等发布《东北抗日联军统一建制宣言》，号召"凡被压迫民族，高丽人、内蒙古人、台湾人、个人或团体或军队，我东北抗日联军均一律欢迎参加，结成弱少（小）民族联合战线，对抗日本强盗帝国主义"①。1936年3月12日，在《中共吉东特委关于组建抗联第七军等问题致饶河中心县委及第四军第四团的信》中，对于东北韩国民族问题，明确提出："中韩民族联合共同抗日，争取中韩民族独立，而对于东满间岛，吾党中央主张'中韩民族联合起来，推翻日满统治，建立间岛韩人民族自治区。'"②1938年2月10日，东北反日总会、抗联第一、二路军总指挥部、北满联军总司令部发出《关于拥护全国统一争取抗战最后胜利告同胞书》，宣示："与一切被压迫弱小民族，特别与在日贼直接压迫下的高丽、台湾、内蒙各民族坚实团结，反对共同敌人，获得民族解放。"③

上述历史文献表明，中国共产党、东北抗日联军在东北地区执行了一条正确的对待朝鲜民族的政策。第一，主张中朝民族携手抗日，建立抗日民族统一战线，共同打败日本帝国主义，争取中朝民族各自独立和解放；第二，中朝民族推翻日伪统治，在延边地区建立民族自治区，实行区域自治。

在实际斗争中，中国共产党领导的人民武装，十分重视朝鲜联合工作，并与朝鲜人民革命军联合作战，其中杨靖宇是杰出代表。

杨靖宇十分注意同朝鲜共产主义者和爱国分子的团结，与他们结成了亲密的战斗友谊。东北人民革命军及抗联的政治行动纲领中都明确规定，打破民族成见，中朝抗日民众团结一致。杨靖宇要求各部队除了用这一条教育战士外，

---

① 中国人民解放军历史资料丛书编审委员会编《东北抗日联军——文献》，白山出版社，2011，第487页。

② 中国人民解放军历史资料丛书编审委员会编《东北抗日联军——文献》，白山出版社，2011，第515页。

③ 中国人民解放军历史资料丛书编审委员会编《东北抗日联军——文献》，白山出版社，2011，第667页。

还在城乡朝鲜人民居住的地方宣讲教育，散发传单。1935年杨靖宇创作的歌曲《中韩民族联合歌》，体现了中韩民族劳苦大众在白山黑水间同日本帝国主义进行殊死战斗的真实场面，体现了中朝将士在共同抗日战争中结成的深厚友谊：

（一）

中韩民族劳苦民众亲密地联合，

一齐向着日本帝国主义者开火，

只有我们消灭这共同的敌人，

那时我们才能取得自由的生活。

亲密的、巩固的中韩民族，

冲锋呀！杀进哪！向着那日帝国。

（二）

亲日汉奸卖国贼不分中韩国，

都是日本帝国主义傀儡和同伙，

民众不分中韩，全是日本死对头，

千万莫听他们的欺骗和挑拨。

亲密的、巩固的中韩民族，

冲锋呀！杀进哪！向着那日帝国。

（三）

驱逐日本帝国主义打倒"满洲国"，

共同建立抗日救国选举的政府，

分别实行民族自决中韩共幸福，

还要援助韩国革命成功早取得。

亲密的、巩固的中韩民族，

冲锋呀！杀进哪！向着那日帝国。[1]

1938年5月，杨靖宇召开了东北抗联第一路军和南满省委干部联席会议，强调中韩民众团结一致，联合抗日。为此，他写作了《中韩民众联合抗日

---

[1]　韩玉成主编《东北抗战歌谣》上，中共通化市委党校、杨靖宇干部学院，2020，第12页。

歌》：“……全世界上，最大的仇敌日帝属头等，焚烧掠夺奸淫侮辱，亡国且灭种。并朝吞中，莫非田中奏折的兽行，同仇敌忾共赴国难，绝不让它久逞。团结呀，中朝民众！离则亡，团则生！谨防备离间计，手携手打冲锋……”①这首歌在抗联各部和中朝民众中广为传唱。

2. 与苏军相互援助

在东北抗战中，中国共产党及其领导的东北抗联与苏联及苏军的配合十分密切。九一八事变后的第二天，中共满洲省委在《关于日本帝国主义武装占领满洲宣言》中，除了号召人们以英勇的斗争，"将帝国主义驱逐出中国"外，还提出了"反对进攻苏联！拥护苏联"的口号②。1932年8—9月间，共产国际执委会第十二次会议作出《关于远东战争和共产党员在反对帝国主义战争和反对武装干涉苏联的斗争中的任务问题决议案》，在发出各国共产党和革命人民支援中国共产党抗日号召的同时，还提出各国共产党（主要是中国共产党）要武装保卫苏联的任务和口号。

1933年1月26日，在《中共中央给满洲各级党部及全体党员的信》（即一二六指示信）中，再次强调："满洲问题，有了很大的全世界的意义，满洲的命运不仅是与反苏联武装干涉及太平洋帝国主义大战的命运联系着，而且是与中国苏维埃革命的进一步发展以及整个殖民地世界解放斗争进程的命运密切的联系着。我们党胜利的指导满洲的革命群众斗争，这不仅是完成自己民族解放革命任务和保护苏维埃的中国，而且也是完成国际的任务——在实际反帝国主义战争的斗争中武装保护苏联。"③东北抗联在制定的斗争方针中也提出了保卫苏联的任务："东北党及东北游击队的任务不止是要光复东北，和响应国内抗战，同时要保卫伟大的无产阶级祖国及巩固世界和平的阵地苏联的远东边

---

① 中共通化市委党史研究室/卓昕编著：《杨靖宇全传》下卷，吉林文史出版社，2005，第1357–1358页。

② 《东北抗日联军史料》编写组编《东北抗日联军史料》上，中共党史资料出版社，1987，第34页。

③ 《东北抗日联军史料》编写组编《东北抗日联军史料》上，中共党史资料出版社，1987，第47页。

疆。"①虽然这些带有"左"倾色彩的指示，不符合当时中国东北的实际，但对于东北抗日联军配合苏军作战还是起到了一定的积极作用。毛泽东曾明确地说："坚持抗日民族统一战线，坚持国共合作，驱逐日本帝国主义出中国，即用此以援助苏联。"②应该说，这是东北抗日战争中同苏联合作的题中之义。

九一八事变后，中共领导的东北抗日武装即与苏联远东军有了接触。1934年，活动在黑龙江饶河的东北人民革命军第七军参谋长崔庸健，即与苏军交换过关于日伪的情报。1938年1、2月间，东北抗联领导人赵尚志、戴洪滨、祁致中、周保中等先后进入苏联境内，进行过联络，只不过境遇不同。赵、戴、祁被苏联扣押，周则得到苏军支援，为其配备了电台、报务员并提供中共中央的报纸和书籍。1938年8月、1939年5月，日军先后挑起张鼓峰事件、诺蒙坎事件，积极向苏军进攻。杨靖宇号召全军战士，把东北游击战争与反对日本进攻苏联的行动结合起来，加紧打击敌人后方。东北抗联的武装抗日斗争，打乱了日本侵略者的战略部署，对其入侵苏联的计划起到了一定的牵制作用，有力地配合了苏军对日军的作战。对此，1940年4月魏拯民在向中共驻共产国际代表团汇报时这样写道，1939年"在夏秋二季，集中一部分主力配合外蒙古'诺蒙坎'战斗实行向敌进攻策略获得很大的成绩。在'间岛'一带，当时我军横断满鲜国境，对日贼进行不停的猛攻，使日贼前后受敌，被迫缔结了'诺蒙坎'战斗临时停战协议。（日军）整备了'集团部落'制度，交通网，粮谷增产，以及计划募兵，将'诺蒙坎'战争主力匪军之一部约一万余名，转派到我军活动地区，积极地向我军进攻。敌人更配备了数架缺乏战斗经验的飞机，终日轰炸、扫射、陆空呼应，一齐进攻我军，结果我方蒙受一部分损失"③。关于这一点，苏联顾问承认："在东北，日军被迫留住大量关东军。"④苏联远

---

① 东北抗联训练处党临时委员会：《关于建立东北党及抗日联军统一领导机关之意见书》，1941年5月14日。

② 中央文献研究室、中央档案馆编《建党以来重要文献选编（1921—1949）》第18册，中央文献出版社，2011，第441页。

③ 《东北抗日联军史料》编写组编《东北抗日联军史料》上，中共党史资料出版社，1987，第201～202页。

④ （苏）瓦·伊·崔可夫著，万成才译：《在华使命——一个军事顾问的笔记》，新华出版社，1980，第47页。

东军总司令阿巴纳辛科曾在1942年8月1日抗联教导旅成立时说："中国抗日联军在艰苦卓绝的战争环境中，给日寇沉重打击。你们在打开帝国主义殖民体系的开端方面，起了重要作用，并且用武装和鲜血帮助了在资本主义的包围之中单枪匹马地进行社会主义建设的苏联，从而对加强国际革命力量做出了最大的贡献。你们还付出重大牺牲为苏联红军提供了重要军事情报。感谢你们用生命和血换来的情报，为我们在远东有效的防范起了重大作用。"[①]日本人也承认："由于满洲人民的反满抗日斗争，最尖锐地暴露出来了……关东军迫于讨伐，致使本来的目的——整备对苏战略体系，始终也不得进展。"[②]

正是在这种情况下，苏军的态度有了明显的改变，主要体现在对退入苏联境内的抗联部队不再遣返。1939年5月，苏军释放了赵尚志等人，并为赵部提供了部分武器弹药和一部无线电台；1939年夏，苏联远东军为东北抗联第七军参谋长崔庸健、王效明部提供一批日式武器弹药。1939年9月，热情接待了冯仲云，并接受冯提出的在伯力召开吉东、北满省委联席会议的要求，并表示对抗联给予各方面的帮助。1940年第一次伯力会议，周保中与苏军达成了一些协议：苏军答应抗联战斗失利后可以进入苏联境内；苏军接纳并提供帮助。

从1940年秋冬开始，东北抗联各部为保存实力陆续越境入苏，建立南北野营进行整训。1942年8月，经东北抗联领导人提议，苏军同意，分散在南北野营的东北抗联部队集中起来，成立了东北抗日联军教导旅。旅长周保中，政治副旅长张寿篯（即李兆麟）。9月13日，经共产国际批准，成立了中共东北委员会，以周保中、崔庸健等13人为委员，以崔庸健为书记。这样，在苏军帮助下，东北抗联及党组织统一了领导，保存了实力，为抗日战争的最后胜利作好了准备。

到1945年9月抗战胜利，在5年的时间里，东北抗联在居住、训练、装备、物资等方面，都得到了苏军的支持与援助。与此同时，东北抗联小部队不断派遣人员潜回东北，主要任务是：以收集日伪情报为主，重点是军事部署和交通运输；进行抗日救国宣传，扩大抗日队伍；寻找失散在各地的抗日人员，

---

① 赵素芬：《周保中将军传》，解放军出版社，1988，第468页。

② （日）信夫清三郎编、天津社会科学院日本问题研究所译：《日本外交史》下册，商务印书馆，1980，第601-602页。

恢复和发展地方组织关系；在可能条件下消灭日伪汉奸和破坏敌人交通设施。这种小部队活动少则3～5人，多则几十人，累计人数在300人以上。据日本关东军宪兵司令部所编《满洲共产抗日运动概况》记载，1942年抗联小部队活动情况如下："遁入苏联境内之共匪帮（东北抗日联军系统匪）于远东军司令部指令下，在伯力等地所设野营学校（谍报、谋略人员培训所）进行教育训练，随时接受对满谍报、思想工作指令而被派回满洲。本期宪兵所知匪徒（按：日寇对抗联的污称）扰乱治安情况为：交战22次，袭击78次，谍报74次，合计为174次。"[1]

经过小部队5年长期的侦察活动，积累了详细的有关日伪的情报。据周保中夫人王一知回忆："在军事情报中，我们对日寇十七个筑垒区的军事意图，敌人沿边界线的一些军事设施，如码头、飞机场、飞机架数、机库数量、伪装情况，都能基本掌握。在经济情报中，我们对日寇在东北的主要军事工厂、交通、矿山的规模、日军医院、多少张病床，以及日寇对中国工人、农民的法西斯统治，也有一定程度的了解。我们还将东北的地理、地貌与日军兵力部署的情况制成各类图表。总之，凡是对军事行动有重大影响的情报，都是我们所侦察的项目。为此我们也付出了重大的代价。"[2]从1941年春至1943年夏，抗联从事小部队军事侦察工作不幸牺牲的同志在30人以上，如抗联第二路军副总指挥赵尚志、原第三路军秘书长张中孚等。1945年8月苏联对日作战前，苏军将抗联小部队侦察到的日军防御工事部署绘制成图，发到参战部队每一位连以上军官手里。东北抗联小部队活动，为苏军出兵东北作出了重大贡献。

8月9日苏军对日作战后，东北抗联教导旅一小部分人员，分成若干小分队，配合苏军解放东北。而大部分人员的任务是：迅速抢占57个战略要点，即12个大城市和45个中小城市，着手全面接收东北；抗联干部在各战略点上的主要负责人，一律担任苏军卫戍区副司令；东北抗联人员仍保持与苏联远东第二方面军的隶属关系。抗联返回东北后，协助苏军肃清日伪残余、各种反动势力，接收各城市，维持治安，建立政权，扩大武装，从而为中国共产党进军

---

[1] 赵俊清：《周保中传》，黑龙江人民出版社，2011，第528页。

[2] 中共中央党史资料征集委员会、辽沈战役纪念馆建馆委员会编《辽沈决战》上，人民出版社，1988，第158页。

东北、经略东北立下了汗马功劳。对于东北抗联的历史功绩，苏联政府及其领导人给予了充分肯定。1945年8月下旬，斯大林代表苏联政府授予周保中、李兆麟、王效明、王明贵4人红旗勋章；苏联远东第一军区司令夫绍斯基为李思孝（江玉华）颁发斯大林嘉奖证书。1948年1月1日，中共中央东北局曾专门作出决定，充分肯定东北抗联与苏联红军配合的作用，"八一五"东北光复初期，又协同苏联红军及八路军、新四军，最后击败日寇，解放了东北，"是中国党光荣历史不可分的一部分"①。

综上所述，东北抗战中国际合作是实质性的，其作用是巨大的，其影响是深远的。但是，长期以来，关于抗联与朝鲜革命军及苏军的合作抗日，却很少有人研究，也没有给予充分的肯定。改革开放后，这种局面有了改变。1986年4月，中共中央在批示同意的《东北抗日联军历史问题座谈会纪要》中，对于东北抗联与朝、苏军配合作战问题给予了充分肯定："东北抗日联军是一支体现着爱国主义和国际主义的人民抗日武装。它的指战员同朝鲜共产主义者和革命战士并肩战斗，在共同抗击日本帝国主义侵略者的斗争中，结成了唇齿相依、休戚与共的战斗友谊。它的斗争，对于日本法西斯入侵苏联的企图和武装挑衅，起了牵制作用。它在后期同苏联远东军建立的协同作战的关系，是各国人民在世界反法西斯斗争中互相支援、共同对敌的关系。"②

总之，东北抗日战争中的国际合作，是世界反法西斯统一战线的重要组成部分，为打败日本帝国主义作出了巨大的贡献。东北抗日战争中的国际主义精神必将永载史册，光耀千秋！

三、血战到底的英雄气概

革命英雄主义精神，是指为了祖国和人民的利益，不怕流血牺牲，英勇顽

---

① 《东北抗日联军斗争史》编写组编《东北抗日联军斗争史》，人民出版社，1991，第497页。

② 中共吉林省委党史研究室、吉林省东北抗日联军研究基金会编《韩光党史工作文集》，中央文献出版社，1997，第602–603页。

强、坚韧不拔、一往无前的革命精神，是要压倒一切敌人而不为敌人所屈服的英勇气概。面对日伪的残酷"讨伐"、恶劣的自然环境、东北抗联体现出了血战到底的英雄气概。

（一）抗击日伪的残酷"讨伐"

1. 日伪强化军警宪特

九一八事变后，日本帝国主义为了实现灭亡中国、独霸亚洲的迷梦，把东北作为其侵略整个中国乃至东南亚的基地，制定了殖民统治方针，不断强化殖民统治机构，尤其是大力加强军警宪特，对中共领导的抗日武装力量进行疯狂"围剿"。

1932年3月，日本利用逊位的清朝末代皇帝溥仪，一手拼凑了伪满洲国傀儡政权，建立了庞大的殖民统治体系，强化军警宪特，以镇压东北人民的反抗。首先，日本关东军的数量大幅增长。据统计，1931年九一八事变时，日本关东军只有1个师团和6个守备大队，计1万余人；1933年，增至3个师团，计4万人；1937年七七事变前，计有4个师团、2个独立混成旅团、5个独立守备队、1个骑兵集团、1个飞行集团及1个铁道线区司令部、1个旅顺要塞司令部和关东军宪兵队等；1939年底，关东军增至9个步兵师团、7个独立守备队、8个国境守备队和航空兵团；1941年苏德战争爆发后，关东军猛增至4个军、1个关东防卫军及关东军直辖部队，加上朝鲜军，总兵力达85万人；1942年底，关东军计有14个步兵旅团、2个坦克师团、1个坦克教导旅团、1个骑兵旅团、9个独立守备队、13个国境守备队等，共约70万人；至1945年8月初，关东军辖第一、第三方面军及第四、第三十四军，计24个步兵师团、10个独立混成旅团、2个坦克旅团、1个机动旅团，总兵力约75万人①。上述数字足以说明，日本帝国主义在东北保留了强大的兵力，且装备精良，其把镇压东北抗联和整备兵力对苏作战作为主要目标。

---

① 李惠、李昌华、岳思平：《侵华日军序列沿革》，解放军出版社，1987，第15、25、27、105、148-149、266页。

其次，大力扩充关东宪兵队。据统计，1931年九一八事变前，关东宪兵队只有1个队200人，下设7个分队。1932年夏，建立了关东宪兵队司令部，下设5个宪兵队、17个分队，人员迅速增加。到1935年时已达到1000余人[①]。至1941年8月，全伪满境内的日本宪兵队增至18个，宪兵分队105个，宪兵分遣队61个。另在"新京"（今长春）特设宪兵队和3个野战宪兵队，总人数达3800余人[②]。

再次，直接控制伪满洲国军队。1933年8月，日本陆军省制定了《满洲国陆军指导纲要》，规定伪满"国军"的兵力限制在6万人左右，只设步兵和骑兵两个兵种，不准拥有坦克、重炮和飞机。但随着侵略战争的扩大，为了弥补兵力上的不足，日本开始扩大伪满"国军"的规模，使其兵力由1937年的7万余人增至1941年的11万人[③]。1940年4月，日伪当局颁布所谓《国兵法》后，人数迅速增加。到1945年8月日本投降时，"已有16万的东北青年被迫服了兵役"[④]。

第四，在东北各地普遍设置伪警察机构。1940年，在伪治安部下，设警务司、中央警察学校、指纹管理局；在地方设有海上警察队、"首都"警察厅、19个省警务厅；作为城市警察机构，设有奉天（今沈阳）、哈尔滨警察局，鞍山以下9个警务处，辽阳以下5个警务科，其下设警察署20处，消防署3处，水上警察署2处，派出所533处，分驻所58处；各有关县、旗设警务科，大致以人口8万乃至10万人、面积半径20公里为准设一警察署，计有786处，设派出所1108处、分驻所3450处[⑤]。到1937年，伪满警察机构遍布东北各个角落，伪警察人数已达十一二万之多，比1931年1月张学良时代东北的警察总数59300余人增加了一倍[⑥]。在各级警察机构和警察队里，均配备了日本人作为警务指导官，以加强控制。此外，还成立了伪满宪兵队和伪满保安局，

① 陈本善：《日本侵略中国东北史》，吉林大学出版社，1989，第386页。
② 王承礼、常城、孙继武：《苦难与斗争十四年》中卷，中国大百科全书出版社，1995，第55页。
③ 王承礼、常城、孙继武：《苦难与斗争十四年》中卷，中国大百科全书出版社，1995，第56页。
④ 傅大中：《伪满洲国军简史》，吉林文史出版社，1999，第345页。
⑤ 伪满洲国治安部编写，吉林省公安厅公安史研究室、东北沦陷十四年史吉林编写组编译：《"满洲国"警察史》，1989年内部出版，第40～41页。
⑥ 王承礼：《中国东北沦陷十四年史纲要》，中国大百科全书出版社，1991，第156～157页。

作为日本统治东北的帮凶，残酷镇压东北人民的反抗。

日伪进行疯狂"大讨伐"。在日本关东军统一指挥下，日伪军警宪特严密部署，互相配合，对中共领导的抗日武装力量进行一次次大规模的疯狂"剿杀"。日伪对东北人民抗日武装的"讨伐"主要分为五个阶段。第一阶段从1932年3月至1933年5月，主要"讨伐"东北抗日义勇军。第二阶段从1933年6月至1934年3月，主要"讨伐"中共领导的抗日游击队。第三阶段从1934年4月至1936年3月，主要"讨伐"东北人民革命军第一军至第六军。第四阶段从1936年5月至1937年6月，主要"讨伐"东北抗日联军，其中规模较大的是"东边道独立大讨伐"，致使东北抗联第一路军第二军军长王德泰、第一军第二师师长曹国安牺牲。第五阶段从1937年7月至1941年秋，主要"讨伐"东北抗联所属各军，规模较大的有1937年夏至1939年春对三江地区的"大讨伐"，导致东北抗联第四军军长李延平、副军长王光宇牺牲，第八军军长谢文东、第九军军长李华堂投敌；1939年夏至1941年春对东南满地区（第一路军）进行的联合"大讨伐"，致使东北抗联第一路军总司令杨靖宇、副总司令魏拯民、第一方面军指挥曹亚范、第三方面军指挥陈翰章等牺牲或病逝，损失惨重；1940年初至1941年秋对黑嫩平原（第三路军）进行的"大讨伐"，致使东北抗联第三路军损失很大，主要领导和指挥员冯治刚、赵敬夫、张兰生、高禹民等相继牺牲，余部不得不转移到苏联境内进行休整。

在军事"讨伐"的同时，日伪军警宪特还制造了许多屠杀东北抗日军民的惨案。比较大的惨案有：1932年9月16日辽宁抚顺平顶山惨案，遇难者3000余人；1934年3月12日至19日黑龙江依兰土龙山惨案，遇难者1100余人；1935年5月29日至6月6日吉林舒兰老黑沟惨案，遇难者1000余人；1932年11月16日辽宁锦西下五家子惨案，遇难者378人；1936年7月15日吉林通化白家堡子惨案，遇难者360人；1936年12月14日辽宁安东（今丹东）南岗头惨案，遇难者275人。至于屠杀百余人或数十人的惨案则更多。据统计，仅1932年至1936年，日伪在"讨伐"中屠杀东北民众4.9万余人，另有4万余人被捕①。

---

① 刘信君、霍燎原主编：《中国东北史》（修订版）第6卷，吉林文史出版社，2006，第432页。

2. 切断抗联与群众的联系

日伪在进行"讨伐"过程中，采取所谓"治标"与"治本"相结合的办法，实行以关东军为中心，集日伪军警与行政于一体的"治安肃正"。

"治标"即军事"讨伐"，其方法花样百出。具体采用所谓长追、奇袭、堵击、"梳篦式""踩踏式""狗蝇子"等战术，对东北抗联的活动区域实行轮番"扫荡"，不间断地搜索和进攻。

"治本"，即采用修建"集团部落"、实行保甲连坐、修筑警备道路、进行经济封锁及进行政治"宣抚"等手段，切断东北抗日武装与民众之间的联系。其中，最恶毒的是修建"集团部落"。所谓"集团部落"，就是日伪用烧房、枪杀等恐怖手段，强迫分散居住在抗日武装活动地区的民众离开原住地，迁往日伪指定的地点，组成在日伪军警直接控制下的大村落，即"人圈"。"集团部落"四周筑有三米左右的围墙，围墙上设有铁丝网；围墙的四角设有炮楼，出入仅有四个门；不论男女，12岁以上都发给居住证、通行证和购买物品的许可证；白天不许到远离部落的地方耕作，晚上不准插门点灯；部落里的人徭役繁重，疾病缠身，饥寒交迫，没有自由，稍有不慎便会遭到抓捕、毒打，乃至丧生。"集团部落"推行最早的地区是在伪间岛省（今延边地区）。1933年日伪在延吉、和龙、珲春建造了8个，1934年又建造了28个。1935年后，开始在东北广泛、迅速地推行。据统计，1935年新建1493个，1936年新建4195个，1937年新建4922个，1938年新建3110个，1939年新建886个。至此，日伪在东北共建"集团部落"14642个。在东北沦陷14年中，日伪在东北总计建立"集团部落"1.7万余个，被迫迁入的民众490余万人，约占当时伪满境内总人口的10%，其中被杀害和折磨致死的民众不下十几万人。[1]日伪设立"集团部落"一方面对东北人民犯下了滔天罪行，另一方面使东北抗联陷于孤立无援、饥寒交迫的境地，蒙受了巨大损失。

东北抗联转变游击战略，应对日伪"讨伐"。面对十分强大的敌人及其残酷的"讨伐"，东北抗联不断改变游击战略，坚持艰苦的抗日战争。

---

[1] 刘信君、霍燎原主编：《中国东北史》（修订版）第6卷，吉林文史出版社，2006，第453～454、459～460页。

1936年3月，日伪炮制了"满洲国治安肃正计划大纲"（1936年4月至1939年3月），实施"东边道独立大讨伐"，主要是针对杨靖宇领导的东北抗联第一路军及其联合的抗日武装。为了打破敌人的"围剿"，杨靖宇一方面修筑密营，组织冬季整训；另一方面与敌周旋，采用灵活战术，坚决打击敌人，取得了一系列战斗的胜利。9月18日，杨靖宇指挥第一军军部直属部队及第十一独立师，采取化装战术，攻占了宽甸县大荒沟，将伪警察、自卫团全部缴械，并缴获大量军用物资。9月29日，杨靖宇又率部在大错草沟伏击了驻宽甸的日军中岛部队，毙伤敌11人。1937年1月28日，杨靖宇率部在宽甸四平街老局所歼敌牛岛守备队大部，使日军围攻第一军司令部的计划破产。3月14日，杨靖宇率教导团突袭了通化铁厂子煤矿，炸毁了其设备。对此，日本记者森崎实评述道："东边道匪贼杨司令，对'铁厂子炭田袭击事件'，已构成东边道开发的最大障碍，使开发者蒙受重大牺牲。于是彼已经成为东边道开发地区的治安'不治之癌'，故芟除共产匪首杨靖宇则是当前的课题。"①3月后，杨靖宇率部转移到桓仁、辑安（今集安市），冲破了日伪军部署的"东边道独立大讨伐"。据伪满战犯王之佑供认，1936年"东边道独立大讨伐"，"到一九三七年五月作战结束，中经战斗约计二百次。死、伤抗日军应各有千人以上。"②这从一个侧面反映了当时激烈的战斗情况。

1937年7月，日伪调集关东军3个师团、伪靖安军4个团及伪兴安支队等共5万余兵力，对伪三江省实行"特别治安肃正工作"，即进行三江"特别大讨伐"，主要是"讨伐"东北抗联第二路军和第三、六、九、十一军。中共吉东省委和北满临时省委议定：抗联各军除留下部分队伍坚持下江地区的斗争外，主力部队分别向黑龙江的嫩江平原和黑龙江、吉林两省交界的五常、舒兰、榆树一带突击，以打破敌人"聚而歼之"的计划。为此，1938年5月，东北抗联第二路军所部组织西南远征，向五常、舒兰进军，并于7月12日袭击攻取了苇河县楼山镇。1938年6月，北满抗联第三、六、九、十一军分批穿越小

<hr>

① 中共通化党史研究室/卓昕编著：《民族精魂——杨靖宇年谱》，吉林文史出版社，2004，第247页。

② 中央档案馆、中国第二历史档案馆、吉林省社会科学院合编：《东北"大讨伐"》，中华书局，1991，第275页。

兴安岭，向西北方向的黑嫩平原远征，以开辟新的抗日游击区。他们冲破敌军重重阻击，历尽千辛万苦，于10月到达黑龙江海伦县境，完成了西北远征任务。

1939年10月，日本侵略者组成以关东军第六六九部队长野副昌德为司令官的"日满军警宪特东边道联合讨伐司令部"，纠集7.5万余兵力，向伪吉林省、伪通化省、伪间岛省实行大规模"讨伐"，故史称"野副大讨伐"，又称"三省联合大讨伐"。其战略是所谓"治标"与"治本"相结合、分割包围与长期围困相结合；其战术是所谓"陆空呼应""踩踏战法""篦梳战法""狗蝇子战术"等，企图消灭杨靖宇领导的东北抗联第一路军。为了粉碎敌人的"讨伐"，10月1日至5日，东北抗联第一路军领导人杨靖宇、魏拯民等在吉林省桦甸县头道溜河召开会议，决定为保存实力，将队伍化整为零，编成小部队，分散活动，在长白山区的濛江、金川、抚松、辉南、桦甸、敦化、和龙、临江、辑安等地与敌人周旋作战，坚持开展抗日游击战争。为此，东北抗联第一路军先后在敦化沙河掌、金川县回头沟、桦甸县寒葱岭、汪清县梨树沟、濛江县大北山以及临江、金川两县交界的大板石沟岭等地与日伪军展开了激战。当时，东北抗联处境险恶，战斗异常艰苦。对此，抗联老战士沈凤山回忆说："到处都是日本兵。你在前边走，他在后面追……他是白天追你，晚间也追你，紧追不放。我们是怎么也甩不掉。敌人是轮番追你，可以休整。我们就不行了，根本没有喘息时间，就是铁打的部队也抗不住这么拖。我记得有一两个月的时间（1940年1、2月间），总是这样。你这边枪一响，他那边旗一摆就把你包围了。一包围，就得突围，一突围就有伤亡。特别是，部队缺弹药，缺粮食。最后，我们的战士走着走着就倒下了，一倒下就起不来了。不少战士就是这么死的。"[①]在艰苦的作战中，东北抗联遭到了严重的损失。1940年2月23日，杨靖宇壮烈殉国。1941年1月20日，魏拯民病逝。

1940年初，日伪军又对黑嫩平原的第三路军加强了"讨伐"。日伪当局调集了日军一部以及伪兴安骑兵团、伪森林警察队、伪军1个团，疯狂"追剿"第三路军。为此，中共吉东省委和北满省委在苏联远东当局的帮助下，于1月24日在伯力城（今俄罗斯哈巴罗夫斯克）举行代表联席会议，确定了东北抗日游击战争以保存实力为主和实行收缩的方针，并协议把抗联各部队改编成若

---

① 封志全主编《抗联一路军在濛江》，吉林大学出版社，1990，第209页。

干支队。会后，东北抗联第三路军改编为第三、六、九、十二4个支队；抗联第七军改为第二支队，从而提高了战斗力。各支队采取灵活机动的游击战术，取得了奇袭克山县城、夜袭肇源县城、袭击宝清县七星河镇等战斗的胜利。但在极端艰苦的条件下，许多领导干部相继牺牲，部队人员锐减。后东北抗联经与苏联远东军协商，东北抗联余部陆续撤到苏联境内，成立了东北抗联教导旅。此后，东北抗联进入了小部队活动时期，即进行野营训练、搜集日伪情报、坚持游击抗日活动时期。

总之，面对日本法西斯统治，面对日伪军的残酷"讨伐"，东北抗联在极其艰难困苦的环境下，高举抗日大旗，不惜抛头颅、洒热血，坚持抗战不动摇，与日本侵略者血战到底。这种不畏艰险、直面生死的精神，足可以惊天地、泣鬼神！

（二）千方百计克服经济困难

日伪实行经济统制，抗联给养匮乏。日本帝国主义占领东北后，为了进一步扩大侵略战争和消灭东北抗日武装，对东北经济全面进行统制和掠夺，尤其是不断强化对农产品的统制。1937年10月，日伪当局开始对大豆实施统制。1938年5月，决定对大米、小麦、大豆、棉花等主要农作物生产和销售实行统制；11月，公布了所谓"米谷管理法"。1939年10月，公布了所谓"主要特产品管理法"和"满洲特产专管公社法"；11月，公布了所谓"主要粮谷统制法"。1940年9月，新制定了所谓"特产物专管法"和"粮谷管理法"，将几乎全部的油料作物和粮食全部控制起来，禁止农民在农产品交易市场或地方官署指定场所以外进行买卖行为，从而将粮食由最初的局部统制扩大到全面统制，基本上切断了东北抗联的粮食来源。东北抗联想买一两盐、一斤粮、一双鞋、一斤棉，都极度困难。

为了完全统制农产品，日伪强制推行"粮谷出荷"政策，强迫农民交售粮食。1942年12月，伪满洲国"国务院"下发了所谓"战时农产品出荷对策要纲"，对农产品强制实行彻底的征收。在伪满各级出荷本部、各级军警机构强迫下，广大农民被迫"出荷"。结果，口粮、种子和饲料所剩无几。遇有灾年，人们忍饥挨饿，挣扎在死亡线上。在这种情况下，东北抗联即使有钱，也买不到粮食。

此外，日伪统治当局对东北抗日武装比较活跃的地区，实行严格的经济封锁，尤其是对日常生活中的吃穿用品封锁最严。日伪规定，严格检查进出"集团部落"的人员，如果被发现往外搬运粮食，马上枪杀；农民只能在附近耕种土地，而且禁种可直接食用的土豆、苞米、豆类和瓜果。一经发现，彻底铲除。更令人想不到的是，为了防止东北抗联获得田野里的粮食，日伪当局竟采取了更为毒辣的手段。1939年8月中旬，伪第八军管区司令官竟"武力强迫通化、辑安、临江、抚松、濛江、辉南、金川、柳河八县的农民收割尚未成熟的庄稼，不仅使农民的粮食减产一半，而且收割后的庄稼还要由警察看管起来，以防抗日联军得到"①。对此，1940年4月，中共南满省委书记兼东北抗联第一路军副总司令魏拯民在给共产国际中共代表团的报告中作了如下陈述："在经济上，由于日贼数年来对中国的长期战争，经济能力陷于崩溃的状态，对我抗日联军，最近大大地实行了经济封锁，以企图使我们由穷困疲惫而归于自消自灭。他们惨（残）酷地烧毁了散居于我军活动地区及其接境区域内人民房屋。积极的建设'集团部落'，确立保甲制度，设置警察侦探网。他们口头上虽然说什么强制保管粮食等，但实际上就是没收粮食。如果发现住民有对我军援助粮食者，则对其全家枭首示众，并且又强迫民众干所谓归顺工作。""敌人残暴地断绝我军的粮食与封锁生活的必需品。为禁止我军必须（需）物资的买卖，在我军活动地区附近的大小城镇，禁止了所有物资的贩卖，而实行专卖……若想买一斤盐和一双水袜子，比登天还难；而且还采取高抬物价或向食品中放毒的办法。"②1940年12月25日，东北抗联第二路军第二支队党委会在《关于目前东北游击运动问题的检讨》中，承认解决部队粮食、服装、军需十分困难及对东北抗战的影响："因为我们是处在一个差不多无后方的环境之下的，同时还不象（像）一九三七年以前的能够得部分的民众的援助以及购买便利的条件之下。现在我们为准备服装与给养等，甚至需要耗费我们大部

---

① 霍燎原、于文藻、吕永华：《东北抗日联军第二军》，黑龙江人民出版社，1986，第189页。

② 东北抗日联军史料《编写组》编《东北抗日联军史料》（上），中共党史资料出版社，1987，第203～204页。

的人力或多半的时间。"①

　　在日伪严酷的经济封锁和残酷的军事"讨伐"下，东北抗联陷入了物资匮乏、生活困苦之中。最大的困难是缺衣少食，特别是长达半年的冬季，物质生活的困难达到了极点。1939年10月12日，冯仲云以北满省委代表的名义写给中共中央的报告，详细陈述了北满抗联斗争的困境："一九三八年来松江两岸之队伍大多被围深山密林，饥饿与寒冻，粮尽弹绝，整年树皮、青草、草根、松籽、马皮、石皮均为其难得而不能供给之食粮。在整个冬季零下四十多度左右的刺骨严寒，没腰深雪中没有寒衣地露宿。伤亡与疾病困缠着他们。牺牲、叛变、投敌、逃亡、越境流亡频出，队伍于是损失殆尽。"②杨靖宇的警卫员黄生发回忆道："雪地行军，裤子总是湿的，让寒风一吹，冻成冰甲，很难打弯儿，也不知有多沉，迈步都吃力。鞋子也都跑烂了……至于衣服，全叫树枝扯烂了，开着花，白天黑夜都挂着厚厚的霜，浑身上下全是白的，全是凉的……更难的是吃的，不要说粮食啊，连草也找不到，枝枝叶叶被霜打枯了，叫雪埋上了；可吃的草根儿也冻在土里，没法找，没法挖，只好吃那难咽的树皮。先把老皮刮掉，把那层泛绿的嫩皮一片片削下来，放在嘴里嚼啊嚼啊，就是咽不下去。勉强吃下去了，肚子也不好受。"③抗联老战士王传圣也回忆道："天寒地冻，无衣无食，有时赤足行军在雪地上，空腹与顽敌搏斗。"④东北抗联第二路军西征部队给养非常缺乏，"有时十几天吃不到粮食，就靠战马的马肉充饥，加上战斗中的损失，战马吃光了，骑兵变成了步兵；后来在搞不到粮食的时候，就吃野果、野菜乃至树皮、草根。战士鞋子破了就赤着脚坚持行军、打仗。"⑤《东北抗日联军第八—十一军》一书，记载了东北抗联第十军的困苦情况："一九三九年以后，粮食和服装成为我军最大的困难。十军除从木场工人支援和袭击采伐作业所、森林警察队解决给养外，经常几天吃不上一顿饱饭。

---

①　中央档案馆、辽宁省档案馆、吉林省档案馆、黑龙江省档案馆编《东北地区革命历史文件汇集》甲59，1990，第186页。

②　史义军：《冯仲云年谱长编》，国家图书馆出版社，2019，第191页。

③　黄生发：《艰难岁月的战斗》，载《吉林文史资料》编辑部、政协通化市委员会文史资料委员会编《吉林文史资料》第24辑《回忆杨靖宇将军》，1988，第143页。

④　孙继英、周兴、宋世章：《东北抗日联军第一军》，黑龙江人民出版社，1986，第206页。

⑤　刘文新：《东北抗日联军第五军》，黑龙江人民出版社，1985，第126页。

在断粮的日子里，不得不搞些野果、野菜、蘑菇、树皮充饥。冬天，以野兽、蜂蜡以至军马肉充饥。"①《东北抗日联军第七军》一书则记载了1940年秋东北抗联第二路军第二支队（由抗联第七军改编）的困难状况："由于几万名日伪军在佳木斯以东松花江下游地区大举'讨伐'，二支队活动地区处于环境恶劣、斗争残酷的状态之中。二支队返回饶河时，敌人已着手封山，断绝我军给养。我军在饶河蛤蟆顶子等三处所种的庄稼和青菜已被敌人全部毁坏，叛徒又领着敌人把我军贮藏的粮食毁掉。指战员们只靠自身携带的肉干充饥，但这也很快耗尽。为了坚持抗战，部队派人到自己贮藏青菜的地里寻找萝卜等青菜，但这些菜已被敌人从窖里挖出，用刺刀切成碎片扔掉。派去的人只好把萝卜碎片一个一个捡回来，分给每个战士。战士们用几斤萝卜充饥三、四天至一个多星期。每个人饥饿疲乏，面黄肌瘦，走不动路。"②可见，如何克服困难，解决部队给养，成为东北抗联生死存亡的头等大事。

东北抗联采取多种办法，解决经济困难。为了解决生存问题，东北抗联想尽一切办法，以打破日伪的经济封锁，争取生存空间，坚持抗日斗争。

首先是屯垦生产，解决给养。 东北抗联建立后，陆续建立了南满、东满、哈东、绥宁、汤原、密（山）勃（力）依（兰）方（正）、饶（河）虎（林）等抗日游击区和根据地。为了解决经济问题，抗日游击根据地内县乡政权主要是采取没收中、日、韩一切地主阶级走狗及汉奸的土地财产，分配给雇农、贫农、中农及游击队士兵，进行屯垦。此外，征收捐税、物资，补充军需，解决困难。

但从1938年开始，由于日伪军的严密经济封锁和大规模连续"讨伐"，东北抗联在各地建立的后方基地、密营、医院、被服厂、兵工厂、无线电设施遭到严重破坏。此时，东北抗联各部队除了组织部分群众进行屯垦外，还进行了军垦。对此，1938年8月25日，中共下江特委书记高禹民在给北满临时省委的意见书《关于对金策意见书的意见、部队部署、给养等问题》中曾提议："现在我们主要的问题便是供给，最主要的是给养问题，并不是争取大小军事

---

① 叶忠辉、张耀民、赵宁、李云桥、苗慕舜、蒋颂贤、李立新、温野、魏智奇:《东北抗日联军第八~十一军》，黑龙江人民出版社，1986，第141页。

② 元仁山:《东北抗日联军第五军》，黑龙江人民出版社，1987，第122页。

胜利的问题。所以我们队伍自己要到山里找秘密地带，要尽可能的多种地 [包（苞）米、窝（倭）瓜、萝卜、昔田谷、土豆] 等等。昔田谷很密地种到地下，从小苗就能吃，长大时可以吃叶，秋天收获吃子；土豆容易保存，还不怕冻，冻时可以吃面子，能有很多吃法；萝卜也可以晒干子，冻了也能吃，窝（倭）瓜冻了也能吃；包（苞）米当然吃法很多，但包（苞）米种在山里较高地带，到秋有时不容易收获，种时必须找到洼下地带，气温适当，到秋容易获得。如果有河之地，可以设法尽可能捉鱼，夏季尽可能晒野菜或党参等等，都是候补给养。"①在1940年3月的伯力会议上，经周保中、冯仲云、赵尚志讨论，由周保中整理的《关于东北抗日救国运动的新提纲草案》对解决粮食问题提出了5条办法，其中第一条便是"每个活动单位部队，应在其活动地域，或另外不同之地域执行严格秘密的自耕计划和代耕计划"②，即实行军队屯垦。3月19日，在海路、王新林给周保中、赵尚志、张寿篯、冯仲云的指示纲领《关于东北游击运动等问题》中，对解决给养问题提出5条办法，其中第一条也是"使敌人找不到的地方，自己播种粮食和蔬菜等等，关于夏季田园间之播种工作可派一部分队伍专门担任"③。因此，当时东北抗联各部队均尽可能地进行屯垦。例如抗联第十军经常帮助当地农民进行生产自救。农忙时，部队战士帮助农民种地干活；农闲时，便组织农民搞些副业，以增加农民的经济收入。1938年春，东北抗联第七军独立团在老秃顶子不仅种了几十垧玉米，还盖起了能容纳200～300人的房屋，以便坚持长期战斗④。1939年春，东北抗联第七军所属第一师、第三师在富锦、同江、饶河三县交界的大旗杆一带，虎林县的秃顶子、马鞍山，饶河县的十八垧地、在旺砬子、花砬子、爆马顶子等地建立了临时密营，开垦了数十块荒地，种植了玉米、萝卜、倭瓜、马铃薯等农

---

① 中央档案馆、辽宁省档案馆、吉林省档案馆、黑龙江省档案馆编：《东北地区革命历史文件汇集》甲24，1989，第432～433页。

② 东北抗日联军史料《编写组》编《东北抗日联军史料》上，中共党史资料出版社，1987，第197页。

③ 中央档案馆、辽宁省档案馆、吉林省档案馆、黑龙江省档案馆编《东北地区革命历史文件汇集》甲57，1992，第141页。

④ 中共中央党史资料征集委员会：《中共党史资料》第15辑，中共党史资料出版社，1985，第159页。

作物，解决了部队部分给养问题。1939年夏，东北抗联第二路军总指挥部警卫队在宝清县兰棒山后方新建一些密营，开垦秋菜种植地，解决部队宿营和部分给养问题。当东北抗联大部分部队进入苏联境内整训后，留下来的小部队仍继续进行屯垦工作，以解决给养问题，坚持抗日斗争。

其次，取之于敌。从抗日游击队、东北人民革命军到东北抗日联军，均采取袭击村落、城镇、敌伪据点、"集团部落"、火车、汽车等战斗方式，从日伪军手中夺取部队生存和战斗所需的物资，这是抗联各部队解决武器、弹药、粮食、服装等供应问题的主要途径之一。1938年以后，抗联陷入更加艰苦的境地，尤其是东北抗联修建的密营被日伪军大量破坏后，可以说是居无定所、衣食无着，主要补给都靠战斗来解决。对此，周保中在1939年6月21日日记中作了如下记载："给养缺乏，经多方打算与不断积极活动，仍得不到相当解决。疲劳奔驰，日食不充，长此以往，不但全部重要工作不得进行，即本部人员身体健康亦恐因给养常缺而受病害。敌人厉行粮食集中封锁，农民归入大屯受严重监视，且已甚贫困，若专靠向农民征收实不可得。唯一办法只有在敌人监护下之交通建筑或采伐林木、采金各场所工棚中袭取，以求粮食获得较为现实可靠。其行动固属困难甚多，且难于避免与敌接仗，甚有难测之牺牲损害，但不能坐待饥毙。因此与诸干部集议，不论最近富、宝敌人行动如何紧张，必须排除一切困难，以最大决心袭击富宝汽车道修筑，予以袭击阻害，没收工棚粮食。若能奏效，可得足供一个月用之粮食。"[1]1940年7月1日，魏拯民在给中共驻共产国际代表团的信中也陈述了这种情况："今年度我军的粮食及用品是非常缺乏，只是靠袭击大村落及小城市来解决我们的粮食问题。我们除了冒险的袭击村落之外别无其他办法，但在袭击村落时，定要付出不可估价的负伤或牺牲。由于得不到粮食时，经常是三五天净吃山中野菜，所以逐渐造成了队内思想的不稳。"[2]冯仲云也曾回忆说："我们的队伍，虽然挺进到海伦、铁骊、嫩江、五大连池等腹地，但一路上不断与敌人接火。到处是无人区。有时为了吃一顿饭，得打进敌占据点，队伍伤亡、损失达三分之二，还有些逃亡

---

[1] 《周保中东北抗日游击日记》，解放军出版社，2015，第463页。
[2] 《东北抗日联军斗争史》编写组：《东北抗日联军斗争史》，人民出版社，1991，第439页。

的、叛变的。"①

为了解决给养问题，在1940年3月的伯力会议上，周保中、冯仲云、赵尚志经过讨论，在《关于东北抗日救国运动的新提纲草案》中明确提出："敌兵守备薄弱和兵力不大的水陆运输、集团采伐场、金矿、煤矿以及山边集团部落等等，应向这些地方进行有利的袭击夺取其粮食牲畜。""农村秋收时期，游击队组成专门征发队，直接到地主富农田中去自己收获运输粗粮。""强制征发及军事行政征发人民所痛恨的地主富农之剩余粮食等。"②三种办法中，第一种是直接用作战的方法获取粮食；第二、三种办法是以武力做后盾，从地主富农家"抢"粮食。3月19日，在海路、王新林给周保中、赵尚志、张寿篯、冯仲云的指示纲领《关于东北游击运动等问题》中，对解决给养问题也曾提出："在收获粮食的时期，要派队袭取粮车和仓库，同时有力的袭击矿场、采伐场建筑所。"③可见，解决粮食的主要办法之一就是取之于敌，通过战斗来夺取。为此，周保中在给吉东党组织的信中明确号召："努力在追求游击运动中的军事胜利，每天都须要打日寇，获得武器弹药辎重的补充。"④

据周保中1940年1月20日写的《东北抗日联军概况》记载，东北抗联第五军第二师及第四军下江留守队解决粮食的方法是："冬季和春季袭取敌人守备之采伐场或劫夺运输、逮捕人质、扣留牲畜，强制交纳粮食服装材料，否则直接夺取粮食或宰杀牲畜代替粮食给养。除以上诸种手段外，进行密林地带的自耕——编成临时劳动小队。该部队今年冬服装，依靠进攻袭击集团部落，夺取敌人被俘虏者之军装及直接没收依靠敌人守备之地主富农衣服材料。"⑤从中看出，东北抗联部队获取给养的重要方法就是通过战斗，从敌人手中夺取。抗

---

① 史义军：《冯仲云年谱长编》，国家图书馆出版社，2019，第268页。
② 东北抗日联军史料《编写组》编《东北抗日联军史料》（上），中共党史资料出版社，1987，第197页。
③ 中央档案馆、辽宁省档案馆、吉林省档案馆、黑龙江省档案馆编《东北地区革命历史文件汇集》甲57，1992，第141页。
④ 中央档案馆、辽宁省档案馆、吉林省档案馆、黑龙江省档案馆编《东北地区革命历史文件汇集》甲28，1989，第198页。
⑤ 吉林省档案馆、中共吉林省委党史研究室编《周保中抗日救国文集》（1938年7月—1945年7月）（下），吉林大学出版社，1996，第167页。

联老战士回忆当时的情况是:"枪不响不能吃饭,粮食要用生命去换。"①《东北抗日联军第五军》一书也记载:"粮食大半是要用鲜血去换取,也就是要吃粮食就要付出抗联战士的生命。"②

据统计,1940年2月至1940年12月,在绥宁一带活动的抗联第二支队,"袭击敌人数六回,与敌作战数八回,共十四次。敌兵:死的八十三名、负伤六十名、俘虏一百六十名。我军:牺牲三十九名、负伤二十五名、被俘虏二名、失踪三名。被掠获:轻机三挺、步枪□支、手枪六支、弹药三千二百八十八粒。掠获:重机四挺、轻机四挺、步枪一百八十支、手枪四支、给养一千二百六十布袋,马、牛共合一百一十一匹,其他军需品甚多,手榴弹两箱、弹药六万三千二百粒、大氅四十多件,得棉花六百多斤。其他:共负伤二十五名、负伤后因冻饿牺牲九名、现尚有负伤者十八名。"③从中可以看出,为了获得给养,我军虽然打死敌人83人,但也付出牺牲48人(加上负伤后牺牲9人)的惨重代价。

1940年3月,魏拯民的第二方面军进行了红旗河战斗,部队深夜袭入伐木场,俘虏全部伪军守敌,缴获大量武器和大批粮食④。

1940年5月9日,东北抗联第二路军第二支队政治部主任王效明率两个中队在执行任务过程中,由于断粮,不得不捉鱼充饥。在薄暮时分,适遇独木河森林警察队运送给养的风船路过。王效明立即率队发起攻击,计歼俘敌15人,缴获七九大枪10支、德枪1支,子弹3000余粒;另缴白面80袋、大米130多包(每包90斤),盐10包、碱15包,鱼及针菜30多箱,酒1箱、酱油6桶,咸菜2桶、大酱1桶,苇席若干,其他物品若干。⑤这次战斗,解决了部队缺乏给养的燃眉之急。

① 孙继英、周兴、宋世章:《东北抗日联军第一军》,黑龙江人民出版社,1986,第208页。

② 刘文新:《东北抗日联军第五军》,黑龙江人民出版社,1985,第118页。

③ 中央档案馆、辽宁省档案馆、吉林省档案馆、黑龙江省档案馆编辑《东北地区革命历史文献汇集》甲60,1992,第19页。

④ 中共中央党史资料征集委员会编《中共党史资料》第15辑,北京:中共党史资料出版社,1985,158页。

⑤ 中央档案馆、辽宁省档案馆、吉林省档案馆、黑龙江省档案馆编《东北地区革命历史文件汇集》甲57,1992,第260~261页。

　　1940年5月21日，为了解决部队急需的弹药和给养，东北抗联第二路军第二支队支队长王汝起率一大队主力在大旗杆秃山头伏击伪警察，打死敌人8人，打伤1人，缴获轻机枪2挺、步枪10余支、子弹千余发。我军也受到重大损失，支队长王汝起受重伤牺牲。不久，第二支队教导大队政治委员金品三为了解决粮食问题，在攻打独木河时不幸牺牲。王效明率部接着攻打独木河敌人木营，缴获了50多匹马和牛，解决了一些部队急需的给养问题。

　　1940年7月20日，周保中在关于解决乘马、给养等问题给姜信泰、朴洛权的信中明确提出："现在在我们部队方面，急于要解决临时乘骑马匹廿六七匹，粮石（食）给养三石到四石，队员的水袜子、包脚布，急于要补充。因此，只有同时袭击董家围子附近的工棚和袭击杨百户长集团部落，才能解决需要。"①

　　另据东北抗联第二路军《东北红星壁报》报道，1940年5月1日至8月底，下江地区的抗日游击队与敌作战4次，特种工作4次，袭击了敌人的采金班、火车站、运输队、"集团部落"等，毙伤俘敌68人；缴获轻机（捷克式）枪1挺、步枪25支、洋枪26支、弹药3000余粒，炸毁机关车2辆、客车货车20余辆；攻陷"集团部落"1处，没收粮食9石半、牛马89匹，军需品若干、文件若干。②

　　彭施鲁后来回忆了1940年冬东北抗联第二支队为解决粮食而斗争的情况："山里的积雪已经一尺多厚，粮食和牛马肉全部吃完了，干鱼也吃完了。找遍了过去储存食品的地方，最后能够得到的仅仅是从敌人已捣毁的萝卜窖中扒出来的冻萝卜和萝卜缨子。萝卜有的已被刺刀砍成几段，每个人分了十来个萝卜，每顿饭限量一个煮萝卜。萝卜吃完了，崔勇进又带了二三十个人去大别拉坑的屯子里去夺取粮食。很不顺利，几次和敌人相遇，造成四五个人的伤亡，所得到的粮食仅仅是几斗黄豆，分了之后不够每人两天的食量。与此同时，不少人脚被冻伤。还由于每天要在没有道路的树林子里穿行，棉大衣的袖

---

① 吉林省档案馆、中共吉林省委党史研究室编《周保中抗日救国文集》（1938年7月——1945年7月）（下），吉林大学出版社，1996，第264页。

② 中央档案馆、辽宁省档案馆、吉林省档案馆、黑龙江省档案馆编《东北地区革命历史文件汇集》甲59，1990，第265页。

子、棉裤的膝盖部位和裤裆都被树枝划得破烂不堪，棉花也掉光了。"[①]

总之，取之于敌是抗联所需经费和物资的主要来源之一。抗联的每一颗子弹、每一粒粮食均要以鲜血和生命为代价在战斗中获取。有了这些基本的保障，东北抗日的游击战争在极端艰难困苦的情况下得以长期坚持并取得了最后胜利。

第三，群众支持。 人民群众是抗联部队赖以生存的基础。军民鱼水情，孤悬敌后的东北抗联之所以能坚持到底，离不开人民群众的支持。

依靠群众组织。抗联各部队在抗日游击区内建立了抗日救国会、反日会、妇女救国会、儿童团、农民委员会等抗日群众组织。虎林、饶河抗日游击根据地的群众组织，从1935年到1939年间，向抗联部队提供粮食40余万斤、猪肉3万多斤、军马草十几万斤，还有马匹、耕牛、衣服、靰鞡鞋等大量物资。这些组织在开展抗日救国的宣传鼓动工作、组织动员人民参军参战、为革命军筹集军需给养、搜集提供敌军情报等方面起到了重要作用。群众组织是抗日联军赖以存在的基础。

1938年秋，抗联第七军战士棉衣没换齐。山里的群众知道后，主动给第七军战士送去一部分棉衣和棉被。

1939年，临江县错草沟李福生老人把自己独生子送入抗联队伍，还把埋藏在地里的粮食送到抗联密营。后来他被敌人抓去，在严刑拷打面前坚贞不屈，后与老伴一起被敌人的狼狗活活咬死。

1940年，东北抗联第一路军第三方面军第十三团的一名连长到安图县柳树河子附近的一个农民家中买粮食，不幸被敌人发现。这个农民被捕，房子被烧，但抗联却得到了他藏在草丛中的一袋小米。在桦甸县牡丹岭密营中的魏拯民及留守的抗联战士经常得到山下居民陈德寿大伯送来的盐和粮食。

1940年2月，第二路军第五军政治委员季青率部来到中东铁路道南东宁、汪清之间的片底子，得到了二道沟群众的支持。他们经常给抗联部队探消息、送情报，购买各种物资，在敌人统治最严酷的时候还给抗联部队送粮食等。12月，兼任中共绥宁区特别委员会书记、道南特委书记季青在《抗联第五路军南部活动记录》中写道："一年来有密切关系之二道沟屯子及红石砬子、满天星

[①] 彭施鲁：《我的回顾》，黑龙江人民出版社，2018，第195页。

各处散种地的农户，征发约近三十石给养。我们决定此地作最后的根据地，征发完毕向中东路北试探活动。"①从中可知，散居的农民对抗联是支持的，贡献了30石粮食。

1941年1月12日，抗联第十军军部所在密营遭到敌人袭击，所藏粮食、马肉、马皮等给养全部被敌人烧毁。寒冷腊月，朔风怒吼，大雪封山，山区气温下降到零下三四十摄氏度。在军长汪亚臣和军部人员饥寒交迫的危难之际，当地群众听到我军密营、粮食被敌人烧毁的消息后，他们冒着生命危险，送粮上山，解决了抗联部队的燃眉之急。

总之，人民群众给予了抗联各种形式的支援，为东北抗联提供了一定的保障。可以说，没有人民群众的支援，东北抗联的艰苦斗争会更加艰难。然而，在敌人残酷"讨伐"和严密封锁的条件下，这种群众支援只能是少量的、有限的。

第四，少部分由苏联支持。1938年7月张鼓峰事件后，苏军逐渐改变了对东北抗联的态度，由原来的不支持到有限支持。尤其是1940年伯力会议后，苏军解决了东北抗联的部分给养。这可以从1940年10月王新林给张寿篯、冯仲云的信中了解这方面的情况。10月5日信中写道："至于你们所要求的给养、衣装、武器和军需品……假使你们有可能时，则至十一月二十号前派遣15~20匹货马至相当之地方，那末（么）我们首先就给你们发去一些粮食、军用品和药材。但至于衣装问题，只可等到一九四一年开始，还不敢慷慨的允许。因为我们这里没有这样的衣装……"②在10月14日的信中又写道："至于帮助你们的问题，依可能范围均能帮助和办到……我们希望你们在十一月二十一—二十五号派15~20匹马至预定地点而接收你们所用之必须（需）品：粮食、武器、军需品和药品。"③苏军的这种帮助，总体来说十分有限。

综上所述，东北抗日联军长期坚持敌后抗日游击战争，在极其困难的情况

---

① 中央档案馆、辽宁省档案馆、吉林省档案馆、黑龙江省档案馆编《东北地区革命历史文件汇集》甲60，1992，第4页。

② 中央档案馆、辽宁省档案馆、吉林省档案馆、黑龙江省档案馆编《东北地区革命历史文件汇集》甲59，1990，第291页。

③ 中央档案馆、辽宁省档案馆、吉林省档案馆、黑龙江省档案馆编《东北地区革命历史文件汇集》甲59，1990，第295页。

下千方百计地做好后勤保障工作，为部队的生存和发展提供了条件，为东北抗战的最后胜利作出了应有的贡献。

（三）坚忍不拔战胜恶劣环境

东北自然条件恶劣。冬季，冰天雪地，大雪纷飞。积雪深度常在1米左右，有时甚至深可没人。气温常在零下40摄氏度左右，抗联战士备受"火烤胸前暖，风吹背后寒"之苦；夏季常常是大雨滂沱，连绵不断，蚊虫成阵，抗联战士又饱尝"湿衣渍足气喘难，蚊叮虫咬痕斑斑"之苦。正像抗联战士所描述的那样，"天大的房子、地大的炕，火是生命，森林是家乡，野菜野兽是食粮。"[①]这是东北抗联艰苦战斗生活的真实写照。

1. 苦战在蚊虫成阵的原始森林、荒原水畔

东北的夏季，炎热多雨。尤其是东南部山区，森林覆盖，浓荫蔽日。晴天，烈日炎炎，原始森林里密不透风，呼吸困难，蚊虫成群，挥之不去。雨天，或狂风大作、大雨倾盆，摧枯拉朽；或淫雨霏霏，连绵数日不见日月，令人困苦难耐。

1938年4月，为了打破敌人的军事"讨伐"，中共吉东省委决定东北抗联第二路军主力向五常、舒兰进行远征（史称"西征"），开辟新的游击区。经过准备，5月中旬开始西征。7月，东北进入雨季，河水泛滥，给部队行军带来很大困难。周保中在9月21日的日记中有如下记载："是日，经由之西北棱上游（据地图判断），因连天大雨之后山水暴涨，河水汹涌异常。九军吴团长至道口探河水深浅，以便架独木桥使步兵通过，因偶不慎，足踏滑倒没入河中，暴水翻腾，几至毙命，幸身体健壮，敏捷有力，得挣扎上岸，然已受病矣。"[②]9月22日的日记记载，由于乌斯浑河河水上涨，水流湍急，又无船只且有敌人封锁，无法渡河，部队不得不折回西北棱河口，"官兵连夜行军，有

---

① 霍燎原、于文藻、吕永华：《东北抗日联军第二军》，黑龙江人民出版社，1987，第196页。
② 周保中：《东北抗日游击日记》，解放军出版社，2015，第361页。

（又）苦连雨及行于荒道，因此疾困异常"。①

有感于环境艰苦，部队伤亡较大，周保中于1939年3月20日写了一首《挽歌》，表达了对牺牲战友的哀悼之情与坚决抗战到底的决心：

> 日寇猖狂，侵我海宇，狼烟遍地起，
>
> 工农兵学商齐奋力，抗日旗帜高高举。
>
> 为伟大祖国光荣，为民族自由独立。
>
> 黄帝子孙好儿女，前仆后继争杀敌。
>
> 哪管饥饿疲乏，断指裂肤。
>
> 不顾暴风烈日，雷电雪雨。
>
> 捐躯轻鸿毛，荡寇志不渝。
>
> 倭奴罪恶须清除，索还血债一笔笔。
>
> 同志们！安息！
>
> 踏着你们洒下的血迹，誓将民族解放进行到底。
>
> 前面就是胜利！
>
> 前面就是胜利！
>
> 那是你们伟大光辉永不褪色的业绩。②

1938年6—7月北满东北抗联开始西征的时候，恰逢东北的雨季，抗联指战员经历了艰苦的行军。《东北抗日联军史》记载了当时的苦难历程："当时正值雨季，淫雨连绵，风雨交加，干部战士浑身湿透。为了躲避敌人的堵截，部队日夜兼程，行进中经常摔倒，有的战士走着走着竟睡着了。最不好走的路是在沼泽地里过'漂垡甸子'和'塔头甸子'。'漂垡甸子'表面上长满杂草，底下是烂泥塘，一不小心就会陷进去。'塔头甸子'也称'红眼蛤塘'，一个个'塔头'上长满青草，下面都是腐烂植物形成的红锈水，战士们要在'塔头'上跳着走，稍一偏，便滑落到水里。数天过去，战士的双脚就被红锈水沤烂了，脚往地下一踩，如同针扎一样疼痛。在森林、草甸子里，蚊蠓成阵，战士

---

① 周保中：《东北抗日游击日记》，解放军出版社，2015，第362页。

② 周保中：《东北抗日游击日记》，解放军出版社，2015，第416页。

们的头、脸、裸露的皮肤被蚊子、小咬、瞎蠓叮咬得苍肿起来。"①

1939年7月18日，第二路军总指挥部所在的宝清县兰棒山狂风大作，彻夜未停，将一些简陋的房屋摧毁，庄稼被刮倒。周保中在日记中做了如下描写："山中密茂森林，许多硬健挺拔的大树，被风刮得摇摇欲倒，正在圆满发放的树叶几乎有同秋后的枯叶被片片吹落。那些老树和朽枝，却一处一处的连接（续）不断被刮倒。善鸣的好鸟，讨厌的乌鸦，都不知藏在什么地方去避风，毫无踪影。一切不可名状的虫类，叫的不叫了，飞的不飞了，或者乱撞头的胡飞，走的爬的都停止了活动。前几天霆雨连绵，满坑满谷的涨了水，被这场狂风刮去了不少。这场风真是从东方面袭来的狂飚暴风，是给人类及一切生物带来灾祸的害风。假使再让它继续几天，宇宙的一角将要被它毁坏。"②这场大风给抗联部队的生活带来了不小的影响。

总之，东北抗日联军在炎热多雨的夏季，在与日伪军作战的同时，还要与大自然进行顽强的抗争：既要在原始森林中应付毒蛇猛兽、蚊虫瞎蠓，又要在荒原水畔战狂风、斗恶浪，克服各种艰难险阻。这充分体现了东北抗联吃苦耐劳的优良作风。

2. 战斗在朔风怒吼的林海雪原

关于冬季对东北抗联的影响，在东北抗联第一军军史中有如下记载："特别是冬季天气十分寒冷，使抗联部队的衣食住行陷于极端困难的境地。抗联战士缺衣少食，经常十天半月吃不到粮食，常常是渴了抓把雪，饿了吃些树皮、野菜、草根，没有鞋穿，就用破布或麻袋片把脚包起来在雪地上行军，常常是空腹与敌军搏斗。部队每次从敌人手中夺取粮食和给养，都要经过激烈的战斗，几乎都要付出鲜血和生命的沉重代价。长白山地冻天寒，气温常常是零下三四十摄氏度，不少战士冻掉了手指和脚趾，很多战士在雪地宿营时，躺下后就被冻得站不起来，被严寒夺去了生命。"③东北抗联艰苦的战斗生活可见一斑。

---

① 《东北抗日联军史》编写组：《东北抗日联军史》下册，中共党史出版社，2015，第713页。

② 周保中：《东北抗日游击日记》，解放军出版社，2015，第476页。

③ 张洪兴：《东北抗联精神》，白山出版社，2010，第251页。

周保中描述了1939年初东北抗联第二路军总部、直属队及第五军在北牡丹江东西两岸突破敌人围困时的恶劣环境："那时正大雪纷飞，朔风凛冽，气温降到零下三十到四十摄氏度之间，寒冻断指裂肤，饥饿困扰士气；行军在峭壁峻岭的深山大谷里，狂风怒吼，树木摇曳欲坠或作霹雳雷鸣声断折倒地，阻住去处；枯木冻裂作爆炸声，有如敌人骤来袭击；有时遮天蔽地的大森林静悄悄的万籁无声，飞鸟藏匿，走兽绝迹。这种沉寂，格外令人寒噤。我们的战士渴了，化雪为饮料；饿了，吞黄豆和粗糠充腹。有的抗不住冻饿倒在地下，几分钟后变为化石般的僵尸。"①环境之艰苦可见一斑。

《抗联一路军在濛江》一书记载了1939年冬杨靖宇所部在密营被破坏后的困难情形："生活一天比一天艰苦……没办法，杨靖宇和战士们只好挖开厚厚的积雪，拣雪底下的野菜、蘑菇充饥。树皮成了家常饭。方法是选取杉松、白松、榆树，剥去老皮取嫩皮，切成碎块，用雪搓、浸泡，下雪水猛煮。煮得树皮都发黏，一挑成丝，放上一点干粮沫或野菜，即成为抗联一路军后期在濛江生活中的上餐。然而，就是这样的饭食也不能吃饱，每天最多两餐，时常是一天一餐……再到后来，战斗频繁，所有能充饥的东西全找不到，也来不及找了，就以盐水充饥。用雪化盐水喝，肚子虽饥却能走路打仗，只是人瘦得皮包骨，样子吓人。一路军最后在濛江那段艰苦日子里，有不少时候是在喝盐水中度过的。"②"濛江冬季雪深及膝，有的地方没过腰际。部队行军得派尖兵开路。一踩雪壳子'咔吃''咔吃'响，用不上几天，新棉裤就齐膝割成半截。腿被雪壳子割成一道道口子，北风一吹似刀剜一样疼痛。部队在林海雪原中行军，简直不是踩着雪走，而是拥着雪一步一步往前挪，速度很慢，一天也走不到20里路……即使暂时露营下来，怕暴露目标，又不能拢火，也无法休息。疲劳、饥饿、寒冷、病魔像瘟疫一样缠磨着抗日将士。觉不能睡、火不能烤，手冻黑了，脚趾冻掉了，以致人被冻僵。在行军路上，走着走着就有人倒下去再也起不来了。"③

抗联老战士卢连峰在回忆抗联第三路军西征时曾描述道："开始几天，雪

---

① 周保中：《周保中文选》，解放军出版社，2015，第288～289页。

② 封志全：《抗联一路军在濛江》，吉林大学出版社，1990，第9页。

③ 封志全：《抗联一路军在濛江》，吉林大学出版社，1990，第10页。

不大，路比较好走。后来，大雪封山，雪深过膝，走路相当吃力，每天能走上三四十里路就到顶了。在这无边无际，举头不见蓝天，到处都是白皑皑一片的莽莽林海里，我们抗联战士冒着尖利的山风和零下四十多度的酷寒，为着中华民族和中国人民的解放，顽强地、一步一步地前进。晚上，我们就在冰天雪地里宿营，四个人一组，四边用雪堆起挡风的墙，中间架起一堆篝火——好在原始森林里有的是木柴，我们就围着篝火合衣就寝，值勤的同志负责给火填（添）柴。一天行军，十分疲劳，大家一倒下就呼呼睡着了。有时火星溅到身上，烧焦了棉衣，靰鞡都烧坏了。在小兴安岭的大森林里，根本无处补充衣物，有些同志因此冻伤了脚。"①

1940年3月22日，于天放在《关于到达金策处给张寿篯、周保中的信》中，汇报了雪地行军的艰辛："意想不到的大雪遂增加了我们前进的困难条件，越走雪越大。到科尔芬河及占河上游，简直更不消说了，不但过膝而且蹲裆，不但深厚而且坚硬不能拔足，走一步停一停，每天行程只在二十里左右……""由于背负的累重及同志们身体健康欠佳……更因饥饿日久，体力缺乏，每个都是遍体流汗，气喘嘘嘘！三日之行程不及五十华里之遥……"②

在这种挑战人类极限的恶劣环境中，东北抗联指战员忍受着巨大的痛苦，顽强地抗争。东北抗联第二军某部一名负责军需的干部，脚趾冻烂了，脚和腿浮肿了，危及生命。他用铁罐头皮做成手术锯将烂趾锯掉，从此他的伤口竟然奇迹般地好转了。东北抗联第十二支队战士田富，两只手十个指头全部严重冻坏，因为身体缺乏营养，没有愈合能力，又无药治疗，伤口溃烂，十个指头全部烂掉，最后他因伤痛和饥饿壮烈牺牲。《东北抗日联军第五军》记载："越是冬季大雪天，日寇封锁得越厉害，因此，生活也越困难，因冻、饿、病、伤而牺牲了很多同志，若干婴儿活活埋葬在雪地里。"③

1939年10月12日，冯仲云在给中共中央的工作报告《五年来北满反日运动之发展》中，陈述了西征时的艰苦生活："西征是在极端空前艰苦困难条件

---

① 卢连峰：《艰难的历程》，载中共黑龙江省委党史工作委员会编《黑龙江党史资料》第9辑，1987，第82页。

② 中央档案馆、辽宁省档案馆、吉林省档案馆、黑龙江省档案馆编辑《东北地区革命历史文献汇集》甲57，1992，第151～152页。

③ 刘文新：《东北抗日联军第五军》，黑龙江人民出版社，1985，第118页。

之下，在无千（钱）、无米、无衣、无子弹、无任何准备之下，在敌人的重围、长追、堵击中，穿越了'千里飞鸟稀，万山人迹绝'的小兴安岭而完成的。是跋涉了崇山峻岭，稠林丛莽，崎岖的鸟道，急湍的奔流，在大雨滂沱，山洪暴发，或雪深没腰，风寒刺骨情况之下完成的……中途曾经发生了许多周折，遭受敌人多次打击，迷失道路、断绝粮食情况中实现的。由于队伍处于极端困难、饥饿、伤亡、寒冻、疾病、疲惫，以及奸细的活动，远征队内叛变逃亡，死伤倍出，损失几达三分之二。"①

在那血雨腥风的艰苦岁月里，最苦最难的是东北抗联女战士。东北抗联第七军女战士庄凤曾回忆说："我们的苦特殊，我们的困难哪，是特殊困难。所谓特殊困难，你说女同志来例假咋办，是不是？那么打游击，来例假，我就不跟着队伍走，行吗？怎么办？哪儿有现在什么月经巾，弄点破布垫上就不错了。有的女战士怕来例假，大冷天的光脚站在冰河里，为啥？就为把那东西冰回去。你说，那能不做病吗？肚子那个疼啊，都不敢直腰……所以女同志的困难，一个是来例假，一个是怀了孩子。"②《东北抗联女兵》一书记载了1940年冬季东北抗联第六军被服厂厂长李英根等人的一次转移："漫天的大雪，呼啸的北风，似乎要把人都撕成碎片。李英根与金玉善、王陈氏、李凤华等五名带着孩子的妇女艰难地在雪中前行。天黑了下来，四野茫茫，一座雪山连着一座雪山，野狼在不远处哀号，风吹树枝'咔咔'作响。五名女兵，头皮簌簌发麻，冷风吹得她们浑身发抖。为了不冻着孩子，她们都把孩子抱在怀里。孩子冷得不住地啼哭，女兵们只能不顾寒冷，解开衣服，用奶头紧紧堵住孩子的嘴。走累了，走不动了，她们背靠着背坐在雪地上互相取暖，害怕睡着了会被冻死，她们走走停停，不敢打盹儿。这一夜，寒风冻僵了一切，包括女兵们的眼泪。"③

尽管东北抗联处于条件恶劣、生存困难、内无粮草、外无援军的险恶环境，但仍然独立苦战，不断打击日伪军。据日伪资料记载，仅1939年6月至

---

① 中央档案馆、辽宁省档案馆、吉林省档案馆、黑龙江省档案馆编辑《东北地区革命历史文献汇集》甲25，1990，第131页。

② 刘颖：《东北抗联女兵》，黑龙江人民出版社，2015，第314页。

③ 刘颖：《东北抗联女兵》，黑龙江人民出版社，2015，第345页。

12月，东北抗联第一路军各部与敌人战斗共276次，其中袭击敌人167次，交战109次[①]。东北抗联第二路军自1938年11月至1939年3月，在反"讨伐"斗争中，与10倍于己的敌人周旋苦斗，进行大小战斗37次，破坏"集团部落"11处，打死打伤大批日伪军[②]。东北抗联第三路军自1939年春至1940年初，仅龙北部队与敌人进行规模较大的战斗就有40余次，其中胜仗30余次，消灭日伪军250余人（其中日军占40%），缴取16处大排警察，俘虏伪满洲国"国军"500余人，战利品颇丰[③]。在艰苦的抗日斗争中，杨靖宇、魏拯民、赵尚志、张兰生、李延平、柴世荣、汪雅臣、陈翰章等著名将领直至战死或病逝，可谓感天动地、浩气长存！

对于东北抗日联军的艰苦斗争，李兆麟和他的战友们在西征途中，用饱蘸激情的文笔写就了《露营之歌》，真实地再现了东北抗联指战员的战斗生活：

（一）

铁岭绝岩，林木丛生，

暴雨狂风，荒原水畔战马鸣。

围火齐团结，普照满天红。

同志们，锐志哪怕松江晚浪生。

起来呀！果敢冲锋。

逐日寇，复东北，天破晓，

光华万丈涌。

（二）

浓荫蔽天，野花弥漫，

湿云低暗，足溃汗滴气喘难。

烟火冲空起，蚊吮血透衫。

战士们，热忱踏破兴安万重山。

---

① 吉林省档案馆编译：《东北抗日运动概况》，吉林文史出版社，1986，第87页。

② 《东北抗日联军史》编写组：《东北抗日联军史》下册，中共党史出版社，2015，第804页。

③ 中央档案馆、辽宁省档案馆、吉林省档案馆、黑龙江省档案馆编辑《东北地区革命历史文献汇集》甲26，1989，第68页。

奋斗啊！重任在肩。

突封锁，破重围，曙光至，

黑暗一扫完。

（三）

荒田遍野，白露横天，

夜火晶荧，敌垒频惊马不前。

草枯金风急，霜晨火不燃。

弟兄们，镜泊瀑泉唤醒午梦酣。

携手啊！共赴国难。

振长缨，缚强奴，山河变，

万里熄烽烟。

（四）

朔风怒号，大雪飞扬，

征马踟蹰，冷气侵人夜难眠。

火烤胸前暖，风吹背后寒。

壮士们，精诚奋发横扫嫩江原。

伟志兮，何能消减。

全民族，各阶级，团结起，

夺回我河山。

　　这首《露营之歌》一诞生，便广为传唱，激励了无数抗联战士冲锋陷阵。它是东北抗联革命乐观主义、艰苦奋斗精神的具体体现与真实写照。

　　抗战胜利后，彭真曾感慨道："我们共产党人领导的革命斗争中，有三件事最艰苦：第一件是红军二万五千里长征；第二件是红军长征后南方红军三年游击战争；第三件是东北抗日联军的十四年苦斗。"[①]1955年9月27日，毛泽东主席在给冯仲云授勋时说："你们抗联比我们长征还要艰苦

---

① 　赵亮、纪松：《冯仲云传》，中央文献出版社，2008，第196页。

啊!"①这充分说明,东北抗联的抗日斗争是共产党历史上最艰苦的斗争。

(四)视死如归,血战到底

在长达14年艰苦卓绝的斗争中,东北抗联指战员们坚贞不屈、英勇献身。其英雄壮举可谓惊天地、泣鬼神!

1. 杨靖宇

杨靖宇在东北的莽莽林海、皑皑雪原中与日寇英勇奋战了11年。不论环境如何恶劣,也不论战斗如何残酷,杨靖宇对祖国赤胆忠诚,真正做到了宁死不屈。杨靖宇的革命英雄主义精神最突出地表现在把困难和牺牲留给自己,把生存和胜利留给战友。在他生命的最后一百多天里,面对强大的敌人,他五次分兵,让多数战友转危为安。

第一次分兵是1939年10月。1日至5日,杨靖宇和魏拯民共同主持了中共南满省委和抗联第一路军主要负责人联席会议。为了保存实力,决定将第一路军化整为零。杨靖宇率司令部直属部队及曹亚范所部第一方面军在濛江(今靖宇县)、抚松一带坚持斗争,目的是牵制敌军,以掩护和策应其他各部转移,粉碎敌人的冬季"大讨伐";金日成所部第二方面军在长白山、鸭绿江上游与敌周旋;陈翰章所部第三方面军则随魏拯民去吉林、敦化地区隐蔽歼敌。

第二次分兵是1939年12月下旬。由于部队连续作战,补给困难,伤员增加,12月24日,在濛江头道老爷岭,杨靖宇将司令部与周围部队分散。他命令曹亚范率第一方面军袭击濛江西部的龙泉镇,吸引敌人;军部李兴绍参谋率部分队伍转移;他率警卫旅和少年铁血队前往濛江北部与敌周旋。

第三次分兵是1940年1月上旬。此时,部队经两次分流和作战减员,已不足200人,日伪军则集中4万余兵力向濛江扑来。在敌人合围之前,杨靖宇当机立断,再次分兵。他命令韩仁和、黄海峰率警卫旅主力北上桦甸,而他仅率60名战士在濛江、辉南交界地区继续与敌周旋。

---

① 史义军编:《冯仲云年谱长编》,国家图书馆出版社,2019,第335页。

　　第四次分兵是1940年2月上旬。2月4日，面对敌人的再次包围，杨靖宇将身边的15名战士分成两组。一组8人由少年铁血队副队长于伦率领突围，一组7人由杨靖宇率领突围。

　　第五次分兵是1940年2月12日。由于在突围的战斗中，黄生发等4名战士受了伤，粮食又已断绝，杨靖宇命令黄生发率其他3名受伤队员转移，自己则带2名警卫员向着敌人追击的方向前行。在这生死关头，杨靖宇再次把生路留给了受伤的同志们。

　　1940年2月23日，杨靖宇只身一人与敌人死战。他拒绝敌人的诱降，直到最后壮烈殉国。当敌人剖开杨靖宇的腹部，看到的只是尚未消化的树皮、草根、棉絮，一粒粮食也没有！在场的日本人惊愕异常，解剖的医生竟将手术刀惊落坠地。

2. 赵尚志

　　赵尚志于1942年2月12日负伤被捕。当日凌晨，赵尚志率小部队前往梧桐河，计划袭击伪警察分驻所。当行进到吕家菜园子时，混进小部队中的奸细刘德山突然向赵尚志射击，子弹从其背后右下部打进，斜从小腹与跨间穿出，顿时血流不止。赵尚志忍住剧痛，挥枪击毙了刘德山。在与前来"围剿"的日伪"讨伐队"战斗中，赵尚志掩护携带秘密文件的原东北抗联第三军团长姜立新转移，他和另一名战士王永孝在昏迷中被俘。在审讯中，他大义凛然，宁死不降。他历数日伪犯下的滔天罪行，不断痛斥、怒骂审讯官，而置刀枪痛苦于不顾。当伪警察拿饭给他吃时，他怒斥道："我不吃你们满洲的饭！"他一见日本人和伪警官时，咬牙痛骂："你们离我远点，我闻你们腥。"他面对审讯的伪警察，斥责道："你们和我不同样是中国人吗？你们却成为卖国贼，该杀！""我死不足惜，今将逝去，还有何可问？"[①]除了怒骂之外，赵尚志缄口不言，一直睨视审讯官，显示出中国共产党人的凛然正气和高尚气节。赵尚志牺牲后，残忍的伪三江省（伪满建置）警务厅长田中要次命人割下了赵尚志的头颅，送往伪满洲国的"首都""新京"，用以邀功。

---

① 赵俊清：《赵尚志传》，黑龙江人民出版社，1990，第365页。

3. 陈翰章

东北抗联第一路军第三方面军指挥陈翰章，于1940年12月8日在宁安小弯弯沟战斗中被俘牺牲。是日，陈翰章一行10余人在前往小弯弯沟密营途中，被日伪军"讨伐队"三面包围。陈翰章沉着冷静，指挥战士们坚守阵地，打退了敌人四五次进攻。激战中，敌人不断地喊叫："陈翰章投降吧，给你大官做！"叛徒也劝降："陈指挥别打了，他们人多得很，你们已经被包围了！"陈翰章则怒骂道："可耻的叛徒、走狗，人民早晚要惩办你们的！我们死也不当亡国奴！"[1]战斗进行了约2个小时后，陈翰章右手和胸部中弹，扑倒在雪地上。他用最后一点力气坐起来，背靠大树，用左手开枪，继续战斗。敌人蜂拥而上，夺下他的手枪。凶残的敌人用短刀在他脸上乱扎乱划，并残暴地把他的双眼剜出来。陈翰章仍然怒骂敌人，直到壮烈牺牲。时年仅27岁。残暴的敌人割下他的头颅，送往"新京"，邀功请赏。

陈翰章

陈翰章将军墓

4. 赵一曼

赵一曼被捕后，尝遍敌人吊打、鞭抽、火烤、电刑、老虎凳、刮肋骨、压杠子、烙铁烫、喝汽油、灌辣椒水等十几种酷刑，拒不投降。最后高唱着《红旗歌》慷慨就义，实现了自己"捐躯赴国难，视死忽如归"的铮铮诺言。

---

[1] 庄严主编：《民族魂——东北抗联》，吉林出版集团有限责任公司，2014，第393页。

此外，还有一些英雄群体，如"八女投江""十二烈士""莲花泡四十二烈士"等，都体现了中华儿女舍身取义的英雄本色。

（五）牺牲惨烈，万古长青

据中国军事科学院研究员刘庭华所著《中国抗日战争论纲》统计，在十四年抗日战争中，中国共产党领导的抗日武装部队共有91.4万余人战死，其中八路军、新四军和华南抗日游击队共伤亡、被俘、失踪58万余人，东北义勇军和东北抗联伤亡33万余人[①]。

在残酷的抗日斗争中，东北抗联的干部牺牲是惨重的。1936年4月10日，《中共吉东省委、宁安县委、第五军党委书记周保中给王明、康生的信》中说："优秀忠实的干部不断的牺牲，群众斗争中提拔的、培养的、教育的，赶不上牺牲的多。"[②]据不完全统计，东北抗联师以上干部近80人战死疆场，其中军以上干部达30余人。[③]现根据民政部、退役军人事务部2014年、2015年、2020年公布的著名抗日英烈中有关东北抗联师以上的英烈择录如下：

李红光（1910—1935），东北人民革命军第一军参谋长兼第一师师长；

王德泰（1907—1936），东北抗日联军第一路军副总司令兼第二军军长；

李学忠（1910—1936），东北抗日联军第二军政治部主任；

夏云杰（1903—1936），东北抗日联军第六军军长；

王仁斋（1906—1937），东北抗日联军第一军第三师师长；

宋铁岩（1909—1937），东北抗日联军第一军政治部主任；

张中华（1912—1937），东北抗日联军第五军政治部主任；

陈荣久（1904—1937），东北抗日联军第七军军长兼第一师师长；

王光宇（1911—1938），东北抗日联军第四军副军长；

---

① 刘庭华：《中国抗日战争论纲1931—1945》，军事科学出版社，2005，第396页。

② 中央档案馆、辽宁省档案馆、吉林省档案馆、黑龙江省档案馆编辑：《东北地区革命历史文献汇集》甲28，1989，第18页。

③ 根据国家民政部、退役军人事务部2014年、2015年、2020年公布的著名抗日英烈中有关东北抗联师以上英烈名录统计。

刘曙华（1912—1938），东北抗日联军第八军政治部主任；

李延平（1903—1938），东北抗日联军第四军军长；

李学福（1901—1938），东北抗日联军第七军军长；

杨靖宇（1905—1940），东北抗日联军第一路军总司令兼政治委员；

陈翰章（1913—1940），东北抗日联军第一路军第三方面军指挥；

曹亚范（1911—1940），东北抗日联军第一路军第一方面军指挥；

汪雅臣（1911—1941），东北抗日联军第十军军长；

魏拯民（1909—1941），东北抗日联军第一路军副总司令；

许亨植（1909—1942），东北抗日联军第三路军总参谋长兼第三军军长；

赵尚志（1908—1942），东北抗日联军第二路军副总指挥兼第三军军长。

以上19人，为2014年公布的第一批著名抗日英烈名录中所载的东北抗联师以上干部 。

朴翰宗（1911—1935），东北人民革命军第一军参谋长；

李光林（1910—1935），东北反日联合军第五军第二师政治部主任；

李松波（1904—1935），东北人民革命军第一军第二师参谋长；

杨太和（1904—1935），东北抗日同盟军第四军第一师师长；

何忠国（1909—1935），东北抗日同盟军第四军政治部主任；

张玉珩（1901—1935），东北人民革命军第三军政治部主任；

韩 浩（1905—1935），东北人民革命军第一军第一师师长；

史忠恒（1906—1936），东北抗日联军第一路军第二军第五师师长；

李敏焕（1913—1936），东北抗日联军第一军第一师参谋长；

曹国安（1900—1936），东北抗日联军第一路军第一军第二师师长兼政治委员；

傅显明（1900—1936），东北抗日联军第五军第二师师长；

左子元（1906—1937），东北抗日联军第一军第十一独立师师长；

李天柱（1898—1937），东北抗日联军第四军第二师师长；

周建华（1913—1937），东北抗日联军第一路军第一军第三师政治委员；

周树东（1918—1937），东北抗日联军第一路军第二军第四师师长兼政治委员；

郝贵林（1900—1937），东北抗日联军第三军第四师师长；

马德山（1911—1938），东北抗日联军第六军第一师师长；

王毓峰（1897—1938），东北抗日联军第四军第二师师长；

关化新（1906—1938），东北抗日联军第三军第二师师长；

杨俊恒（1910—1938），东北抗日联军第一路军第一军第三师参谋长；

吴玉光（1909—1938），东北抗日联军第六军第四师政治部主任；

吴景才（？—1938），东北抗日联军第三军新编第二师政治部主任；

张传福（1902—1938），东北抗日联军第六军第二师师长；

张连科（？—1938），东北抗日联军第三军第三师师长；

张相武（1914—1938），东北抗日联军第四军第一师师长；

金正国（1912—1938），东北抗日联军第十一军政治部主任；

姜克智（1910—1938），东北抗日联军第七军第一师副师长；

徐光海（1907—1938），东北抗日联军第六军第一师政治部主任；

常有钧（1911—1938），东北抗日联军第三军新编第三师政治部主任；

魏长魁（1906—1938），东北抗日联军第九军政治部主任；

于　祯（1886—1939），东北抗日联军第九军副官长；

王克仁（1914—1939），东北抗日联军第五军代理政治部主任；

刘廷仲（1904—1939），东北抗日联军第七军第三师政治部主任；

李文彬（1902—1939），东北抗日联军第五军第三师师长；

侯国忠（1904—1939），东北抗日联军第一路军第三方面军副指挥；

雷　炎（1911—1939），东北抗日联军第三路军西北临时指挥部第四支队支队长；

王汝起（1905—1940），东北抗日联军第二路军第二支队支队长；

冯治纲（1908—1940），东北抗日联军第三路军龙北指挥部指挥；

张兰生（1909—1940），东北抗日联军第三军政治部主任；

张镇华（1909—1940），东北抗日联军第五军第三师师长；

柳万熙（1917—1940），东北抗日联军第一军第三师政治部主任；

高禹民（1916—1940），东北抗日联军第三路军第三支队政治委员；

黄玉清（1899—1940），东北抗日联军第二路军总部政务处主任；

冯丕让（1896—1941），东北抗日联军第五军副官长；

张忠喜（？—1941），东北抗日联军第十军副军长兼参谋长；

郭铁坚（1911—1941），东北抗日联军第三路军第九支队参谋长；

韩仁和（1913—1941），东北抗日联军第一路军总司令部参谋兼警卫旅政治委员；

陶净非（1912—1942），东北抗日联军第五军第二师政治部主任；

朴吉松（1917—1943），东北抗日联军第三路军第十二支队支队长；

柴世荣（1894—1944），东北抗日联军第五军军长。

以上50人，为2015年民政部公布的第二批著名抗日英烈名录中所载东北抗联师以上干部。

李守中（1906—1936），东北抗日联军第四军第一师政治部主任；

王子阳（？　—1937），东北抗日联军第三军第三师代师长；

金　根（1903—1937），东北抗日联军第八军第三师政治部主任；

柴阴轩（1903—1937），东北抗日联军第八军第四师政治部主任；

陆希田（？　—1938），东北抗日联军第三军第四师师长；

徐德民（1909—1938），东北抗日联军第八军第一师副师长；

祁致中（1913—1939），东北抗日联军第十一军军长；

赵庆祥（？　—1939），东北抗日联军第八军第六师师长；

赵敬夫（1916—1940），东北抗日联军第三路军第三支队政治委员。

以上10人，为2020年退役军人事务部公布的第三批著名抗日英烈名录中所载东北抗联师以上干部。

最让人动容的是那些牺牲的普通战士，他们的英雄壮举令人终生难忘。1939年冬，东北抗联第六军第十二团一连朱连长为传递一个重要情报，昼夜兼程，长途跋涉，累倒在一个废炭窑里。他艰难地生起火，用以取暖。又困又累的他，很快睡着了。由于一氧化碳中毒，他昏死过去。当他醒来时，双脚掌已经被烧掉了。为了挽救更多指战员的生命，他以极其顽强的毅力，拖着失去脚掌的双腿，用双手艰难地向前爬行，途中几次昏死过去。实在爬不动了，他就向前滚，结果浑身弄得血肉模糊。最终，他用时两昼夜将情报送到，而他自己壮烈牺牲。

最让人荡气回肠的是残酷战争环境下那些坚贞不屈的女兵。在东北抗联11个军中，第五军中曾有一个没有建制的妇女团。关于女战士在部队中的表现，周保中在《回忆抗日战争中的东北妇女》文中这样评价道："妇女同志的坚忍奋发，吃苦耐劳，经得起残酷考验的表现，也是很出色的。在那游击战争处于挫折和艰难的岁月里……妇女却没有一个害怕苦累的，更没有逃亡叛变的……她们的情绪始终是坚定、愉快、活泼的……她们的行动常常激发了男战士，鼓舞着部队的斗志。"①这是对女战士的最高评价。而在实际斗争中，她们也确实做到了这一点。

崔姬淑像

1940年深冬，朱新玉和刘英等7名同志在与敌人作战中身负重伤，被敌人俘去，押解到黑龙江省宝清。她们拒绝敌人的诱降，痛数敌人的罪行，挺胸撞击敌人，最终壮烈牺牲。

1941年2月，东北抗联第二军第六师裁缝队队长崔姬淑在延吉县被俘，任凭敌人严刑拷打，甚至被剜去双眼，仍然誓死不降。最后，万恶的敌人凶残地剖开她的胸膛，挖出心脏。崔姬淑壮烈牺牲，时年32岁。

1942年，陈玉华的特别分遣队在饶河县小佳河附近遭到敌人的围攻，子弹穿透了她的胸膛。牺牲前，她吞食了无线电密码，砸碎了通报机，丢到深雪里，使敌人一无所获。

除了英雄个体外，还有一些英雄群体。他们的事迹同样惊天动地，最著名的就是"十二烈士"和"八女投江"。

十二烈士战迹地

1938年3月18日，300多名伪兴安军骑兵和100多保日军骑兵，向东北抗联第二路军总部和第五军第三师的后方密营宝清县兰棒山发起进攻。驻守在密营头道卡子的是第五军第三师第八团第一连——"神枪手队"。全连60多名战士都是出身农

---

① 《周保中文选》，解放军出版社，2015年第2版，第288～289页。

家的打猎好手，向来百发百中。连长李海峰更是"射击手之王"，八百米之内弹无虚发。为了掩护大部队转移，李海峰果断地率领战士们占领制高点小孤山。小孤山高百米，点缀着峭壁岩石，是个易守难攻的地方。战斗从中午11点开始，直到天黑。战士们凭着有利地形和精湛的枪法，打退了敌人一次次进攻。李海峰在双腿负伤、下半身不能活动的情况下，顽强战斗，用手榴弹掩护受伤的战士转移，最后与敌人同归于尽。此次战斗，共击毙日军25人，重伤10余人；击毙伪兴安军70余人，伤15人；冻伤日伪军近50人；军马被打死90余匹[①]。一连有12名战士血洒小孤山，他们是：连长李海峰，指导员班路遗，排长朱雨亭，战士魏希林、陈凤山、李芳邻、夏魁武、王仁志、张全富、杨德才、王发、李才。为了永志不忘12名烈士，第二路军总部将小孤山改名为"十二烈士山"。东北抗联第五军政治部主任季青赋诗一首，以示纪念：

> 兰棒山顶云雾重，宝石河边雪花飞。
> 寇贼凶焰犹未尽，十二壮士陷重围。
> 神枪纵横扫射处，胆壮气豪动鬼神。
> 不惜损（捐）躯为革命，但愿失土早归回。
> 他年民族全解放，指点沙场吊忠魂。[②]

1938年10月20日，东北抗联第五军第一师在乌斯浑河西岸柞木岗山下，被千余敌人包围。为了掩护主力部队转移，妇女团政治指导员冷云率领原第四军被服厂厂长安顺福、班长胡秀芝、杨贵珍、战士郭桂琴、黄桂清、李凤善和王惠民，分成三个战斗小组阻击敌人。弹尽粮绝后，她们三面面对的是敌人，背后是湍急的乌斯浑河。冷云等人搀扶着受伤的黄桂清和郭桂琴，毅然决然地迈向滚滚的乌斯浑河。8名女战士中，冷云最大，23岁；最小的战士王惠民仅有13岁，平均年龄仅有19岁。花季的年龄，美丽的青春，化作丰碑，永远矗立在乌斯浑河畔。

最令人感动的是，在东北抗战时期，牺牲的革命战士中有名的很少，更多

---

① 周保中：《周保中文选》，解放军出版社，2015，第104页。
② 周保中：《东北抗日游击日记》，解放军出版社，2015，第374页。

的是无名烈士。仅以东北抗联第一军为例（不完全统计）：磐石游击队时期，有名的烈士7名，不知姓名者20余名；东北人民革命军时期，有名的烈士22名，不知姓名者190余名；东北抗日联军第一路军时期，有名的烈士29名，不知姓名者250余名；东北抗联第一方面军时期，有名的烈士2名，不知姓名者60余名。[①]

在那血雨腥风的岁月里，为了民族的解放，东北抗联万千将士抛头颅、洒热血，坚贞勇敢、前仆后继，付出了巨大的牺牲。他们的英雄事迹将与日月同辉，与天地长在！

---

① 中央档案馆、辽宁省档案馆、吉林省档案馆、黑龙江省档案馆编辑：《东北地区革命历史文献汇集》甲62，1990，第147、155、161、176页。

第四章

04

| 东北抗联精神的历史作用与地位 |

"战争的伟力之最深厚的根源，存在于民众之中。"这种"伟力"之一，就是民族精神。抗日战争的胜利正是这种民族精神的激发、汇聚、升华最充分、最生动体现的一个历史见证。东北抗联是中国抗日战争乃至世界反法西斯战争中的一支英雄的部队，在14年艰苦卓绝斗争中孕育出的东北抗联精神，对东北人民乃至全国人民都产生了较大的影响，起到了巨大的历史推动作用。它唤醒了中华民族救亡图存的民族意识，引发了全国抗日浪潮；成为东北抗战胜利的精神支柱，坚定了东北人民抗战到底的信念；在中国革命精神中具有典型性，是中国共产党宝贵的精神财富。

习近平总书记深刻指出："近代以来，中国人民为争取民族独立和解放进行的一系列抗争，就是中华民族觉醒的历史进程，就是中华民族精神升华的历史进程。这种民族觉醒和民族精神升华，在抗日战争时期达到了全新的高度。"①这一伟大的民族觉醒，从根本上决定了抗战的进程和结局。中国共产党领导的东北抗联，主动站到了抗日斗争的最前线。东北抗联的爱国主义精神，唤醒了人民救亡图存的民族意识，使得民族和国家凝聚力空前提高。

一、唤醒民族爱国意识

东北抗联精神体现了东北人民炽热的爱国主义热情。中国共产党领导的东北抗联肩负着救亡图存的重任，在强大的敌人面前，他们不怕牺牲、前仆后继，以血肉之躯英勇杀敌，血洒疆场；他们万众一心、同仇敌忾，与日本侵略者进行了长期的、艰苦卓绝的斗争。东北抗联的英勇斗争，唤醒了中国人民的救亡图存意识，使中华民族空前团结。在抗日民族统一战线旗帜下，全国各族人民纷纷投入到抗击日本侵略者的斗争中。

（一）唤醒东北民众抗日救国

九一八事变后，中国共产党采取了与国民党政府截然不同的政策，提出了收复失地、坚决抗日的正确主张。中共中央首先指出："'九一八'这严重事变，是日本帝国主义殖民地政策产物，是日本占领整个满洲及东蒙的企图的露骨的表现。"②"只有被压迫的中国民众自己与世界被压迫的阶级和民族一致联合起来，才能根本推翻帝国主义的世界统治与消灭他们的一切侵略"。中共中央号召："全中国工农兵劳苦民众必须在反对第二次世界大战，推翻帝国主义

---

① 习近平：《在纪念中国人民抗日战争暨世界反法西斯战争胜利69周年座谈会上的讲话》，《人民日报》2014年9月4日，第2版。

② 中央档案馆：《中共中央文件选集》第7册，中共中央党校出版社，1991，第416页。

统治，争取中国民族解放的利益下，实行坚决的斗争，一致反对日本强暴占领东三省实行帝国主义压迫的战争，为拥护苏维埃中国，反帝国主义反国民党的革命战争，以解放中国。"①民族危机的深重，正如歌曲《松花江上》唱到的那样："我的家在东北松花江上，那里有森林煤矿，还有那漫山遍野的大豆高粱……九一八，九一八，从那个悲惨的时候，脱离了我的家乡……"从此，民众抗日救亡呼声日趋高涨，抗战成为全民族的共同意志，"起来！不愿做奴隶的人们！把我们的血肉筑成我们新的长城……"东北，是我国抗战史中自然环境最恶劣、敌我力量对比最悬殊、拼杀最惨烈的战场。这里的城市和乡村，学校、工厂和兵营，工农商学兵，在雄壮的歌声里走到抗战的最前线，东北抗联精神在抗击日本帝国主义的历史进程中发挥了巨大的精神动力作用，唤醒了东北民众的民族意识。

这个民族觉醒在短时间内转变为反帝斗争的革命浪潮，在东三省被日本侵占之后，"像电火一样燃烧了千百万工农群众的以至小资产阶级的反帝热情，使他们为了中国的民族自由与独立而战。"②从1931年9月20日至9月23日，中共满洲省委和东北党组织接连发表了重要指示和宣言，做出了详细和具体的部署，领导东北人民火速投入到反对日本侵略的斗争中去。

中共中央和中共满洲省委抗日救国的正确主张，鼓舞了黑龙江省人民的抗日斗志。哈尔滨首先举行了声势浩大的反日活动。1932年2月，哈尔滨市委发动三十六棚铁工厂、电车厂、邮电等工人和哈尔滨工业大学师生召开反对成立伪满洲国大会，并举行游行示威。全市成立了反日总会，印发出版了相关报纸，如油印小报《民众报》，进一步披露日本帝国主义的侵略行径。齐齐哈尔军械厂的工人也在积极加班加点地赶制武器。佳木斯市学校的师生高举抗日救国旗帜，举行游行示威。省委和北满党组织派出干部，积极加入不同地方的抗日武装，并指导工作。北满和哈尔滨人民群众的反日斗争尽管遭到汉奸张景惠派来的军警镇压，但并未被敌人吓倒，仍以各种方式进行不屈不挠的斗争。

吉林省各地党组织，在省委的领导下，积极响应中共中央的号召，广泛发

---

① 中共中央文献研究室、中央档案馆：《建党以来重要文献选编》第7册，中央文献出版社，2011，第549页。

② 中央档案馆：《中共中央文件选集》第7册，中共中央党校出版社，1991，第405页。

动各族群众，开展了群众性的抗日救亡运动。中共长春市委提出"没收敌人武装，拿起刀斧梭标单枪，动员和组织群众，起来抗日"[①]的口号。他们还到处张贴标语，散发传单，激发民众的反日爱国热情。1931年9月28日，中共东满特委联合各县召开县委紧急会议，传达指示精神，东满人民反日、反满的斗争迅速开展起来。同年，延边地区的农民掀起了以减租为主要内容的秋收斗争，参加的农民达15万之多。1932年春，延吉县依兰地区开展了春荒斗争，并发动当地的群众张贴标语和散发传单，积极创建自卫队等反日武装。同年2月9日，党在磐石发动一次反对日本帝国主义压迫的斗争，并取得了胜利。

　　1931年9月22日，辽宁省外交协会会长阎宝航等人先后离开沈阳到北平。他们与事变前在北平的王化一酝酿组织东北抗日救亡团体事宜，经分头串联，得到东北各界人士的热情支持。这样由"东北同学抗日救国会""东北同乡反日救国会""救国会"三个抗日团体联合起来，组成统一的抗日救亡团体——东北民众抗日救国会。9月27日，东北各界人士400余人，在北平召开东北民众抗日救国会成立大会。大会宗旨是："抵

阎宝航（1895—1968）

抗日本侵略，共谋收复失地，保护主权"。大会宣言《告东北民众书》控诉了日本侵略者践踏我城镇、屠戮我人民、掠我财物、烧我房屋的罪行。东北民众抗日救国会是由爱国人士和各阶层人民组织起来的民众抗日团体。为抵抗国民党的不抵抗政策，动员和组织民众进行反日斗争，进行了艰苦的努力，做了大量工作，唤起了民众觉醒。一方面，揭露日本的侵略罪行和国民党的不抵抗政策。组织请愿团赴南京请愿，要求国民政府出兵抗日，创办《东北通讯》《东方快报》《救国旬刊》等杂志，及时准确地介绍东北人民和东北义勇军奋起抗争的消息，倡导呼吁全国人民凝聚起来一致抗日。另一方面，积极支援东北抗日义勇军的抗日游击战争。该会为其募集资金，购买军用物资等，策动原东北军官兵举旗抗日，还整编义勇军队伍，指导义勇军的斗争，培养抗日骨干。通

① 辛晓梅、于晓航等：《中国共产党在长春的早期革命活动》，中共长春市委党史研究室1999年出版，第303页。

过各种训练班的学习和军事训练，使学员看清了国民党阶级属性，坚定了在中国共产党的领导下为实现反帝反封建的光荣任务而斗争的目标方向。

（二）争取伪满军警举旗反日

"天下兴亡，匹夫有责。"中华民族自古以来就有以"天下为己任"的传统，这是我们民族精神中的宝贵财富。当国家面临外族入侵，当民族处于危亡之际，在爱国主义的旗帜下，东北各阶层人民、各民族纷纷揭竿而起组成了抗日队伍，痛击日本侵略者。正是有了这种万众一心、团结一致、共御外侮的大局意识，东北人民才能团结在党的抗日民族统一战线旗帜下，爆发出了惊人的民族凝聚力和战斗力。

在东北抗战十四年中，中共对伪满军警士兵开展的工作，可分为以下四个阶段。阶段一：1931年至1933年，中共对伪满军警下层开展统一战线工作。中共东北党组织加紧对伪满军警下层的统战工作，虽然有些成绩，但由于贯彻北方会议的"左"倾冒险主义等政策，给东北抗日斗争带来了危害，影响了其发展。阶段二：1934年至1937年，是中共调整对伪满军警士兵工作政策，实行抗日民族统一战线工作的发展和高潮时期。特别是根据《一·二六指示信》精神，对伪满军警士兵工作在政策上由原来的下层统一战线转变为抗日民族统一战线，真正开始对伪满军警的统战工作。1937年卢沟桥事变爆发后，伪满军警中出现了哗变的高潮。中共东北党组织采取灵活多样的统战手段，对伪满军警的士兵工作取得了很大成绩，有力地推动了东北抗日斗争的发展。阶段三：1938年至1941年，是中共在艰苦条件下，坚持对伪满军警进行抗日民族统一战线工作时期。1938—1939年，面对日本侵略者的"大讨伐"，东北抗联普遍遭受严重损失，抗战形势日益恶化。其工作重点也由动员伪满军警哗变转为争取其"中立"。阶段四：1942年至1945年，是中共调整对伪满军警统战策略，积蓄储备力量，争取最后胜利的时期。1941年底至1942年初，东北抗联主力部队被迫陆续进入苏联境内进行整训，调整了对伪满军警的统战策略，不再要求其立即哗变，而是保持秘密联络。1945年8月苏联出兵中国东北后，在中共统战政策的影响下，伪满军警纷纷反正，为东北抗战的最后胜利作出了一定贡献。

综上所述，在东北抗战期间，中共中央和中共东北党组织根据国内外形势的变化，适时调整对伪满军警士兵工作的政策和策略，扩大和加强抗日民族统一战线，对东北抗战的最后胜利产生了重要的影响。

1937年7月7日卢沟桥事变爆发后，随着全国性的抗日民族解放运动的高涨，东北抗日游击运动也掀起了新的浪潮。"伪满机构中的一部分军政人员、知识分子、青年对抗日联军同情感增大，伪满军整团整营的起义，投奔抗联来。"①关内成为中国抗日战争的主要战场，东北抗日游击根据地成为东北敌后战场。伪满军警集中哗变和参加抗联，沉重地打击了日伪在东北的统治，有力地配合了全国抗战。

1939年，在马蹚子岭伏击战斗中，为了瓦解伪军，东北抗联第一路军发起了政治攻势，在副班长带领下唱起了《劝满军》歌，"满洲士兵兄弟们，眼看要立春，你们快回心，何不反正杀敌人，别在梦中睡沉沉……中国人不打中国人。"声音刚停，被逼得走投无路的伪军齐声喊："别打了，我们缴枪。"②战斗胜利结束后，东北抗联对他们进行爱国主义教育，动员他们参加抗联。为了庆祝此次战斗的胜利，朝鲜族战士跳起了"踢踏舞"。雄壮的歌声、欢乐的舞蹈，振奋了战士们的革命精神，鼓舞了同志们的斗志，信心百倍地迎接新的战斗。

为了扩大反日阵营，组织更多的伪满军警哗变，中共东北党组织还采取各种措施。例如，周保中在东北抗日联军第二路军下江特遣游击队《告"满军"官兵书》中指出，对于你们"满军"诸君抱着诚意的热望，只要你们倒戈反正，举义救国，同仇敌忾，共除日寇，那么我们随时随地都可以与你们联合一致，共同行动，帮助你们，引导你们走光明大道。你们千万不要受日贼及其走狗的谣言愚弄，自误前途③。同时委托爱国知识分子、绅士等地方名流做伪满军警的工作。1939年7月7日，东北抗联第三军司令金策写信给爱国绅士毕万

① 周保中：《东北抗日游击运动和抗日联军》，载《东北抗日联军史料》编写组：《东北抗日联军史料》下，中共党史资料出版社，1987，第434页。

② 吉林文史资料编辑部：《吉林文史资料》第24辑，政协吉林省委员会文史资料委员会，1988，第100~101页。

③ 吉林省档案馆、中共吉林省委党史研究室编：《周保中抗日救国文集》上，吉林大学出版社，1996，第110页。

贵，"为巩固肇州、肇东、肇源、双城、扶余等县的救国运动起见，军部今次决定毕万贵先生任命为本军军部参议之职，并委托在江省西方收编义军、哗变队、民众军等工作，特别在哈市、新京里尽量开始工作，大批的组织反日救国运动。"①

在中共东北党组织的积极工作下，诺门罕战役期间，再次出现了伪满军警动摇、哗变的高潮。据统计，1939年中共东北党组织对伪满军警进行士兵工作宣传33件，其中，南满省委、抗联第一路军12件，吉东省委、抗联第二路军2件，北满省委、抗联第三路军19件。对此，日伪当局哀叹说，这些宣传"与诺蒙坎事件之进展相呼应"，"致力于策动满军警叛变"，"致使治安不佳地区显著扩大，且使人心动摇。尤以东边道地区及北安省地区匪帮之活动极为激烈。"②诺门罕战役后，中共东北党组织及时对战役期间的士兵工作做了总结，并对以后的工作做了部署。1939年11月，《关于正确对待和做好山林队、红枪会、"满"军警工作及组织群众工作等问题》一文中指出：我们必须在"满"军警中加强与建立联系，组织反正基础，以便及时领导哗变，扩大反日战争"。应当在"满"军警中运用这种任命运动，任命他在适当范围内连长、营长、团长、旅长等放职"③。

早在1938年，朱德就在《论抗日游击战争》中，以"在东北，许多被迫做了伪官的人，暗地里资助游击队的也很多……抗日游击队为着全体中国人的利益斗争，它是能取得全体同胞（除了汉奸托派以外）的拥护与援助的"。④。总之，东北抗联通过积极灵活的策略和方法团结一切可以团结的力量，建立广泛的抗日民族统一战线，凝聚了抗战力量，提升了军队战斗力，为东北抗战的胜利发挥了重要作用。因此，东北抗联精神是民族向心力、凝聚力的生动体现。

---

① 中央档案馆、辽宁省档案馆、吉林省档案馆、黑龙江省档案馆编：《东北地区革命历史文件汇编》甲55，1991，第135页。

② 吉林省档案馆编译：《东北抗日运动概况》（1938—1942），吉林文史出版社，1986，第77页。

③ 中央档案馆、辽宁省档案馆、吉林省档案馆、黑龙江省档案馆编：《东北地区革命历史文件汇编》甲56，1992，第6～7页。

④ 朱德：《朱德选集》，人民出版社，1983，第46页。

（三）引领全国救亡图存运动

九一八事变后，日本帝国主义开始的对中国东北地区的侵占，不仅没有使中国人民屈服，而且使中国人民很快掀起了全民族抗日斗争浪潮。"中华民族到了最危险的时候，每个人被迫发出最后的吼声"。强大的凝聚力，在这场前所未有的全民族抗战中得到了充分的体现。纵观整个抗日历程，中国人民始终坚强不屈、英勇抗战，在中国共产党的领导下，在世界反法西斯联盟的帮助和支持下，最终取得了全民族抗战胜利。

从1931年9月19日起，北平、上海等城市纷纷举行抗日救国大会，游行请愿，要求政府抗日。中共北平市委作出了"迅速团结革命势力，发动群众领导和参加各种反日团体，开展群众抗日救国运动①"的决定。下面以学生的反日爱国运动为例进一步说明。

1931年9月20日，北京大学等一些高校联系其他大专院校通电国民政府，一致要求"速息内战，武装民众"，强烈谴责日本帝国主义侵占东北焚杀劫掠的罪行，指出："事机迫切，国亡无日，是而可忍，孰不可忍。为今之计，唯有速息内战，一致抗日。"9月27日，北平学生抗日救国联合会发出《为东三省事件告全国民众书》，批评南京政府"只向国联报告请求公判""向民众宣布无抵抗主义"、要求民众"力持镇静，不可有激烈反日行动"等软弱无效、坐以待毙的政策与行动，然后呼吁全国工农学兵商组织起来、联合起来，动员整个民族、全体群众"作反日帝国主义的有力的战斗才能自救，才能抵抗国内日帝国主义的走狗及卖国汉奸的压迫、阻挠与捣乱"②。

与此同时，上海从9月24日开始也举行了有十万余众的学生集会游行，码头工人也纷纷举行反日罢工，拒绝为日本船只装卸货物。其他如南京、天津、太原、济南、长沙、杭州、重庆、厦门等城市的工人、学生、商人、市民也都纷纷集会请愿、集资募捐、抵制日货，掀起抗日救国运动的热潮。

---

① 中国人民大学北京党史研究小组编：《中共北京地下党斗争史》，北京出版社，1981，第131页。

② 陈觉主编：《国难痛史》上卷，辽宁教育出版社，1991，第908~910页。

1931年9月下旬，日军在东北地区继续扩大军事占领，而南京国民政府仍持不抵抗政策，任凭日本侵略者肆虐横行。大中学校学生纷纷到南京向国民政府请愿，各届学生代表达到几万人之多。其中，9月28日，金陵大学、南京中央大学、上海复旦大学等校的学生5000余人到国民政府请愿，提出具体要求。愤怒的学生到外交部殴打了时任外交部长王正廷，迫使蒋介石几次亲自出面接见学生，答复质问。

同年11月，日军继侵占辽宁和吉林省之后，又向黑龙江省进犯，全国抗日浪潮进一步高涨。11月5日，在北平组织了声势浩大的东北民众赴京请愿团，由东北流亡的各大学学生及东北民众各团体组成，公推冯庸、苗可秀等为代表团负责人。代表团经津浦路南下，于7日抵达南京，向国民政府递交了请愿书和宣言。宣言书对南京政府执行不抵抗政策、幻想依赖国联制止日本帝国主义侵略的错误主张进行了猛烈抨击。宣言书还质问国民党，"东北民众，何负于领袖诸公"，"何诸公坐视敌人凶残如是，竟充耳不闻"，"熟视无睹，无动于衷。"同时提出完成统一、收复东北失地、对日宣战、缉拿汉奸等八项要求。代表团负责人之一高建国，在蒋介石接见请愿团时，仗义执言说，我们"向蒋主席请示一下，政府是否还要东北三省？"对东北民众被日本屠杀或流为乞丐的惨状，"党国领袖诸公，曾发过恻隐之心？"[1]蒋介石被问得哑口无言，指责代表团说话未免过火。

1931年11月末，南京国民政府向国联提议，将辽宁锦州划为暂时"中立区"，交由国际"共管"，妄图以承认日本占领东北来谋求对日妥协。爱国学生闻讯后更加愤怒。12月初，北平9所大学的学生联合起来，组织了赴南京请愿团，欲南下举行示威游行。中共北平市委积极领导了这一运动，在请愿的学生中建立了党的领导机构，成立了行动委员会。在全市民众的帮助下，学生代表团数千名，于12月7日经天津、济南南下，途中山东的学生也踊跃参加了请愿队伍。在请愿队伍中，由于国民党当局暗中安排特务，一部分受国民党控制的学生组成的"请愿团"，极力阻挠我党领导的学生示威团。12月10日，请愿队伍到达南京后，示威团与南京地下党取得联系，并与南京各界群众以及到南京的各地请愿学生队伍会合，于12月15日举行了声势浩大的示威游行。请愿游

---

[1] 《东北抗日联军史》编写组：《东北抗日联军史》上，中共党史出版社，2015，第76页。

行队伍到达南京国民政府后，蒋介石不仅不接见学生，反而调军警镇压。在学生与军警冲突中，学生死伤数十人，并有几十名学生被捕。这次游行示威活动虽然遭到蒋介石集团的残酷镇压，但却进一步揭露了国民政府的真面目，大大提振了中华儿女的抗日热情。

在学生和工人抗日救亡运动的推动下，全国各界群众和社会名流都纷纷致电国民政府和国民党中央。在通电和宣言中，批评国民政府不抵抗政策，要求应当机立断，提出对日实行不合作主义，对日宣战，经济绝交，抵制日货。一时间，抗日救亡浪潮遍布全国各地，停止内战、收复东北、抗日救国的呼声响彻中国大地，已经成为全国各界群众的共同愿望和一致要求。在抗日战争炮火中那首《义勇军进行曲》，无论何时唱起，都让人热血奔涌："起来！不愿做奴隶的人们！把我们的血肉，筑成我们新的长城！中华民族到了最危险的时候，每个人被迫发出最后的吼声！起来！起来！起来！我们万众一心，冒着敌人的炮火前进！冒着敌人的炮火前进！前进！前进！进！"在铿锵的歌词中，在激昂的旋律里，蕴含着这样一条民族共识：有国才有家，有家才有我。"民族至上，祖国至上"既是当时整个中华民族基本生存的诉求，也是一种朴实无华的理想信念。在这种"民族至上，祖国至上""不当亡国奴""誓死挽救民族危亡"的诉求和理想信念的感召下，举国上下，各阶级、各党派、各民族万众一心，一致对外。中华儿女只有广泛动员起来，团结一心、共赴国难，高举抗战旗帜，凝心聚力，积极投身抗战事业，才能彻底战胜日本帝国主义。

东北抗日联军十四年的苦战就是这种诉求的集中体现，东北抗联精神就是这种理想信念的升华。

二、支撑东北抗战胜利的精神力量

东北抗日斗争的极端艰苦，在中国乃至世界战争史上都是极为罕见的。东北抗联不仅要同数倍、数十倍甚至数百倍于己的敌人作殊死搏斗，而且要克服许多常人难以想象的各种困难。为此，许多抗联将士英勇牺牲在战场上，也有许多被严寒和饥饿无情地夺去了生命。但是，就是在这样的残酷条件下，他们英勇坚持了十四年，直到东北彻底解放。正是在这种强弱悬殊的背景下，精神意志品质的培养，对于相对弱小的我方来说显得更为重要：一方面，高扬的精神旗帜，使得抗日军民的意志品质，在物质匮乏的条件下，不至于流于悲观而看不到希望；另一方面，精神旗帜的作用，也使得抗日军民在与强大的日本军国主义进行搏斗时，能够坚定必胜的信心。因此，伟大的东北抗联精神成为东北人民坚持长期抗战并赢得最后胜利的精神支柱。

（一）培养意志品质，保持顽强斗志

战争的胜负，"主要地决定于作战双方的军事、政治、经济、自然诸条件"[①]。这些物质基础和力量决定了战争中人们活动的基本范围，人们不能超越这些客观物质条件许可的范围和限度来期求战争的胜利。东北抗联在孤悬敌后极其困难情况下，无论在饮食、被装、密营和医疗等保障方面都是不充分、不均衡的。尽管如此，抗联将士们还

东北抗联某密营遗址

是竭尽全力采取多种途径筹措所需的经费、物资，尽可能地保障部队的基本生活所需。为了解决战争中必需的武器弹药、装具器材、粮秣被装等问题，他们采取了以下两种基本后勤保障方式。

"取之于敌"和"取之于己"。前者是东北抗联后勤保障最主要的来源。东北抗联的每一颗子弹、每一粒粮食都是以鲜血和生命为代价在战斗中换取的。正如东北抗联第二路军总指挥周保中在1938年1月27日给吉东党组织的信中所指出的，"努力在追求游击运动中的军事胜利，每天都须要打日寇，获得武

---

① 毛泽东：《毛泽东选集》（第一卷），人民出版社，1991，第182页。

器弹药辎重的补充。"①后者是东北抗联后勤保障方式的重要来源，是既符合人民群众的根本利益，又能满足战争实际要求切实可行的方法。正是因为有了人民群众的鼎力支援和抗联自身的努力，东北抗联才能在处境极端困苦的情况下解决物质条件极度匮乏问题，从而坚持抗日斗争。东北抗联面对敌人的封锁，注重生产自救，有效地保存自己，充分体现了毛泽东同志所提倡的自力更生、艰苦奋斗的思想。朱德曾这样赞扬军队的屯垦自救，"军队自己生产之后，民众负担大为减轻，军民之间更加团结，军队生活更加改善，部队更加巩固，训练更加有效，战斗更加积极"②。

"武器是战争的重要的因素，但不是决定的因素，决定的因素是人不是物。力量对比不但是军力和经济力的对比，而且是人力和人心的对比。"在敌强我弱的抗日战争中，东北抗日战场上没有因军事、经济等物质方面的弱势而动摇抗联将士的抗战意志，反而是在物质条件极为艰苦的情况下，广大抗联战士不畏艰险，继续与日伪进行军英勇搏斗，并扭转了战局。物质力量本身不能分胜负，要分胜负，离不开人的主观能动性。"一切根据和符合于客观事实的思想是正确的思想，一切根据于正确思想的做或行动是正确的行动。"爱国抗日不仅作为一种行为贯穿于东北抗联形成、发展和壮大的全过程，还演化为一种坚定持久的信仰。

东北抗联精神体现了顽强苦斗的不屈意志。东北抗战十四年，依靠的就是这种崇高理想信念的支撑。在日本侵略者企图彻底切断抗联同当地老百姓的联系，断绝抗联将士的粮食和给养来源的状况下，抗联将士伤亡惨重，从1937年底的4万余人锐减到1938年的5000余人。③然而，这并没有打倒具有顽强精神的抗联战士。在抗战过程中，他们在中国共产党的领导下坚持战斗、坚持团

---

① 中央档案馆、辽宁省档案馆、吉林省档案馆、黑龙江省档案馆编：《东北地区革命历史文件汇编》甲28，1989，第98页。

② 中共中央文献编辑委员会：《朱德选集》，人民出版社，1983，第162页。

③ 吕妍、孙开明：《一切为了自由和解放——抗联精神》，黑龙江人民出版社，2009，第191页。这里需要补充说明的是，关于抗联人数的统计都不够确切，只是估算数。抗联正规军编制人数在3.5万～4万人之间。此外，还有地方武装（类似县大队、自卫队、民兵等）和与抗联合作的山林队（或其他义勇军武装）。例如：第三支队攻打克山时就联合了地方武装讷河县抗日先锋队、农民自卫队和红枪会三支地方抗日武装。后来，这三支武装全部加入抗联。

结、坚持进步，在敌人轮番地大规模"讨伐"和"围剿"下陷入极端困难的境地。英勇的抗联将士高举抗日的大旗，一直坚持抗战，为中华民族的抗战胜利作出了重大的贡献。当时，巴黎的《救国时报》曾载文介绍杨靖宇率领的东北人民革命军第一军独立师的活动状况，"人民革命军第一军，与日伪军队作战，不下数百次，计陷三源浦、克凉水河等等许多著名战绩，均为杨靖宇亲自所筹划，他亲自所指挥。杨靖宇由于能征善战而被誉为'东三省第一个执行游击战术的人'。"①为此，毛泽东主席曾对杨靖宇等人给予了高度评价。1938年2月，毛泽东在延安接见美国合众社记者王公达先生时说："中国共产党和东三省抗日义勇军确有密切关系，例如有名的义勇军领袖杨靖宇、赵尚志、李红光等等，他们都是共产党员，他们的坚决抗日艰苦奋斗的战绩，是人所共知的。"②

东北抗联精神凸显了舍我其谁的历史之责。正是凭借这种勇于担当精神力量的支撑，东北抗联将士才能在血与火的战争年代与日寇进行殊死搏斗。1931年九一八事变，日本侵略中国东北，适值第二次国内革命战争时期。国民党政府对日本入侵采取不抵抗的政策，寄希望于"国联"的调解，并对中国共产党领导的武装力量进行不断"围剿"。中国共产党一方面要反抗国民党的"围剿"，另一方面要领导全国人民进行抗日斗争。再加上当时党内"左"倾主义盛行，不顾日本侵略的事实，仍执行中共临时中央"北方会议"精神，使得东北抗日武装斗争走了一段弯路。抗战初期，党组织在东北地区力量薄弱，导致东北抗日斗争形势格外复杂严峻。东北抗联将士没有被吓到，而是勇于担当、不畏牺牲，始终坚持顽强战斗，同优势敌人进行了长期艰苦卓绝的抗日游击战争。在后勤供给一度被日寇切断之后，东北抗联依托密营打击日本侵略者。在退守苏联边界期间，东北抗联小部队仍不时回国扰乱日本帝国主义的统治秩序，采取灵活多样的斗争策略，取得了很好的战斗效果，积累了丰富的对敌斗争经验。与其他革命精神相比，东北抗联精神更加体现了自觉担当的民族精神和民族气节，凸显了舍我其谁的历史责任感。即使在苏联境内休整期间，东北抗联将士也努力掌握各项军事技能，努力克服各种困难，顽强地在人烟稀少的

---

① 虎啸：《民族英雄杨靖宇》，《救国时报》1935年6月30日，第2版。
② 毛泽东：《毛泽东文集》第二卷，人民出版社，1993，第103页。

郊区野外生存下来。

东北抗联精神体现了舍生取义的英雄主义气概，谱写了中华民族百折不挠的奋斗之歌。抗联将士清楚地看到东北抗日斗争的长期性和艰巨性，不求青史留名，明知自己在有生之年可能看不到胜利的曙光，但他们抛头颅、洒热血，为中华民族的独立与解放前仆后继，誓与敌人血战到底。只有坚信人民必胜、反法西斯正义战争必胜的民族英雄，才能挺起民族的脊梁。"初心易晓，致远惟艰。"在强敌入侵、山河破碎的危急关头，唯有对祖国赤胆忠心，才能支撑起不屈的理想信念。只有始终将国家和民族利益放在首位，才能迎来最终胜利的曙光。

东北抗日军民凭着坚定的爱国信念，克服物质的极度匮乏，一方面在军事上与日本军国主义进行殊死搏斗。1938年以后，东北抗联战士进入到了极端困难时期，特别是在冬季的东北，长白山气温常常是零下三四十摄氏度，有的战士冻掉了手指和脚掌，缺医少药，生病了也极少有药品救治，不少战士为此付出了生命的代价。此外，抗联战士经常吃不到粮食，渴了就抓一把雪，饿了就吃些野草、树皮、树根、草根。没有鞋穿，就用麻袋片儿把脚包起来，在雪地里走。他们经常是空腹与日伪军搏斗。就是在这种艰苦的条件下，东北抗联战士依然坚持斗争，与日寇殊死搏斗，创造了战争史上一个又一个奇迹。杨靖宇曾对警卫员们说："敌人是搞不过我们的。就是我们这些人牺牲了，还会有人继承我们的事业，革命总是会成功的。"[1]另一方面，在精神文化上运用歌曲与敌人进行顽强较量。东北抗日武装利用作战间隙，在白山黑水之间创作了许多具有地方特色的爱国歌谣，传唱至今。例如《保卫白山黑水》《无耻卖国歌》《哭辽东》《国耻纪念歌》《五更叹》《东北抗日游击队》《推翻"满洲国"歌》《国民党成了什么样》《十大劝》《万众一心保家园》《联合起来上战场》《我民族解放定成功》《投奔抗联扛起枪》《团结一致打日寇》《夺回我河山》《"九一八"小唱》等歌曲。这些爱国歌谣不仅脍炙人口、爱憎分明，而且通俗易懂、简洁明快，鼓舞了东北人民的抗战热情，也吹响了东北人民救亡图存的战斗号角，激励了中华民族为实现民族独立而进行坚决抗战的信心，成为人们抗日救国的强大思想武器。

---

① 赵瑞军、赵聆实、刘辉：《东北抗日联军》，吉林人民出版社，2015，第187页。

著名抗联将领王明贵回忆说，我们青年连的政治空气很浓，指导员经常给战士们讲中国近代史，特别是日本侵华史，从而进一步激发了大家的抗日救国的责任感，坚定了抗日到底的决心和信心。大家心里都明白自己肩负着重大的历史责任，一是随时准备为祖国的解放事业献身，二是准备抗战胜利后参加祖国的建设，因此学习文化的劲头也很足。在炮火纷飞的艰苦岁月里，大家克服各种困难，抓紧时间进行学习。战士们常常利用雪地、沙地练习写字，或者用桦树皮代替纸张写字，不仅文化水平不断提高，战术学习进步也很快。青年连经常总结战斗经验，特别是对"有利就打，无利就走"的战术原则理解得尤为深刻。因此，每次军事行动之前，我们都要把敌情侦察清楚，然后采取夜袭战术，给予敌人以沉重的打击。[①]青年连的战士成长很快，不少同志后来成为东北抗联优秀指挥员。

在这种敌我力量悬殊的背景下，精神意志品质的培养就更为重要。始终葆有强烈的爱国主义情怀，成为东北抗联一切活动的核心和主题。也正是这一点，保证了抗战武装的军心不散、士气不减。高昂的精神意志能够使我们充分发挥能动作用，可以弥补物质方面的不足。"战争力量的优劣本身，固然是决定主动或被动的客观基础，但还不是主动或被动的现实事物，必待经过斗争，经过主观能力的竞赛，方才出现事实上的主动或被动。"[②]因此，物质方面的匮乏不但没有磨灭东北抗联的抗战意志，反而成为砥砺其精神的磨刀石，激起全民族空前的抗战热情和顽强斗志，使得抗日军民在与强大的日本军国主义进行搏斗时能够坚定必胜的信心。

（二）保持"三力"，抗战到底

中国的抗日战争是一场以弱对强的战争。之所以能取得最终的胜利，除了客观因素以外，更重要的是东北抗联精神坚定了抗战到底的信念，主要体现在三个方面：坚定的意志力、持续的战斗力和厚重的承载力。

坚定的意志力。 "一九三一年九月十八日，日本侵略者占领沈阳，几个月

---

① 王明贵：《忠骨——抗联名将王明贵回忆录》，白山出版社，2012，第41页。
② 毛泽东：《毛泽东选集》第二卷，人民出版社，1991，第491页。

内，就把东三省占领了。国民党政府采取了不抵抗政策。但是东三省的人民，东三省的一部分爱国军队，在中国共产党领导或协助之下，违反国民党政府的意志，组织了东三省的抗日义勇军和抗日联军，从事英勇的游击战争，这个英勇的游击战争，曾经发展到很大的规模，中间经过许多困难挫折，始终没有被敌人消灭。"①在广袤的东北战场上，以杨靖宇、魏拯民、赵尚志、周保中、李兆麟、冯仲云、赵一曼等为代表的中华优秀儿女，开展了广泛的游击战争。为了国家、民族和人民的解放事业，奋不顾身奋勇杀敌，表现出一代共产党人的优秀品格。坚定的勇气来源于对侵略者的无比仇恨和保家卫国的迫切愿望。正如梁启超先生所言："凡一国之能立于世界，必有其国民独具之特质，上自道德法律，下至风俗习惯、文学美术，皆有一种独立之精神，祖父传之，子孙继之，然后群乃结，国乃成"。②正是这种民族精神具有的历史传承性，人们才能一代又一代地将这种社会意识传承下来，形成一个民族超越时空的普遍价值、厚实的心理积淀。

在抗日战争的艰苦环境下形成的东北抗联精神，正是以爱国主义为核心的自强不息的中华民族精神的充分展示和体现。它宣传动员了东北广大人民群众为民族独立而浴血奋战，凝聚着中华民族伟大的爱国主义精神，展现了中国人民不畏强暴、团结抗日的伟大力量。在十四年艰苦抗战中，无论是面对日本关东军各种残酷的"讨伐"，还是面对日本侵略者采取的各种企图让人民群众与抗联隔绝的措施，东北抗联将士都无所畏惧，没有被敌人的凶残、毒辣所吓倒，而是胸怀民族自强信念，英勇抗争、百折不挠，在中国东北大地上与日本侵略者进行着不屈不挠的斗争。杨靖宇以自己的实际行动诠释了"爱国主义"这一中华民族精神的核心命题。他在异常艰苦的抗战环境中，始终坚信抗战必胜，坚决捍卫民族尊严，不畏艰险地带领东北抗联将士驰骋于东北抗日战场。他在林海雪原中艰苦抗战、不畏苦难。即使是枪林弹雨、伤病缠身、饥寒交加，他也毫不畏惧，仍只身奋战直至壮烈牺牲。杨靖宇将军牺牲后，日本人为解开杨将军赖以维持生命之谜，将他的腹部剖开，发现腹内没有一粒粮食，全是草根和树皮。此刻，连凶残的日本刽子手也无不为杨将军尽忠报国、宁死不

---

① 毛泽东：《毛泽东选集》第三卷，人民出版社，1991，第1034页。
② 梁启超：《国民自新之路》，崇文书局出版社，2019，第9页。

屈的精神所感叹！日本法西斯为了炫耀"战绩"，恫吓百姓，将杨将军的头颅割下，悬挂在通化东门城楼上达数日之久。当地老百姓看到杨靖宇将军的首级，无不含泪而过。这是当时群众为歌颂杨靖宇将军谱写的一首歌曲："十冬腊月天，松柏枝叶鲜。英雄杨靖宇，长活在人间。"[①]

赵尚志在17年革命生涯中，曾三次被捕入狱，在狱中度过了五年半；两次被错误地开除党籍，直到牺牲仍未能恢复他的中国共产党党籍。但他始终坚定共产主义信念，对党无限忠诚，特别是在他的党籍长期未能恢复的情况下，仍以党员标准要求自己，履行党员义务，忍辱负重，为党的事业不懈奋斗。他以一名共产主义战士的博大胸怀，竭尽全力为抗日民族解放战争的胜利而顽强战斗，直至为国捐躯。赵尚志短暂的一生充满了坎坷，经受了常人难以想象的挫折和磨难。他的身上体现着共产党人坚忍不拔、百折不挠的精神。

在抗击日寇的血战中，东北抗联将领率先垂范，战士们争先恐后。许多抗联战士为打击日本侵略者，流尽了最后一滴血，壮烈地牺牲在东北战场上。与抗联将领大无畏的英雄形象相比，抗联战士表现出的不畏牺牲精神同样令人肃然起敬。正是无数抗联战士的鲜血染红了东北大地，正是无数抗联战士奋勇杀敌、殊死搏斗、顽强抗争，才取得了抗日战争的完全胜利。在东北抗日战场上，有很多战士在牺牲之后，甚至都没有留下自己的姓名，或有姓无名，或有名无姓，或仅留下职务，或是姓加职务，或是外号，或是假名，甚至是山林队的字号。这是一场需要把姓名都牺牲掉的战争。

东北抗联小英雄姜墨林在1940年秋带领小部队转移到绥芬河大青山一带活动时，与敌人在东宁以西二十八道河子相遇，被敌人层层包围。为掩护战友突围，姜墨林只身一人，一连消灭了十几个敌人。最后，由于寡不敌众，为了不落入敌人之手，将最后一颗子弹射进了自己的胸膛。

东北抗联第三路军第九支队副官孙国栋在1940年12月由于汉奸出卖不幸被捕。在狱中，敌人对其进行了残酷的刑罚，使用了惨无人道的电刑、烙刑，刑讯时间高达一个多月。孙国栋以钢铁般的意志一次又一次挺了过来，始终没

---

① 肖玉琛口述，周笑秋整理，中国人民政治协商会议黑龙江省委员会文史资料研究委员会编辑部编：《一个伪满少将的回忆》，黑龙江人民出版社，1986，第69页。

有屈服，坚贞不屈，让敌人一无所获、毫无办法。他在狱中还鼓励战友与伪警察进行坚决的斗争，最后在抗战胜利前夕被敌人杀害。

为掩护群众而英勇就义的朝鲜族姑娘金顺姬更是令人赞叹。作为赤卫队队员、吉林省和龙县药水洞村妇女委员，金顺姬积极领导群众开展抗日斗争。1932年3月3日，当日本侵略者进入药水洞村，妄图消灭抗日力量时，已有身孕的金顺姬为保护群众挺身而出。任敌人的皮鞭抽打在身上，她没有一丝呻吟，没有一滴眼泪。为了严守党的机密，她愤然咬断了自己的舌头，把鲜血和舌头喷到敌人的脸上，最后牺牲在敌人的熊熊烈火之中！年仅22岁的她为了抗战胜利献出了自己年轻的生命，以惊天地、泣鬼神的英雄壮举，证明了中华民族不畏牺牲的高尚品质。

他们面对凶残的日本侵略者，坚韧不拔、不畏强暴，勇于牺牲、以弱胜强，成为打败日本侵略者的重要力量。这些可歌可泣的事例不胜枚举，无不体现了中华民族不畏强暴、英勇抗敌的崇高民族气节，大大鼓舞了全国人民的抗战热情，坚定了中国人民的抗战信心。正是这种不屈不挠的精神，使得凶恶残暴的日本侵略者最终被赶出了中国；更是依靠这种精神，中国人民才在极为困难的情况下，坚持了十四年的艰苦抗战；还是依靠这种精神，中华民族才能在大敌当前的危急时刻，摒弃前嫌，团结奋斗，用血肉之躯筑起摧不垮、打不烂的钢铁长城。

持续的战斗力。抗日战争是全民族的长期战争，持久战是其基本战略。始终保持旺盛的革命斗志和持续顽强的战斗能力，既是民族解放的需要，也是支撑战争本身的需要。为了提高军队的政治素质和综合能力，东北抗联在军事文化方面，根据所处的环境和条件建立了相应的军事制度，主要包括组织体制、编制装备、兵员补充、部队管理和军队标志五个方面。

在东北人民自发地反抗日本侵略者的斗争陷入低潮后，以马克思主义为指导思想的中国共产党领导下的东北抗联成为东北抗战的中流砥柱，成为灾难深重的东北人民抗日的组织者和领导者。东北抗联按照中国工农红军的建制方式，在各级部队中建立党组织和发展党员，有的部队的党员比例高达50%。

在组织体制上，东北抗联是中国共产党创建和领导的人民军队。它从建立之日起就受到中共中央的领导，直接由中共满洲省委指挥，具体工作由中共满洲省委军委书记负责。由于当时受到日伪的封锁和包围，并囿于通信条件的限制，在反日游击队和东北人民革命军时期，各军和游击队主要由所在地区的中共地方党组织直接领导。

在编制装备上，东北抗联在东北地区抗日斗争时间长、情况复杂，在编制装备上变化较大。中国共产党领导下的反日游击队，是在中共各地方党委领导下具体建立的。各地区之间被日伪统治隔断，游击队没有统一和固定的编制，由中共各县委或特委等地方党组织视当时的情况而定，按人员和武器的多少，以便于指挥、利于开展游击活动为原则而灵活编配。从改编为东北人民革命军起，编制系统一律由大队、中队、小队改为军、师、团，并基本按"三三制"编成。编制趋于统一，各军之间的编制略有差异。[①]这一时期的装备，基本上改变了人多枪少和步枪质量差的现象，由于缺乏炮弹和通信人才，有些武器装备不能全部发挥作用。

在兵员补充上，主要包括：动员贫苦工人、农民自愿参加部队；中共地方党组织选调优秀党员输送到部队；团结和改造东北抗日义勇军加入抗联；从哗变的伪军警中动员和选择抗日爱国的优秀分子加入抗联；改编抗日游击根据地内的农民自卫队、工人自卫队、青年义勇军等群众武装组织。东北抗联是中国共产党领导的以工农为骨干的人民武装。中共各级党组织和抗联各部队非常重视兵员补充工作。中共满洲省委在抗联创建初期，就多次下发指示强调这一工作的重要性，并做出具体部署。在中共各级组织和抗联领导的重视下，抗联的兵员补充工作一直处于重要地位，对抗联队伍稳定和不断发展壮大发挥了重要作用。

在部队管理上，东北抗联虽然处在频繁、激烈的战斗环境中，但非常注重部队日常管理和严格纪律。除此之外，还对战斗勤务等做出相应的规定，并逐步形成一整套人民军队管理规章和办法，从而使抗联建立起相应的内务秩序，优良的战斗作风，尤其是严格的组织纪律。[②]也正是基于此，东北抗联在艰难困苦的条件下得以持久抗战。

在军队标志上，东北抗联为表明是人民抗日武装，特别制定了军旗、帽花（帽徽）、袖标和领章等。

---

① 孔令波、王承礼：《东北抗日联军》上册，吉林人民出版社，2005，第317～318页。
② 孔令波、王承礼：《东北抗日联军》上册，吉林人民出版社，2005，第326页。

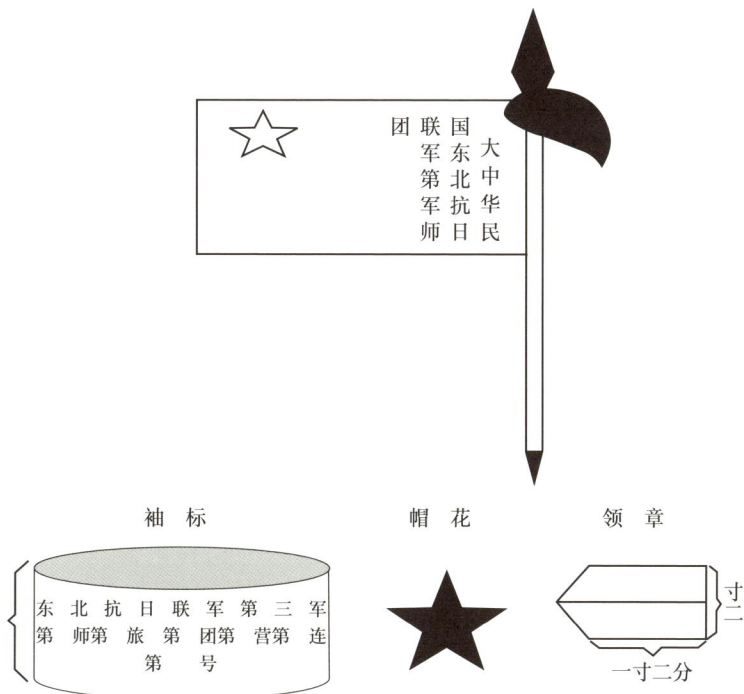

东北抗联的军旗、帽花（帽徽）、袖标和领章

　　东北抗联的军事制度工作，从无到有并不断发展壮大，体现了全体指战员坚定的爱国主义信念和忠贞报国的决心。中国共产党领导的抗日根据地和抗日军民，在这方面表现出了令人称赞的能力和实践效果。面对抗战中的各种曲折，东北抗联将士始终坚守信念。正如杨靖宇所说："革命，就像浪潮一样，有时高，有时低。不管遇到多大困难，总会胜利的。"[1]实践证明，拥有信仰的军队是强大的，拥有信仰的战士是无敌的，用信仰武装起来的东北抗联将士是一支打不垮、击不破、"剿"不灭、困不死的钢铁队伍。

　　持续的战斗力最终体现在战场上那些著名的战斗。对于东北抗联而言，最善于运用的是选择有利地形进行埋伏，以歼灭敌人的伏击战。赵尚志以卓越的军事指挥才能，指挥过攻打宾州城、攻克五常堡和冰趟子伏击战等著名战斗，令敌人胆战心寒。他率领部队长期驰骋于白山黑水之间，所到之处令侵华日军闻风丧胆。如"冰趟子"战斗以7人牺牲的代价毙伤日伪军200余人、冻伤

---

① 赵俊清：《杨靖宇传》，黑龙江人民出版社，1994，第419页。

100余人。这些战斗的胜利鼓舞了当地的人民群众，树立起中国共产党领导下的抗日武装力量骁勇善战的英勇形象。因此，他所领导的部队得到了当地人民群众的高度认可和热烈拥护。赵尚志被东北三千万父老称为"北国雄狮"。就连毛泽东在20世纪50年代的一次重要军事会议上也称赞道："赵尚志是了不起的军事家，要是活到现在就了不得喽！"①

东北抗日联军最常见的作战形式是袭击战。以迅雷不及掩耳之势，集中兵力，出其不意地消灭敌人。比较典型的战斗有东北人民革命军政治部主任李兆麟指挥的奇袭老钱柜战斗。1936年3月，李兆麟带领战士以两天两夜的时间奔驰400多公里，夺取了敌人5座营地，俘虏日伪警察100多人，缴获大批枪支弹药、粮食物资。1940年9月，东北抗联第三路军第三、九支队攻打黑龙江省克山县城。这场战斗由冯仲云任总指挥，王明贵担任攻城军事指挥，整个战斗仅用两个小时就胜利结束了，打死打伤敌人130余人，缴获迫击炮4门、步枪百余支、子弹万余发。此次战役成为震惊日伪当局的光辉战例。东北人民啧啧称赞道："抗联打下了克山县，'满洲'国被捅了个大窟窿。"②

据敌伪的资料记载，"东北抗日武装1937年出动25487次，1938年后东北抗战处于极端艰苦时期，仍坚持战斗。1938年出动13100次，1939年出动6547次，1940年2667次。"③东北抗日游击战争沉重打击了日伪军，动摇了日伪当局的统治基础。为此，中共中央在《为抗日救国告全体同胞书》中肯定地指出："我东北数十万武装反日战士在杨靖宇、赵尚志、王德泰、李延禄、周保中、吴义成等民族英雄领导之下，前赴后继的英勇战斗，处处都表现出我民族救亡图存的伟大精神，处处都证明我民族抗日救国的必然胜利。"正如毛泽东所说："这个军队之所以有力量，是因为所有参加这个军队的人，都具有自觉的纪律；他们不是为着少数人的或狭隘集团的私利，而是为着广大人民群众的利益，为着全民族的利益，而结合，而战斗的。紧紧地和中国人民站在一起，全心全意地为中国人民服务，就是这个军队的唯一的

---

① 姚海山：《论赵尚志精神的内涵》，《理论观察》，2006年第1期，第68页。
② 王晓兵：《长子眼中的开国少将王明贵：白山黑水将军淡泊名利为人民》，中国青年网，2018年5月29日。
③ 吉林省公安厅公安史研究室、东北沦陷十四年史吉林编写组：《满洲国警察史》，长春人民印刷厂，1990，第530页。

宗旨。"①

　　厚重的承载力。承载力在这里指支撑战争的现实与潜在的能力。美国人威尔·杜兰在《世界文明史》一书中谈道："外来武力的胜利，或外来经济的专制，将无法长久的压迫这个资源和活力如此丰盛的国家。在这只雄狮尚未耗尽其元气以前，侵略者将会先行耗尽金钱和耐力。"②伟大的抗日战争就是铁证，正如在1938年下半年中共中央召开的六届六中全会上毛泽东所指出的，在长期的战争较量中，日本的强势因素将随着战争进程而逐渐衰减，其小国寡民，兵力、财力、武力的先天弱点，侵略战争所造成的与整个中华民族及本国人民的绝对对立，以及与其他国家的利益冲突，等等，不仅不能克服，而且将日益发展，最终决定了日本必然失败的命运。与此相反，中国地大物博、人口众多，具有雄厚的战争潜力，将因为中国抗战的正义性和中国自身的不断进步而更加发扬壮大，整个国际形势的发展也将日趋有利于中国。中国的优势是根本的、长期起作用的，而日本的优势是暂时的、脆弱的，最终的胜利一定属于中国。这一论断为抗战实践所证明和验证。我们不仅看到了军民之间为了抗日团结一家，也看到了干部和群众鱼水情深，更看到了那些生活和战斗在老百姓中间的无数英雄、革命群众在反抗日本侵略者的战斗中奋不顾身，这无不体现出"军爱民，民拥军"的和谐氛围，满载着人民群众饱满的爱国主义情怀，使得东北抗战具有了厚重的承载力。

　　1932年11月，杨靖宇受中共满洲省委派遣赴磐石、海龙整顿党组织和游击队。而此时的磐石的工农义勇军由于遭受挫折，士气低落，已离开磐石转往桦甸。杨靖宇赶到桦甸后耐心地与党团员谈话，他说："没有根据地，就像没有家。我们是磐石人民子弟兵，在那里土生土长。我们好比是灯芯，人民好比是油，我们不要做没有油的灯芯。"③他的谈话统一了战士们的认识，大家同意回磐石开展游击战争。从此，在杨靖宇的领导下，磐石地区的抗日武装斗争掀开了新篇章。东北抗联战士通过自己的实际行动赢得老百姓的尊重和拥护，抗

---

① 毛泽东：《毛泽东选集》第3卷，人民出版社，1991，1039页。

② ［美］威尔·杜兰著：《世界文明史》下，台湾幼狮文化公司译，东方出版社，1999，第898页。

③ 赵瑞军、赵聆实、刘辉主编：《东北抗日联军》，吉林人民出版社，2015，第174页。

联精神深深扎根于人们心底。人民群众为抗联站岗放哨，提供粮食，制作衣物，传送情报，送子送夫参军。他们冒着杀头、灭族的危险，冲破敌人的重重封锁支援抗联抗战。

根据东北抗联第三路军政委冯仲云回忆，他们在困苦中，只有请求老百姓向他们帮助。当地的老百姓虽然自己也很贫苦，但是为了他们的伟大精神所感动所以也能尽起全力来援助他们。宁愿牺牲了自己的性命，也要使他们得到少许的补益。……那些穷苦同胞们的热意鼓舞了游击队的勇气而更坚定地坚持下去[1]。史料记载：有一次，许多老年人见到了杨靖宇便整衣叩头。杨靖宇急忙扶起问道，如何行这么大礼？老人们说，您是救国将军，只有行这样的大礼，才能表达出我们对您的敬意[2]。类似的事例不胜枚举。因此，这时出现了一大批歌唱军民鱼水情的歌曲，如《抗联四季歌》描述了抗联与人民群众之间的亲密关系；《做鞋送抗联》通过一个少女灯下忙做军鞋的情景，反映了人民群众对抗联部队的拥戴和鱼水情谊；《鱼水不分离》反映了百姓与抗联永远在一起等。

在反抗日本军国主义侵略的过程中，广大妇女和儿童也贡献着自己的力量。1937年4月，东北抗联第五军妇女团冷云等8位女战士，在掩护主力突围后，被日寇逼到了乌斯浑河畔。子弹打光了，8个人都不会游泳。要么战死，

八女投江雕塑

---

① 冯仲云：《东北抗日联军十四年苦斗简史》，中央文献出版社，2008，第72～73页。

② 周保中：《战斗在白山黑水》，辽宁人民出版社，1983，第54页。

要么被俘。为了不当俘虏，8位女战士悲壮地挽臂投入了冰冷的乌斯浑河。她们中最大的25岁，最小的年仅13岁。就这样，面对凶残的日本侵略者，中华民族高贵的气节在她们身上折射出夺目的光彩。他们用生命和鲜血谱写了一首首壮烈的爱国诗篇。周保中将军得知八女投江后，沉痛地写下了"乌斯浑河畔牡丹江岸将来应有烈女标芳"的日志[1]。

《送情郎》通过一个少女送情郎上前线的场景，讲述了一个送郎参军的故事，表达了各族妇女在国难当头之际，舍小爱顾大爱、弃小家保大家，"只希望你这一去杀尽鬼子兵"的报国情怀。[2]此时出现了很多反映广大妇女抗战救国的歌曲，如《妈妈您不要哭》《女性之花》《妇女解放歌》《新女性》《送情郎》等。反映少年儿童站岗放哨、传递情报、配合抗战的歌谣有《少年先锋队歌》《我要去放哨》《少年儿童团歌》等。鼓励少年儿童拿起武器，不怕枪林和弹雨，勇敢冲锋杀仇敌，积极投身于为民族解放而奋斗的事业中。残酷的战争给妇女儿童的灾难尤其深重。然而，压迫愈深，反抗愈烈，广大妇女、少年儿童与东北各族人民一道共同抗击日寇侵略。他们少年壮志不言愁，她们巾帼不让须眉。

军民鱼水情，男女老幼齐上阵，东北抗联的战斗力持续不断提升。同时，还有一个不可忽视的力量，就是民族融合性不断增强。东北抗联是由汉族、朝鲜族、满族等多民族成员共同组成的抗日武装，有的部队中朝鲜族、满族指战员的比例占到一半以上，体现了空前的民族凝聚力。在抗联指战员当中，著名将领李兆麟和陈翰章是满族，周保中是白族，抗日英雄李红光是朝鲜族，等等。来自不同民族的战士相互交流，带来了不同的民族文化。东北抗联正是在这种民族融合中发展起来的。

1933年5月15日，中共满洲省委更加明确地提出："联合满洲境内少数民族委员会，系统地进行少数民族工作"。[3]经过多方的共同努力，形成了多民族团结抗战的局面：一是建立多民族的抗日武装；二是组织少数民族抗日团体；

---

[1]　韩玉成：《最后的吼声——东北抗战歌谣史鉴》，吉林人民出版社，2015，第224页。

[2]　辽宁人民出版社、吉林人民出版社、黑龙江人民出版社、延边人民出版社联合编辑：《抗联女战士》，辽宁人民出版社，1959，第78页。

[3]　《东北抗日联军史料》编写组：《东北抗日联军史料》上，中共党史出版社，1994，第67页。

三是动员少数民族支持抗日斗争；四是团结开明绅士等参加抗日工作。[①]杨靖宇明确提出"不论信仰、不分民族，只要是抗日的就联合"的政治主张，这一思想贯穿于他们所创作的文学作品中。他先后创作了《中朝民族联合歌》《中韩民族联合歌》以及规劝满洲士兵的《满洲士兵们》等一大批抗日歌曲，不仅汉族战士在唱，朝鲜族战士也在唱；不仅唱响关东大地，还被朝鲜义勇军带到朝鲜，唱到朝鲜半岛。

不同民族的文化，使抗联文化更加丰富多彩。东北抗联的部分报纸，特别是东满地区创办的《战旗》《人民革命报》《人民革命画报》等报刊，均使用朝、汉两种文字。1937年8月抗联创作的话剧《血海之唱》思想内容深刻，颂扬了汉、朝两个民族之间的战斗友谊。抗联歌曲《也是为了鄂伦春》，是一首鄂伦春人赞美东北抗联的歌谣。在日常的文娱活动里，抗联指战员往往能听到朝鲜战士载歌载舞的《道拉基》《阿里郎》等歌曲。还有创办于20世纪20年代的北一学校，也是由一些朝鲜族进步分子在珲春县大荒沟建立的。东北抗联兼容并包的民族融合性，进一步坚定了人们抗战到底的信心。

总之，一个国家、一个民族、一支军队要赢得挑战、战胜敌人，不仅要有强大的物质力量，而且要有强大的精神力量。东北抗联精神作为中国共产党领导的东北抗联在抗日战争中表现出来的精神风貌和思想品格，培养了东北人民的意志品质，保持了顽强斗志并一直坚持抗战到底，因此成为了支撑东北抗战胜利的精神力量。

三、中国共产党宝贵的精神财富

（一）东北抗联精神的典型性与独特性

中国共产党革命精神就是指中国共产党人在马克思主义科学指导下，为实

---

① 孔令波、王承礼：《东北抗日联军》上册，吉林人民出版社，2005，第278~279页。

现自己的最低乃至最高纲领而不懈奋斗的历程中表现出来的主体精神状态。革命精神的理论灵魂是马克思主义；革命精神的历史源泉是中华民族精神；革命精神的现实基础是中国革命实践①。

中国共产党革命精神在不同历史时期，历经不同实践，表现形态各异。在新民主主义时期，主要包括：建党精神、井冈山精神、苏区精神、长征精神、延安精神、西柏坡精神等。正是这些伟大精神的滋养，中国共产党与以往的任何政党、中国人民解放军与旧式的军队在精气神上有了本质区别，渐渐深得人民群众的拥护、支持和爱戴；也正是这些革命精神为在困境中的中国革命明确了方向，提供了强大动力支撑，直至取得最后的胜利。社会主义革命和建设时期，主要包括：抗美援朝精神、大庆精神（铁人精神）、"两弹一星"精神、雷锋精神、焦裕禄精神等。这些光辉形象是新的历史条件下对新民主主义时期革命精神继承和发扬的集中体现。在如火如荼的建设年代，诸如此类的伟大精神成为中国共产党人和中国人民自力更生、艰苦创业的精神食粮。改革开放和社会主义现代化建设新时期，中国共产党革命精神葆有了革命和建设时期的伟大精神内核，并赋予其新的内涵，主要包括：改革开放精神、特区精神、抗洪精神、抗击非典精神、载人航天精神、抗震救灾精神等。这一时期的革命精神为全国各族人民在新征程中创造奇迹和辉煌提供了智力支撑。无论是革命、建设还是改革时期形成的伟大精神，都包含着共同内涵与突出特征，都是党对民族振兴、国家富强、人民幸福的不懈追求。即：崇高理想、坚定信念的精神，调查研究、实事求是的精神，联系群众、为民服务的精神，艰苦奋斗、勇于牺牲的精神，独立自主、自力更生的精神。

作为中国革命精神典型形态的东北抗联精神，是中国共产党在新民主主义革命时期产生的革命精神形态之一。东北抗联精神与同一历史时期产生的建党精神、井冈山精神、苏区精神、长征精神、延安精神、西柏坡精神一样，既有共性也有个性。从共性来说，它们都是共产主义理想信念在不同时期革命形势和任务相结合的产物。从个性而言，建党精神是中国革命精神的起源，苏区精神上承井冈山精神、下启延安精神，长征精神是井冈山精神的继承、延安精

①　杨少华：《引领时代前行的永恒动力——中国共产党革命精神研究》，人民出版社，2014，第152页。

的源泉。跟这些一脉相承，各具特色的中国革命精神相比，产生于白山黑水间的东北抗联精神是中国革命精神的独有篇章。

东北抗联精神是抗战精神的重要组成部分，其内涵丰富、深邃，主要包含以下三个方面：忠诚于党的坚定信念，勇赴国难的民族大义，血战到底的英雄气概。东北抗联精神是对中国共产党伟大革命精神的继承和发扬，因此，要把东北抗联精神纳入中共革命精神史的链条之中，否则只是一颗"珍珠"，而不是一条完整的灿烂的"项链"。正是包括东北抗联精神在内的中共革命精神，凝聚起无穷的革命力量，为中国共产党人历尽千辛万苦夺取中国新民主主义革命的伟大胜利提供了强大的精神支撑。正因为如此，东北抗联精神作为中共革命精神史上的一座"富矿"，更具有其典型性，主要表现在六个方面：

一从爱国主义精神来看，除延安精神外，井冈山精神、苏区精神、长征精神、西柏坡精神都诞生在与国民党斗争时期，即第二次、第三次国内革命战争时期。而东北抗联精神则诞生在同外族——日本帝国主义——斗争时期，即产生在伟大的抗日战争时期。

复杂性是这一时期的一个突出特点。表现之一：东北的抗战是处在国内革命战争和抗日战争之间。1931年东北沦陷，在关内国民党和共产党正在进行激烈的战争。蒋介石全力"围剿"和消灭共产党，迫使中共中央和红军开始了长征。这时，共产党一方面要反"围剿"，另一方面要领导东北和全国人民进行抗日战争。民族战争和国内革命战争性质不同，中国共产党面对两类战争时，党内出现了"左"倾错误路线。诸如此类的问题给东北抗日战争带来了很多复杂性和不确定性。表现之二：东北抗日战争有两支性质完全不同的抗日武装，即东北抗日义勇军和东北抗日联军。前者是在党的号召下建立起来的自发的群众组织，后者是党直接领导的人民武装。两支武装的目标一致，即反对日本帝国主义的侵略，为民族独立而战。两者在组织上关系密切，中国共产党积极帮助和指导东北抗日义勇军的建立和发展。当义勇军大部溃败时，小股部队纷纷投靠共产党直接领导的军队。表现之三：东北抗日战争有两层领导关系。中共满洲省委在1932年以前由在上海的中共中央领导，后因中共中央迁至苏区，满洲省委便与上海的中央局联系；1934年开始长征后，东北党的工作便由中共驻共产国际代表团接管，此局面一直延续到

1937年底。1936年满洲省委撤销后，在东北有多个省委，没有统一的领导机构。这种复杂多变的领导关系使得东北不同地区、不同军队之间存在的重大问题难以沟通和解决。

二从共产主义信念来看，以杨靖宇、赵尚志、陈翰章、赵一曼等为代表的东北抗联指战员，自觉学习、实践马克思主义，坚持共产主义理想信念，始终把远大理想与抗战时期党的中心任务紧密结合起来，把打倒日本帝国主义、争取民族解放、实现民族复兴作为最终的奋斗目标。在生与死的考验面前忠贞不二，信念坚定。

三从英雄主义精神来看，东北抗联的牺牲是巨大的，仅军级干部即达32人，其英雄事迹无论是个人还是集体也最为突出。

四从艰苦奋斗精神来看，主要体现在三个方面：长期性、艰苦性和残酷性。

东北抗日斗争的长期性。东北的抗日战争从九一八事变到抗战胜利，坚持十四年，是全国开辟最早、坚持时间最长的抗日战场，比中国的全面抗战早六年。东北的抗日战争也是世界反法西斯战争开辟最早、坚持时间最长的一个战场，比西班牙反对德、意法西斯战争早十年，比波兰反对德国法西斯战争早八年，比苏联反对德国的卫国战争早四年。

东北抗日斗争的艰苦性。表现之一：东北地区环境特殊，一年之中有近半年是冬季。据一些抗联老战士回忆，那个年代最难熬的就是冬天。大雪纷飞，朔风凛冽，气温降到零下30摄氏度至零下40摄氏度是经常的，寒冷的天气断指裂肤。行军在长白山、大小兴安岭的深山峡谷间，狂风怒吼，树木摇曳，有的树枝不堪狂风的肆虐折断倒地。战士们经常走在大雪齐腰深的老林子中，有的扛不住冻饿倒在地上，几分钟后变为化石般的僵尸；有的战士临死前产生了幻觉，抱着枫桦——枫桦的皮是红色的，他以为那是一缕温暖的火——他脱掉了衣服，光着上身，紧紧搂着枫桦，脸上带着幸福的微笑死了。李兆麟创作的《露营之歌》，以"宁可牺牲生命，也绝不被鬼子所吓倒"的精神风貌，讴歌了艰苦环境下的抗联战士坚如钢铁的斗争意志、大无畏的革命乐观主义和革命英雄主义精神，抒发了抗联将士的豪情壮志。表现之二：党的领导力量薄弱。由于历史原因，中国共产党的党员数量和党组织在东北发展很慢。九一八事变前，党员数量不足2000人，领导干部少之又少。九一八事变后，中共中央从关内和苏联派去了一批干部，例如杨靖宇、魏拯民、周保中、李兆麟、冯仲云、赵一曼等，但是远远不能满足当时抗日的需要，东北抗日义勇军的溃败与此不无关系。一批当地的干部，由于环境所致，忙于抗战，没有及时进行理论学习，也难以应对较为复杂的战争形势。1938年以后，面对日伪当局的疯狂进攻，许多优秀的东北抗联干部相继牺牲。这既说明了战争的艰苦性，也极大地削弱了抗日武装的领导力量，进一步加剧了抗日的艰苦程度。

东北抗日斗争的残酷性。日本帝国主义为达到灭亡中国、称霸亚洲的目标，把中国东北作为其占领整个中国的前沿基地，于是动用大批侵华日军驻扎在中国东北，使得东北的抗日战争异常残酷。表现之一：敌人异常强大。九一八事变后，日军为扑灭东北义勇军的抗日烽火，猛增关东军人数，从1932年的10万人发展到后来的70余万人。日伪军不仅数量上占优势，而且武器装备精良，军事训练有素，后勤补给充足，战斗力很强。表现之二：日本侵略者频繁进行"大讨伐"。日军为巩固在东北的殖民统治，分三期进行所谓"治安肃正"工作，对东北义勇军、反日游击队、人民革命军、东北抗联进行了多次"大讨伐"，致使东北抗日武装遭受严重挫折。表现之三：日军采用各种毒辣手段。日伪军除了在军事上实施大规模"讨伐"，在政治上进行诱降和宣抚慰问政策，利用特务和收买汉奸叛徒，混进抗日武装内部；组织上，从1936年至1942年进行了六次"大检举"，小规模的"检举"更是不计其数，东北抗联干部士兵被杀被捕，数以千计的群众丧命；经济上，为了切断东北抗联与群众的联系和后勤补给，日伪军大搞"集团部落"，制造"无人区"。日军实施的"三光"政策，给东北的抗日军民带来了巨大灾难。

五从开拓创新精神来看，东北的抗日战争与关内的抗战有显著的区别，主要表现在以下三个方面：第一，东北的抗日战争是在中国共产党的独自领导下开展的。中国共产党独自撑起抗日大旗，主要是在政治思想上的领导。蒋介石不仅没有指挥以张学良为首的30万东北军抗日，反而下令"不抵抗"，丧失了领导权。在民族危亡的紧要关头，中国共产党勇敢地担负起历史重任。1933年中共中央发出《一·二六指示信》，明确提出了党在东北建立抗日民族统一战线的政策。1935年的《八一宣言》，再次指明了组建国防政府和抗日联军的方针，使得东北的抗日武装斗争走上了一个新的发展阶段。第二，中国共产党在东北独立自主，积极创建抗日武装。首先是支持和领导东北抗日义勇军抗战。周恩来曾指出，"现在救国义勇军的组织已成为工农劳苦群众的普遍要求，我们要领导工农及一切被压迫民族自己组织武装的救国义勇军"[①]。1932年4月至9月，满洲省委相继发出了《加紧义勇军的工作致各级党部的一封信》，对义勇军的举旗抗日行动予以充分肯定。与此同时，中国共产党积极选派和组织党员、团员和人民群众补充到义勇军各部工作。1933年上半年，东

东北抗联将士在雪中行军

北抗日义勇军大部溃败，中共满洲省委贯彻《一·二六指示信》，加强对义勇军的领导，使义勇军的抗日斗争步入一个新的发展阶段。其次是中国共产党积极创建直接领导的抗日武装，即东北抗日游击队、人民革命军和东北抗日联军。第三，中国共产党领导的抗日武装独立对日伪作战，运用抗日游击战术，沉重打击日本侵略者。东北的抗日战争是在孤悬敌后的情况下开展的。九一八事变后，日本帝国主义在东北建立了伪满洲国，从此开始了对东北的殖民统治。中国共产党所领导的抗日武装在这个殖民统治区域，从无到有，从小到大，与日伪统治者进行着顽强的战斗。这个战争从第一天开始就处于外无援军、内无给养、孤立奋战的境地。尤其是1934年中央红军开始长征后，满洲省委与党中央便失去了联系，即便在全面抗战爆发前间断地得到过中共驻共产国际代表团的若干指示。但是七七事变以后，这也被中断了。此后很长一段时

---

① 高洋：《中国共产党在东北14年抗战中的地位和作用》，《经济日报》2015年8月31日，第3版。

间内听不到党中央的指示，就是在这样的特殊情况下，东北的抗日武装仍然高举抗日大旗。东北抗联首创抗日民族统一战线政策，率先开展山地抗日游击战争和建立抗日游击根据地。

六从国际主义精神来看，在东北抗日战争中，东北抗联与朝鲜共产主义者、朝鲜革命军及苏军的密切配合，是国际主义精神的重要体现，也是东北抗联精神大放光芒的具体体现。

中朝两国山水相连，两国人民自古建立了密切的联系和友谊。九一八事变后，中共满洲省委和东北人民革命军先后提出了两国共同抗日的相关政策，并在实际斗争中产生了巨大的作用。朝鲜共产主义者参加中共组织共同打击日本侵略者，一部分成为了东北抗联的骨干力量，当然不乏牺牲在东北战场上的战士。中朝两国人民团结合作、共同抵御日本侵略者的国际主义精神，得到了毛泽东、周恩来等领导同志的高度赞扬。曾任东北抗日联军第二军第三（六）师师长的朝鲜领导人金日成在其回忆录《与世纪同行》中写道："1937年初，登在苏联的国际政治刊物《太平洋》上的致全中国救国会成员的信中，毛泽东举东北的抗日游击队活动，作为证明反对日本帝国主义的积极斗争——抗日主张是可以实现的生动事例。他写道，东北地区的抗日游击队在几年的斗争中共消灭了十万名以上的敌人有生力量，使敌人受到数亿元的损失，从而牵制和推迟了日本帝国主义对中国关内的进攻。对东北抗日游击队的这一评价，也包括着对朝鲜共产主义者的业绩的评价。"[①]1963年6月17日至19日，周恩来在陪同崔庸健访问哈尔滨时，"传达和表示过毛泽东同志和他本人对于东北抗联中朝同志共同作战关系的看法，即应该认定东北抗联实际上是中朝两国人民的联合军"[②]。

东北抗日战争还涉及中苏两党及东北抗联与苏军的关系问题。从1938年起抗联进入艰苦斗争时期之后，抗联人员进入苏联境内：一是因战斗失利求得休整补充；二是希望通过苏军远东军同中共中央取得联系；三是由于伤病员需要救治等。在国际主义的原则下，东北抗联的过境问题确实使东北抗联险恶的

---

① （朝）金日成：《金日成回忆录：与世纪同行》（5–6），郑万兴译，中国社会科学出版社，1996，第497页。

② 《韩光党史工作文集》，中央文献出版社，1997，第65页。

处境有所改变，使众多为民族战争胜利而战的优秀分子得以保存下来。东北抗联的英勇斗争配合了苏军的作战，同时得到了朝鲜和苏联人民的支持和援助，中、朝、苏人民一道在国际反法西斯统一战线的旗帜下，密切配合、并肩作战，结下了牢不可破的战斗友谊，用鲜血和生命谱写了一曲惊天动地、气壮山河的国际团结、共同御辱的英雄赞歌。东北抗联准确地说又是具有国际主义性质的抗日武装。从国际主义精神来看，东北抗联精神是具有独特性的，其贡献也是巨大的。

通过以上分析可以得出，与其他革命精神相比，东北抗联精神更具有典型性。东北抗联精神与建党精神、八一精神、井冈山精神、苏区精神、长征精神、延安精神、抗战精神、西柏坡精神等一样，都是中国共产党人宝贵的精神财富。

（二）东北抗联精神的历史地位

如果说抗日战争是一部伟大而壮丽的史诗，那么东北抗联艰苦卓绝的斗争就是这部史诗中最惨烈、最令人动容的篇章之一。毛泽东在《论联合政府》中指出："中国人民的抗日战争，是在曲折的道路上发展起来的。这个战争，还是在一九三一年就开始了。一九三一年九月十八日，日本侵略者占领沈阳，几个月内，就把东三省占领了。国民党政府采取了不抵抗政策。但是东三省的人民，东三省的一部分爱国军队，在中国共产党领导或协助之下，违反国民党政府的意志，组织了东三省的抗日义勇军和抗日联军，从事英勇的游击战争。这个英勇的游击战争，曾经发展到很大的规模，中间经过许多困难挫折，始终没有被敌人消灭。"[1]在长达十四年的抗日斗争中，他们所进行的艰苦卓绝的英勇斗争，为中国抗日战争乃至世界反法西斯斗争作出了重要贡献。东北抗联精神是独特的，巨大的，不朽的。

第一，沉重打击了日伪统治，阻滞日军侵华的进程。

日本帝国主义的侵略暴行，激起了东北人民的无比愤怒。在中国共产党号召和帮助下，东北人民组建抗日武装，积极主动地开展了抗日游击战争。东北

---

[1] 毛泽东：《毛泽东选集》第3卷，人民出版社，1991，第1034页。

抗联在中国共产党的领导下，是一支经历了中国局部抗战和全面抗战两个阶段的人民军队，在反抗日本军国主义的战争中，涌现了杨靖宇、魏拯民、赵尚志、王德泰、陈翰章、赵一曼等东北抗联英雄。他们率领东北抗联在极端艰苦的自然条件下，在战备物资供给不足以及敌人的打压下，以大无畏的精神和高超的智慧与敌人或战斗、或周旋，机动灵活地牵制了日军兵力达76万人（据1941年统计），大大迟滞了日军全面侵华的进程，鼓舞了全国人民抗战到底的决心。

据伪奉天省警察署统计，仅辽宁一带，1934年6月份，我军对敌作战709次，7月759次，8月1516次，12月1706次。伪满铁路总局统计：1934年3月至10月中，哈尔滨铁路遭袭击127次，洮南铁路遭袭击166次，全满铁路每月平均被袭击约100余次。伴随东北抗日游击队规模的不断扩大，大量敌军被歼灭。日本陆军省承认，从九一八事变到全面抗战爆发前，日军在东北战场上死伤达17万人以上，战费达32亿多日元。正如朱德所指出："东北同胞，组织了数万人民革命军和义勇军，不让日本强盗在那里安然开发资源和利用市场。相反地，日本强盗为了维持东北的'治安'，却要派极大的军队，耗费了许多有生力量和每月数万的军费。"毛泽东对东北抗联取得的战绩给予了高度赞扬："我们东北抗日义勇军能够进行继续英勇的抗日斗争。敌人的报纸都承认东北义勇军已使敌人损失'十万以上的生命和几万万的金钱'，并使日本帝国主义不能很快地侵入中国内地。虽然他们还未取得彻底的胜利，可是对于国家、民族已有了巨大的功劳与帮助。"①东北抗联的英勇斗争，使日伪统治者得不到喘息机会，因此不得不动用各种兵力驻守东北各地，打乱了日军的侵略计划，从而阻滞了日本帝国主义侵华进程。

第二，有力地配合了全国抗战。

卢沟桥事变后，东北各地由之前的单独抗日变为打击与牵制日伪军以配合关内的抗战。在全国抗战形势的鼓舞下，东北抗日武装主动出击，在白山黑水之间到处打击敌人，破坏敌人的铁路、桥梁、电站等，攻袭敌人的后方、兵站，掀起了一个又一个新的高潮。当时在延安出版的中共中央机关报《新中华

---

① 毛泽东：《毛泽东先生致章陶邹四先生信》，《救国时报》，1936年10月30日，第64期，第4版。

报》也曾载文《东北抗日联军近益形活跃》说："我东北义勇军在敌人八年来的压迫下，不仅是伸长了其实力，并且给敌人很多的打击，配合了我正规军的作战，钳制了敌人的大部兵力。"①

日伪统治者在大举进攻关内的同时，持续向东北增派兵力。1937年在东北的兵力为16万人，1938年为37万人，1939年为50万人，1940年为48万人，1941年又猛增到76万人，还不包括20余万人的伪警察部队。通过数据分析可知，东北的抗日战场一方面迫使日军付出了巨大的消耗，另一方面牵制了其在东北的大量兵力。毛泽东对东北抗联与关内各抗日部队的配合作用给予了充分的肯定，他在《抗日游击战争的战略问题》一文中指出："东三省的游击战争，在全国抗战未起以前当然不发生配合问题，但在抗战起来以后，配合的意义就明显地表现出来了。那里的游击队多打死一个敌兵，多消耗一个敌弹，多钳制一个敌兵使之不能入关南下，就算对整个抗战增加了一分力量。至其给予整个敌军敌国以精神上的不利影响，给予整个我军和人民以精神上的良好影响，也是显而易见的。"②

第三，东北抗联与朝、苏军队密切合作，为最终打败日本帝国主义作出了巨大贡献。

东北抗联把爱国主义和国际主义有机联系在一起。广大的东北抗联指战员与以金日成为代表的朝鲜共产主义者，一道抗击日本侵略者，在东北的战场上结成了唇齿相依、休戚与共的战斗友谊。中苏两国是国际反法西斯统一战线的重要同盟国家。1939年5月11日至9月16日，历时125天的苏日诺门罕战役期间，东北抗联主动出击，严重扰乱了日伪军的后方，有力地牵制了日寇的主力部队。东北抗联以自己的英勇斗争，出色地履行了世界反法西斯统一战线的国际主义义务。两次"伯力会议"苏方代表都受邀参加，体现了共同抗击日本侵略者的一致性。东北抗联与苏军正式建立合作关系，双方联系更加紧密。1941年以后，东北抗联与苏联远东军形成了共同作战、协作互利的关系，坚持把对东北各地区的敌情侦察作为一项非常重要的任务。东北抗联先后派出的侦察小分队达300人次，遍及30多个县，基本摸清了在中苏边境上日伪军的17个防

---

① 赵俊清：《杨靖宇传》，黑龙江人民出版社，2015年，第351页。
② 毛泽东：《毛泽东选集》第二卷，人民出版社，1991，第416页。

御体系。东北抗联以多种形式助力苏军进军东北，积极参与对日的战斗，保证了苏军迅速歼灭关东军，为抗日战争的胜利作出了重要贡献。

第四，为中国共产党先机抢占东北、建立巩固的东北根据地创造了条件。

抗日战争胜利后，东北抗联充分利用与苏军配合的关系，在占领的57个大中城镇，积极有效地开展建党、建军和建政等一系列具体工作。据周保中统计，在中共东北委员会完全移交中共中央东北局以前，东北各地陆续建立革命武装已达4万人以上。"截止十月十五日，抗联人员在各地收缴和搜查日伪武器约计：步枪近六万支，轻机枪二千余挺，重机枪八百余挺，掷弹筒五百余个，迫击炮二十余门，山炮野炮共五门，弹药一千二百余万发"①。胡乔木和田家英在撰写的《东北问题的历史真相》中写道："事实证明，东北的收复除了由于苏联红军的直接援助及同盟国对于日寇之打击外，在中国方面出力最大的是以下四种人：（一）在东北作武装奋斗十四年之久的东北抗日联军；（二）在东北做地下工作十四年之久的中国共产党员及在其领导下的东北抗日救国会会员和其他爱国人民；（三）在冀热辽边区作武装奋斗八年之久的八路军和民兵；（四）在华北作武装奋斗八年之久的前东北军吕正操、张学思、万毅等部和其他进入东北的八路军部队。"②文中对东北抗联的贡献给予了充分肯定。这为中国共产党先机抢占东北，为建立东北根据地创造了条件。

第五，东北抗联精神成为中国共产党宝贵的精神财富。

中华民族几千年来，历经沧海桑田，饱受风霜磨难，却依然保持了顽强的生命力和创造力，依靠的便是英勇顽强、不畏艰苦的民族精神。无论哪一个历史时期，无论处境何等艰难，中华民族向来都对未来充满信心。当日本侵略者侵略东北企图灭亡中国之时，这种民族自信心与自尊心，一同化作全国人民抗日救国的共同意愿，筑成了抵御强敌的钢铁长城。在长达14年的抗日战争中，面对不可一世的日本法西斯，中华儿女从未被吓倒、被压倒。东北抗联在极为困苦的条件下和十分险恶的环境里，坚持着艰苦卓绝的斗争。他们战斗在冰天雪地里，缺衣少食，却与数十倍于己的日寇长期周旋，牵制了大量日军。

---

① 《东北抗日联军史料》编写组：《东北抗日联军史料》下册，中共党史资料出版社，1987，第442页。

② 赵素芬：《周保中将军传》，解放军出版社，2015，第445页。

他们靠的是什么？靠的就是顽强的意志和必胜的信念。在抗日战争战略相持阶段最艰苦的岁月，在日寇残酷围攻下，共产党建立的敌后抗日根据地一度出现极为困难的局面，但根据地军民自力更生、艰苦奋斗。中国共产党领导东北人民在残酷的抗日战争中、在血与火的搏击中培育的东北抗联精神，是东北抗联广大指战员的思想境界和精神风貌的集中展现，是民族精神在特定历史时期的丰富和升华。正是由于有东北抗联精神的支撑，中国共产党领导的东北抗联才能与强大的日本法西斯坚持艰苦抗战14年，为中国乃至世界反法西斯战争胜利作出了重要的贡献。

对东北抗日联军十四年艰苦卓绝的英勇斗争，党和人民给予了高度评价。对东北抗联的地位和作用，中国共产党领导人在新中国建立前后给予了肯定的评价。

毛泽东在《抗日游击战争的战略问题》一书中明确指出，东三省的游击战争在全面抗战爆发后占有重要的地位，对全国抗战起到积极的作用。1938年11月5日在党的六届六中全会上，中共中央致电东北抗联和东北全体同胞："东北抗日联军杨司令靖宇同志转东北抗日联军的长官们、兵士们、政治工作人员们：在中共扩大的六中全会的时候，我们代表中国共产党全体党员及共产党领导的抗日军及游击队，向沦陷在敌人统治下已七年多的东北同胞们，在冰天雪地与敌周旋七年多的不怕困难艰苦奋斗之模范的东北抗日军队，表示最深刻的同情，并向你们致最崇高的民族革命敬礼！"[1] 1942年朱德在《解放日报》上撰文，热情赞扬道："东北抗日义勇军曾经在冰天雪地弹尽粮绝的条件下，前赴后继，奋战不息。这些辉煌的行动，已为我们民族树下了坚决勇敢的模范，指示出继续前进的道路。"1948年1月1日，中共中央东北局曾专门作出决定，指出："前东北地下党组织之党员与抗联干部同志们，在党中央领导与抗日救国的总的政策之下，曾在极艰难复杂环境中对日本帝国主义和伪满洲国进行了长期的残酷的英勇斗争，曾得到东北人民的爱戴。'八一五'东北光复初期，又协同苏联红军及八路军、新四军，最后击败日寇，解放了东北。是中国党光荣历史不可分的一部分。"1949年5月14日，毛泽东为党中央起草的致东北局并告林彪、罗荣桓、谭政，中原局的电文，通报毛泽东、朱德同周保中

---

① 中共吉林省委党史研究室编：《杨靖宇将军》，吉林人民出版社，2005，第222页。

谈话精神时指出:"抗联干部领导抗联斗争及近年参加东北的斗争是光荣的。此种光荣斗争历史应当受到党的承认和尊重。"①1986年4月,中共中央批示同意的《东北抗日联军历史问题座谈会纪要》(下简称《纪要》),对东北抗日联军的历史地位作出了充分肯定,指出:"东北抗日联军是我党创建和领导的东北各族人民的抗日武装。这支武装在十分艰难困苦的情况下,坚持抗击日本帝国主义侵略者的斗争达14年之久,直到全国抗战最后胜利。东北抗联英勇斗争的历史,是我党领导中国人民在敌后战场坚持抗日斗争光荣历史的一个组成部分。"②《纪要》还全面回顾了东北抗联的历史功绩,解决了东北抗联历史上的一些争议问题,并把造成这种争议的原因归结于王明、康生。应该说,《纪要》对东北抗联的评价是客观的、公正的。从抗日战争时期到1986年《纪要》下发,中共中央及中央领导人对东北抗联的评价,总的来看是逐步发展的、越来越准确的。

民族精神,万古留香。东北抗联精神是中国共产党乃至中华民族传承的宝贵精神财富。总体而言,改革开放以来,党和国家领导人在历次抗日战争暨世界反法西斯战争胜利纪念活动中,均提到了东北抗联。江泽民在首都各界纪念抗日战争暨世界反法西斯战争胜利50周年大会上的讲话就提到东北义勇军、抗日联军的反日斗争的坚定性;胡锦涛在纪念抗日战争暨世界反法西斯战争胜利60周年大会上的讲话指出,杨靖宇、赵尚志是中国人民英勇抗争的杰出代表;2014年9月3日,习近平总书记在纪念中国人民抗日战争暨世界反法西斯战争胜利69周年座谈会上的讲话中指出,一切民族英雄,都是中华民族的脊梁。杨靖宇、赵尚志、左权、彭雪枫、佟麟阁、赵登禹、张自忠、戴安澜等一批抗日将领,八路军"狼牙山五壮士"、新四军"刘老庄连"、东北抗联八位女战士、国民党军"八百壮士"等众多英雄群体,就是中国人民不畏强暴、以身殉国的杰出代表。正所谓:"诚既勇兮又以武,终刚强兮不可凌。身既死兮神以灵,魂魄毅兮为鬼雄。"③2015年9月3日,在纪念抗日战争暨世界反法西斯

---

① 张洪兴:《东北抗联精神》,白山出版社,2010年,第29页。

② 中共吉林省委党史研究室、吉林省东北抗日联军研究基金会编:《韩光党史工作文集》,中央文献出版社,1997,第602页。

③ 习近平:《在纪念中国人民抗日战争暨世界反法西斯战争胜利69周年座谈会上的讲话》,《人民日报》2014年9月4日,第2版。

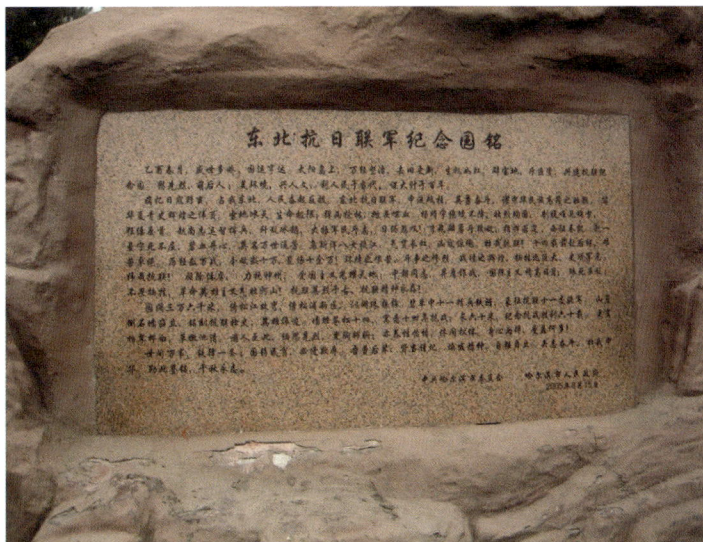

东北抗日联军纪念园铭

战争胜利70周年大会上，天安门广场上举行了盛大阅兵仪式，作为十个接受检阅方队之一的"东北抗联英模部队"接受了党和人民的检阅。在新的历史条件下，全党全国各族人民要大力弘扬伟大抗战精神，不断增强团结一心的精神纽带、自强不息的精神动力，继续朝着中华民族伟大复兴的中国梦奋勇前进，不断以坚持和发展中国特色社会主义的新成就告慰我们的前辈和英烈！伟大的抗战精神，永远是激励中国人民克服一切艰难险阻、为实现中华民族伟大复兴而奋斗的强大精神动力。

总之，东北抗联的斗争是英勇的、顽强的斗争，东北抗联的贡献是独特的、巨大的、不朽的。

不可否认的是，对作为同抗战精神共融共通、高度契合，与建党精神、井冈山精神、苏区精神、长征精神、延安精神、西柏坡精神等一脉相承，成为中国革命精神重要组成部分的东北抗联精神的认识与评价还应深入研究和挖掘。2016年5月25日，习近平总书记在黑龙江考察工作结束时的讲话中指出："加强干部作风建设，黑龙江有不少有利条件，东北抗联精神、北大荒精神、大庆精神、铁人精神激励了几代人。"2020年9月3日，习近平在纪念中国人民抗日战争暨世界反法西斯战争胜利75周年座谈会上的讲话中指出，在艰苦卓绝的抗日战争中，全体中华儿女为国家生存而战、为民族复兴而战、为人类正义而战，社会动员之广泛，民族觉醒之深刻，战斗意志之顽强，必胜信念之坚定，都达到了空前的高度。杨靖宇、赵尚志、左权、彭雪枫、佟麟阁、赵登禹、张自忠、戴安澜等殉国将领，八路军"狼牙山五壮士"、新四军"刘老庄连"、东北抗联八位女战士、国民党军"八百壮士"等众多英雄群体，就是千千万万抗日将士的杰出代表。中国人民以铮铮铁骨战强敌、以血肉之躯筑长城、以前仆后继赴国难，谱写了惊天地、泣鬼神的雄壮史诗。2021年9月30日，在迎接中华人民共和国成立72周年之际，党中央批准了中央宣传部梳理的第一批纳入中国共产党人精神谱系的伟大精神，东北抗联精神被纳入其中。事实上，东北抗联精神以独特的内涵丰富了中国革命精神的宝库。爱国主义精神是根本，理想信念是灵魂，革命英雄主义精神是气概，艰苦奋斗精神是风貌，开拓创新精神是精髓，国际主义精神是胸怀。这种反映东北抗联斗争实践的崇高精神，升华了以爱国主义为核心的中华民族精神，理所当然成为中国共产党革命精神不可或缺的一部分，化为提升民族凝聚力和实现中华民族伟大复兴中国梦的新标志，必将会不断发扬光大，永放光芒！

第五章 05

| 东北抗联精神的当代价值 |

    东北抗日联军艰苦卓绝的斗争历史孕育了伟大的东北抗联精神。新时代，东北抗联精神焕发生机，其当代价值日益彰显，是实现中华民族伟大复兴的宝贵财富，是振兴东北老工业基地的力量源泉，是坚定"四个自信"的精神动力，是坚定不移全面从严治党的生动教材。深入挖掘东北抗联精神的时代价值，对于新时代中国特色社会主义建设的发展，以及实现中华民族伟大复兴中国梦具有重要的助力作用。

一、实现中国梦的精神财富

（一）为中国共产党进行主题教育提供了素材

习近平总书记在中国共产党第十九次全国代表大会上的报告中指出："中国共产党人的初心与使命，就是为中国人民谋幸福，为中华民族谋复兴。"[1]"不忘初心、牢记使命"主题教育是党的十九大作出的重大决策，全面、深刻把握初心和使命的内涵，是开展主题教育的基础性工作。"守初心，就是要牢记全心全意为人民服务的根本宗旨，以坚定的理想信念坚守初心；担使命，就是要牢记我们党肩负的实现中华民族伟大复兴的历史使命。"[2]东北抗联精神，是中国共产党的伟大革命精神的重要组成部分，承载着中国共产党人初心与使命；东北抗联精神跨越时空，成为砥砺我们不忘初心、牢记使命的重要精神动力。

1. 用马克思主义中国化成果统一思想

不忘初心、牢记使命，必须用马克思主义中国化最新成果统一思想、统一意志、统一行动。"共产党人的初心，不仅来自于对人民的朴素感情、对真理的执着追求，更建立在马克思主义的科学理论之上"，只有坚持思想建党、理论强党，不忘初心才能更加自觉，担当使命才能更加坚定。用马克思主义中国化成果统一思想，将马克思主义理论与中国革命、建设的实践贯通起来，有

---

① 习近平：《决胜全面建成小康社会 夺取新时代中国特色社会主义伟大胜利——在中国共产党第十九次全国大表会议上的报告》，新华网 2017 年 10 月 27 日，http://www.xinhuanet.com/politics/19cpcnc/2017-10/27/c_1121867529.html

② 中共中央党史和文献研究院、中央"不忘初心、牢记使命"主题教育领导小组办公室编：《习近平关于"不忘初心、牢记使命"论述摘编》，党建读物出版社、中央文献出版社，2019，第 19 页。

利于在思想统一的基础上，推动政治上的团结和行动上的一致。

东北抗联孤悬敌后，在极其艰苦的条件下进行斗争。虽然条件艰苦、信息闭塞，但是仍然坚持进行马克思主义理论教育，坚持进行政治学习。东北抗日联军特别重视宣传马克思主义思想，将部队的思想政治教育工作置于重要的位置，并融入部队的日常工作，通过多种途径，宣传马克思主义并不断与东北抗战结合，不仅推动了东北地区革命斗争形势的发展，而且推动了马克思主义中国化进程。杨靖宇作为东北抗日联军的领导人，非常重视部队的思想政治工作，在具体工作开展过程中，坚持以毛泽东思想作为根本的指导方针，通过宣传毛泽东的革命事迹，以及毛泽东和朱德领导的井冈山革命斗争、苏区斗争的伟大胜利，激励抗联将士积极战斗。1932年，毛泽东代表中共中央起草并发布了《中华苏维埃共和国临时中央政府宣布对日战争宣言》，明确提出"号召白色统治区域的工人农民兵士学生及一切劳苦民众自己起来，组织民众抗日义勇军"[①]。这一文件传播到东北地区之后，杨靖宇等抗联领导人积极学习，并将其确定为群众政治工作的基本教材，使中国共产党的政策与方针在东北地区得到了广泛的传播，产生了重要的影响。1933年5月31日，杨靖宇在给满洲省委的报告中，在宣传与鼓动方面提出了明确的主张，"对外文字上除翻印中央苏区党的上级党部公开文字（对日宣战通电等）经常散发外，政治部领导下的红军消息革命画报照常印发"[②]。

由于条件的限制，东北抗联在思想政治教育方面，缺少必要的教科书。周保中克服了各种困难，亲自编写教科书，共编写了《政治科学常识》《社会科学常识》《军事科学常识》等教材，发放给各部队和机关，对于东北抗联的政治学习和教育发挥了重要的作用。由于抗战形势的变化，抗联部队退入苏联，组建了抗联教导旅。周保中对部队进行系统的现代化军事训练的同时，积极开展政治学习，学习内容不仅包括马列主义著作、毛泽东著作，另外《救国时报》《新华日报》等报刊刊载的材料也是学习的重要内容。东北抗联在苏联期

---

① 中共中央文献研究室、中央档案馆编：《建党以来重要文献选编（1921—1949）》第9册，中央文献出版社，2011，第244页。

② 《东北抗日联军史料》编写组：《东北抗日联军史料》上，中共党史资料出版社，1987，第81页。

间，由于客观条件的限制，抗联部队长期处于与中共中央失去联系的状态，因此，周保中对于任何来自延安的消息及材料都非常珍视。他在《新华日报》上看到了《加强党性锻炼》《整顿三风》等党中央的重要文件之后，号召教导旅的干部们积极学习，同时将《新华日报》作为抗日联军的政治思想教育教材。1938年11月30日，关于克服困难、坚持抗日的问题，周保中致信黄玉清，信中写道："我们是彻头彻尾的马克思主义者，我们是列宁主义的信徒，我们为实现自己的理想和主张而斗争。我们要创造共产主义的新东方，我们要遍竖苏维埃旗帜于东大陆。我们是国际共产党中国党员，我们担负着伟大无比、光荣无比的历史使命。"①

东北抗日联军俱乐部作为东北抗联将士的活动场所，设置了识字班、政治讨论会、游艺组和讲演会。其中，政治讨论会主要是由能够读传单、看报纸的战士组成，讨论的内容主要包括东北伪满的政治现状、形势，国内的政治形势以及国际斗争形势。东北抗日联军俱乐部是引导战士形成正确认识的组织，战士们经过充分的学习与讨论，形成了正确的认识："中国的唯一出路只有抗日，如果全国总动员起来，最后的胜利一定是属于我们的。东北抗日联军是中华民族解放斗争的先锋队，以更坚忍的勇敢去做持久战。"②由此可见，东北抗联克服各种困难，采取多种形式，积极宣传马克思主义理论，认真学习马克思主义中国化的各种成果，最终使东北抗联得到了先进理论的武装，思想和行动得到了统一，部队的战斗力得到了极大的提升。

习近平总书记强调，要把学习贯彻党的创新理论作为思想武器的重中之重，同学习贯彻马克思主义基本原理贯通起来，同学习党史、新中国史、改革开放史及社会主义发展史结合起来，在深化认识中提高认识。新时代，弘扬东北抗联精神，对于深入理解用马克思主义中国化成果统一思想的必要性有重要的意义与价值。

---

① 吉林省档案馆、中共吉林省党史研究室编：《周保中抗日救国文集》下，吉林大学出版社，1996，第66页。
② 克辛：《东北抗日联军俱乐部》，载《华美》第1卷第22期，1939年9月17日，第598页。

2. 加强中国共产党的领导

东北抗联在极其艰苦的条件下能够坚持战斗，并且最终取得胜利，坚持中国共产党的领导是根本原因，"东北抗联将士有着高度的政治觉悟和组织纪律，因此，不论处于何种境地，他们始终心向中央、对党忠诚，体现了高度的党性原则"①。为了强化中国共产党的领导，东北抗联设置了军党委和师党委，在各团设置了党总支委员会，连级单位设置了党支部，连级单位以下设立了党小组。另外，为了保障士兵的权益，东北抗联设置了士兵委员会等组织，直属于军党委的领导。

1937年6月15日，在宽甸县密营，杨靖宇主持召开了第一军军部扩大会议。在会上，杨靖宇作了报告，对于当前任务作出了明确的指示，明确提出了"党是生命线"的观点，具体指出："要了解部队健强与否，主要靠党的工作如何而决定的，要将党的工作列为第一等工作，纠正关门主义，加强组织生活，改进工作方式，重视培养干部"②。在具体措施方面，提出积极开展支部代表联席会，互定竞赛条例，开展宣传周、肃反周等活动。特别要求在军部的带领下，开展创建模范党支部活动，在每个师中至少要建立两个模范党支部。对于东北军民中存在的一些疑问，如"共产党中央在关内，我们在关外，怎么能领导上我们呢？"杨靖宇进行了回答："只要我们执行党的路线、方针、政策，那就是在党的领导之下。"杨靖宇的这一回答充分体现了他对中国共产党的坚定信仰。

周保中对于发展和扩大党的组织，进行政治教育、思想宣传与思想教育非常重视，并在其日记中多次提及。例如在1939年5月31日的日记中明确提出，"午后六时—九时半召集本部党员同志开会，指出共产党应有组织有系统的进行经常不断的政治生活，一切工作活动应以党组织巩固为中心"③；1939年12月1日提出，"整理旧党组织，发展新的党组织，保持中共中央系统，保

---

① 马彦初：《传承东北抗联精神砥砺初心使命》，《奋斗》2019年第23期，第43页。
② 《杨靖宇传》编委会编：《杨靖宇传》，当代中国出版社，2016，第211~212页。
③ 中央档案馆、辽宁省档案馆、吉林省档案馆、黑龙江省档案馆：《东北地区革命历史文件汇集》甲41，1989，第287页。

持党领导在军队中"①。周保中日记中反映的内容表明，中国共产党在军队中重视思想宣传，这一方面促进了马克思主义思想传播，另一方面增强了部队的战斗力。

1942年4月20日，周保中、张寿篯在《关于党组织改组与集中领导问题的报告》中强调："我们的三项具体主张：第一项主张，改组党的集中领导，我们认为要实现使东北'硕果仅存'的党组织，进一步在思想上、政治上、组织上成为完全巩固的布尔什维克组织，使意志统一、行动统一，那末必须改组现有的领导组织及恢复中共中央的直接关系。"②1942年延安整风运动普遍开展之后，按照周保中的要求，抗联教导旅印发了大量的文件，包括：中共中央《关于增强党性的决定》，毛泽东《反对自由主义》《改造我们的学习》《整顿党的作风》《反对党八股》，周恩来《论苏德战争及反法西斯斗争》，朱德《建立东方民族反法西斯统一战线》等。通过学习，抗联指战员了解了关内的抗战情况，统一了思想，增强了胜利的信心，并且提高了思想认识水平，增强了团结，改进了工作作风。由此可见，在苏联期间，周保中从内心深处拥护中国共产党的领导，对共产主义有坚定的信念，并将之付诸实际工作中。

习近平总书记对于坚持党的领导曾提出，"党政军民学，东西南北中，党是领导一切的。"③党的领导，是东北抗联坚持斗争以及取得胜利的重要保证。新时代，中国特色社会主义建设必须强化中国共产党的领导，自觉维护党中央权威和集中统一领导，必须以正视问题的勇气和刀刃向内的自觉不断推进党的自我革命。充分利用好批评和自我批评这一武器，不断增强党的自我净化、自我完善、自我革新、自我提高的能力，涤荡一切腐朽，将中国共产党建设得更加坚强有力。

---

① 中央档案馆、辽宁省档案馆、吉林省档案馆、黑龙江省档案馆：《东北地区革命历史文件汇集》甲42，1991，第28页。

② 中共黑龙江省党史工作委员会：《黑龙江党史资料》第10辑，1987，第35页。

③ 中共中央党史和文献研究院、中央"不忘初心、牢记使命"主题教育领导小组办公室编《习近平关于"不忘初心、牢记使命"论述摘编》，党建读物出版社、中央文献出版社，2019年，第51页。

3. 强化责任担当

不忘初心、牢记使命，必须发扬斗争精神，勇于担当作为。中国共产党自诞生以来，在斗争中不断发展壮大。中国共产党人必须时刻保持警醒，不断振奋精神，勇于进行具有新的历史特点的伟大斗争。习近平总书记要求广大党员、干部要"勇于担当、善于作为，在有效应对重大挑战、抵御重大风险、克服重大阻力、解决重大矛盾中冲锋在前、建功立业"①。担当精神在具体的实践中主要体现为在面对大是大非时敢于亮剑发声，面对矛盾危机时敢于挺身而出，面对挫折失误时敢于承担责任，面对歪风邪气时敢于坚持斗争，真正地做到敢想、敢做、敢当。

东北抗联在长期斗争中表现出了强烈的担当意识。在日本帝国主义侵略东北、中华民族面临危险的时刻，中国共产党挺身而出，担当起反抗日本侵略的责任。九一八事变发生后，南京国民政府采取了不抵抗政策，激起了全国人民的愤慨。中国共产党以维护中华民族根本利益为立足点，采取了与南京国民政府截然不同的政策，提出坚决抗日、收复失地的主张。中共中央针对时局问题，发表了一系列宣言，例如1931年9月20日，发表了《为日本帝国主义强暴占领东三省事件宣言》；9月22日，发表了《关于日本帝国主义强占满洲事变的决议》。通过这一系列宣言，中国共产党向全国人民表达了对于日本殖民者侵略中国东北的愤慨，指出九一八"这严重的事变，是日本帝国主义的积极殖民地政策之产物，是日本武装占领整个满洲及东蒙的企图最露骨的表现"，并指出其根本目的在于掠夺中国、使中国完全成为其殖民地，成为其经济发展的附庸。

东北地区党组织地处抗日斗争最前线。九一八事变发生后，中共满洲省委于9月19日发表《为日本帝国主义武装占领满洲宣言》，明确指出："这一事件的发生不是偶然的！这一政策是日本帝国主义者为实现其'大陆政策''满蒙政策'所采取的必然行动！这一政策是日本帝国主义者为更有力的统治满洲、侵略蒙古，以致使满蒙成为完全殖民地的政策，是以满蒙为根据地积极进攻苏

---

① 习近平：《在"不忘初心、牢记使命"主题教育总结大会上的讲话》，《人民日报》 2020年1月9日，第2版。

联与压迫中国革命的政策。"①从这一论述中可见，中共满洲省委立足于当时中国国内以及国际形势的变化，对日本帝国主义的侵略本质进行了深刻剖析，同时对国民党的投降主义进行了抨击，在此基础上提出，只有工农兵劳苦群众自己的武装军队，是反对帝国主义的真正力量；中国共产党的领导，是将帝国主义驱逐出中国的重要保障。

九一八事变发生后，东北党组织依据中共中央"发动群众斗争，反抗日本帝国主义的侵略"以及"组织兵变与游击战争，直接给日本帝国主义以严重打击"等精神，积极开展抗日武装斗争，选派优秀的党员、团员干部特别是军事干部，深入农村进行基础工作。经过艰苦和不懈的努力，分别在南满、东满、吉东和北满等地创建了十余支游击队。

1935年5月11日，中共吉东特委关于一般形势与党的工作转变，东北抗日救国人民代表大会与各地抗日队伍行动配合等问题向省委报告，主张"取消原有各种各色的名义，称为东北抗日联军，成立一个东北抗日联军军事委员会和总司令部，在各地方成立各军的军委和司令部"，提议将东北地区抗日武装统一起来。经过长时间的讨论，在第二次"满洲问题"会议上，中共代表团提出了建立统一的东北抗日联军的方针。1936年2月20日，东北反日救国总会、东北抗日联军等发布了《东北抗日联军统一军队建制宣言》。宣言发布之

2019年6月9日，时任黑龙江省委书记张庆伟带领省委班子来到东北烈士纪念馆、东北抗联博物馆开展主题教育

---

① 中央档案馆、辽宁省档案馆、吉林省档案馆、黑龙江省档案馆编：《东北地区革命历史文件汇集》甲9，1988，第47页。

后，在中国共产党领导下，东北各地的抗日部队进行了改编，统一称为东北抗日联军，继而在中国共产党领导下积极开展抗日活动，成为东北地区抗日活动的主要力量，在打击日寇方面发挥了重要的作用。后期斗争虽然遇到挫折，但其不屈不挠的斗争精神激励了东北人民积极抗战。

面对日本帝国主义的殖民侵略，东北抗联敢于亮剑、勇于担当的精神构成了东北抗联精神的重要内容。新时代，东北抗联敢于斗争、勇于担当的精神，为中国共产党对广大党员、干部进行"不忘初心、牢记使命"主题教育提供了重要的素材，成为广大党员、干部的精神食粮。

4. 发挥领导干部的带头作用

习近平总书记在"不忘初心、牢记使命"主题教育总结大会上的讲话，对于领导机关和领导干部提出了明确的要求，要求各级领导机关和领导干部必须发挥带头作用，做表率、打头阵。习近平总书记指出："新中国成立以后，也是因为我们党有一大批像焦裕禄、谷文昌、杨善洲、张富清这样的英雄模范率先垂范，才团结带领人民群众不断开创各项事业发展新局面。"[1]因此，广大的领导机关和领导干部要深刻认识到自身的责任，时刻保持警醒，经常对照检查、检视剖析、反躬自省。

东北抗日联军在坚持斗争的同时，注重部队建设，不断培养、提拔各级干部，完善各级领导机关。东北抗日联军将领杨靖宇、周保中、李兆麟、赵尚志等人身先士卒，带头冲锋陷阵，主动学习马克思主义以及中国共产党的政策、主张，并向各级官兵进行宣传，充分发挥了领导带头作用。

杨靖宇作为东北抗联的主要将领，在革命斗争中发挥了重要的作用。五四运动之后，特别是中国共产党成立之后，杨靖宇潜心阅读《新青年》《向导》等进步报刊，并参加了李大钊创办的"北京大学马克思学说研究会"，学习马克思主义，构筑自己的思维理念，确立了马克思主义的世界观、人生观和价值观。在东北工作期间，杨靖宇注重宣传中国共产党的政治主张，传播马克思主义，学习毛泽东的著作，并将理论应用于实践，用以指导东北抗战。杨

---

[1] 习近平：《在"不忘初心、牢记使命"主题教育总结大会上的讲话》，《人民日报》2020年1月9日，第2版。

靖宇对马克思主义具有坚定的信仰，1932年杨靖宇和魏拯民共同在哈尔滨领导赈济灾民工作。魏拯民送给杨靖宇一本《共产党宣言》，杨靖宇回赠一支小手枪，并充满激情地说："你送给我马克思主义，我送给你杀敌的武器。"①

东北抗战时期，由于联络不畅，东北地区的党组织和共产党员通过地下交通线将毛泽东的著作以及记载红军斗争经验的小册子传入东北，杨靖宇对这些资料高度重视、认真学习。中央革命军事委员会1934年10月印发的《游击战争》传入东北之后，杨靖宇将游击战的思想充分运用于东北抗战。韩光在其回忆杨靖宇的文章中进行了记述，"我在与杨靖宇的接触中，感到他确实是个博学多才的卓越政治、军事领导者。他随身带有从中央红军那里传来的基本游击战争的小册子，经常阅读研究"，"他搞游击战，有声有色，随身揣着一本从中央红军那里得来的有关游击战的小册子，随时阅读，并讲给干部战士们听"。②1934年11月，中国共产党南满第一次代表大会在杨靖宇的主持下通过了决议，对南满工作作出具体指示。为了提高战斗力并转变游击战术，要求"各参谋部根据'游击战术的小册子'和自己宝贵的经验，来经常研究讨论在归大屯附近活动的新的游击战术，广泛的组织我们的侦察网，明知敌人的弱点与后方后，即刻采取进攻的路线，以转变'坚打硬打''不打逃跑'的战术"③。由此可见，杨靖宇对于游击战思想有深刻的理解，并结合东北地区革命的实际进行运用，这是对马克思主义的理解与运用。

1939年，杨靖宇在松花江上游的桦甸与濛江交界处的密营养伤。在此期间，杨靖宇将工作重点放在政治思想工作上面，指示办好中共南满省委和抗联第一路军机关报《列宁旗》和面向群众的《中国报》，并系统学习、研究《论持久战》。1938年，《论持久战》通过吉东交通线传入东北，杨靖宇利用养伤期间，认真学习、阅读，领会和掌握了毛泽东在《论持久战》中揭示的持久战规律，并将其与东北抗战的实践结合，分析了东北战场相持阶段的特点，在此基础上制定了东北抗联应当采用的战略战术。毛泽东在《论持久

---

① 赵俊清：《杨靖宇传》，黑龙江人民出版社，2004，第323页。

② 《韩光党史工作文集》，中央文献出版社，1997，第187、194页。

③ 中央档案馆、辽宁省档案馆、吉林省档案馆、黑龙江省档案馆：《东北地区革命历史文件汇集》甲33，1989，第53～54页。

战》中对东北抗日联军发动群众特别是武装农民的经验进行了充分的肯定，他说："须知东三省的抗日义勇军，仅仅是表示了全国农民所能动员抗战的潜伏力量的一小部分。中国农民有很大的潜伏力，只要组织和指挥得当，能使日本军队一天忙碌二十四小时，使之疲于奔命。"[①] 看到这些，杨靖宇非常激动，"坚信党中央和全国人民必将驱逐日寇、还我河山；坚信中国共产党和毛泽东必然领导中国人民抗日战争赢得光荣的胜利"[②]。杨靖宇在领导抗联部队的思想政治工作中，始终坚定抗日救国信念以及坚持中国共产党对军队的领导。杨靖宇坚定服从党的领导，坚决服从党的指示，为整个东北抗日联军树立了光辉的榜样。

综上所述，东北抗联在艰苦斗争中表现出来的精神品质具有重要的时代价值。东北抗联坚持用马克思主义中国化成果统一思想，不断强化中国共产党的领导，面对民族危机，敢于斗争、勇于担当，领导干部身先士卒，发挥了模范带头作用。以上内容成为新时代"守初心、担使命"的重要途径。

（二）为实现"两个一百年"宏伟目标提供了动力

"两个一百年"奋斗目标，是中国共产党第十八次全国代表大会提出的中国特色社会主义奋斗目标，具体是指在中国共产党成立100年时全面建成小康社会，在新中国成立100年时建成富强民主文明和谐的社会主义现代化国家。

2015年7月30日，在弘扬伟大东北抗联精神座谈会上，东北抗联老战士在聆听报告

---

① 毛泽东：《毛泽东选集》第2卷，人民出版社，1991，第445页。
② 《杨靖宇传》编委会编：《杨靖宇传》，当代中国出版社，2016，第263页。

实现"两个一百年"奋斗目标，必将给中国社会的发展不断注入新的活力和动力。当前，中国正处于实现"两个一百年"奋斗目标的历史交汇期，任务艰巨、挑战严峻。为了实现"两个一百年"奋斗目标，需要全国人民共同努力。东北抗联在十四年抗日斗争过程中表现出来的爱国主义、理想信念、英雄主义、艰苦奋斗、开拓创新及团结协作的精神，为"两个一百年"奋斗目标的实现提供了不竭动力。

1. 爱国主义

"爱国主义精神是中华民族精神的核心，是人们忠诚、热爱、报效祖国的一种集情感、思想和意志于一体的社会意识形态"[1]。九一八事变之后，马克思主义在东北地区的传播，爱国主义情感和爱国主义思想是其重要内容。1937年8月20日，东北抗日联军第一路军总司令杨靖宇发布布告，号召东北同胞联合起来，为打倒日本帝国主义而奋斗，争取中国的独立、富强。抗日英雄赵尚志在长期的抗日活动中虽然遇到过挫折，但是仍然无法改变其爱国主义情怀。他在革命斗争中写下了《十年血战还要争取最后的一朝》一诗，抒发了将个人生死荣辱置之度外，将抗战救国事业进行到底、争取胜利的政治抱负和爱国主义情感。

东北抗日联军在对敌斗争中表现了强烈的爱国主义情怀，以争取中华民族独立和国家统一为宗旨。从1935年12月9日起，《救国时报》连续三期刊载了《东北义勇军致本报的通讯》，其中明确提出了东北抗日武装的斗争目标，即"推翻日伪在东北统治，争取中华民族独立和国家统一"[2]。《救国时报》第6、11、12、14、15、17、18、19、21、23、26期连续刊载了胡育代表东北义勇军写给《救国时报》的信，叙述了东北抗日联军组织的经过，其中提出"他们的目的——冰天雪地，出生入死的英雄斗争的目的，只有一个，就是抗日救国、收复失地、誓死不当亡国奴"。第21期的《东北义军致本报信》（八续）中首先分析了日本侵略是对整个中华民族利益的危害，认为"日本侵略之下，

---

[1]　刘信君：《再论东北抗联精神——抗战胜利70年后的述评》，《社会科学战线》2015年第6期，第217页。

[2]　《东北义勇军致本报的通讯》，《救国时报》1935年12月9日，第1版。

我们的整个民族利益，整个民族生存都受到威胁"，进而阐释了"不做亡国奴"的决心，"把日本打出东北，收回失地，则不仅工人不当亡国奴，而且其他农商军学各界同胞都不当亡国奴，大家世世代代的儿孙都不当亡国奴"。东北抗日联军将士在爱国主义精神的激励下，保家卫国、甘洒热血，铸就了中华民族历史上的丰碑。

新时代，"两个一百年"奋斗目标的实现，面临着很多困难与挑战，需要全国人民共同努力奋斗。以东北抗联的爱国主义激励全国人民为实现"两个一百年"奋斗目标而努力，具有重要的意义。

2. 理想信念

以杨靖宇、赵尚志、陈翰章、赵一曼等为代表的东北抗联指战员，自觉学习和实践马克思主义，坚持共产主义理想信念，始终把远大理想与抗战时期党的中心任务紧密结合起来，把打倒日本帝国主义、争取民族解放、实现民族复兴作为最终的奋斗目标。这是东北抗联具有坚定理想信念的重要表现。

"坚定的理想信念，坚守共产党人精神追求，始终是中国共产党人安身立命的根本。对马克思主义的信仰，对社会主义和共产主义的信念，是共产党人的政治灵魂，是共产党人经受住任何考验的精神支柱。"[①]习近平总书记的讲话深刻剖析了理想信念的意义与价值，坚定的理想信念对于实现中华民族伟大复兴具有重要的意义。东北抗联在斗争中形成的坚定的理想信念，是东北抗联坚持斗争的重要精神支柱，同时体现了强烈的现实意义。新时代，中国特色社会主义建设过程中，东北抗日联军坚定的理想信念能够为理想信念教育提供素材，并发挥激励作用。

3. 英雄主义

东北抗联在斗争过程中，面临着敌强我弱的形势，面对数倍于己的敌人，不退缩、不屈服，迎难而上，坚持斗争，革命英雄主义精神得到了充分的

---

① 中共中央党史和文献研究院、中央"不忘初心、牢记使命"主题教育领导小组办公室编：《习近平关于"不忘初心、牢记使命"论述摘编》，党建读物出版社、中央文献出版社，2019，第73页。

彰显。东北抗联将士在面对重大危机时挺身而出，所表现出的担当精神、敢于战斗精神，是东北抗联坚持战斗的重要动力。东北抗联将士常说："我们绝不能仅仅为了我们自己的生命利益上的狭小意识，而放弃了恢复祖国拯救被压迫着的同胞们的伟大任务。"[①]表现出东北抗联将士"小我"服从于"大我"的英雄主义精神。

习近平总书记在颁发"中国人民抗日战争胜利70周年"纪念章仪式上的讲话中指出："一个有希望的民族不能没有英雄，一个有前途的国家不能没有先锋"。[②]包括抗战英雄在内的一切民族英雄，都是中华民族的脊梁，他们的事迹和精神都是激励我们前行的强大力量。东北抗日联军英雄辈出，表现了强烈的英雄主义精神。新时代，深入挖掘东北抗联英雄主义精神，广泛宣传，对于激发人们的英雄情怀，在抗击疫情、救灾抢险重大事件中奋勇当先，在中国特色社会主义建设中贡献力量具有重要的作用。

4. 艰苦奋斗

东北抗联在长达14年的抗战中，面临着恶劣的环境，在最艰苦的条件下进行斗争。艰苦的条件并没有动摇抗联将士的信念，1936年5月15日《救国时报》第29期刊登了《东北人民革命军致本报信》，其中介绍了东北抗日武装的物质生活，"有时与日本帝国主义作战，三天四天得不到一点吃的时候也是有的"，并阐释了在艰苦条件下士兵的作战状态，"我们的每个队员，一点也不觉得苦，我们队员都这样说：'我们不受苦，得不到福；只有受苦，才能换来福。我们要拿着枪和小日本子干到头。'"这封信展现了东北抗联将士艰苦奋斗的作风以及对于抗战必胜的信念。另外，东北抗联部队后勤给养不足，为了保证基本的生存需要以及军需，东北抗联坚持自力更生，创办了兵工厂、被服厂和医院等，一定程度上解决了存在的困难。

东北抗联艰苦奋斗的精神，能够为实现"两个一百年"奋斗目标提供动力。新时代，在中国特色社会主义发展过程中面临着很多困难，这就需要人民

---

① 冯仲云：《东北抗日联军十四年苦斗简史》，中央文献出版社，2008，第45页。

② 霍小光、刘华：《中国人民抗日战争胜利70周年纪念章颁发仪式在京隆重举行》，《人民日报》2015年9月3日，第1版。

群众发挥艰苦奋斗的精神，克服困难。自力更生是审时度势的决定，是化危为机的智慧，是脚踏实地的行动。新时代，面临新的形势，国际环境更加复杂。在这种情况下，自力更生的意义更加凸显。习近平总书记多次提出发扬艰苦奋斗精神，他在同各界优秀青年代表座谈时指出："我们的国家，我们的民族，从积贫积弱一步一步走到今天的发展繁荣，靠的就是一代又一代人的顽强拼搏，靠的就是中华民族自强不息的奋斗精神。"①人类的美好理想，从来都不是唾手可得，都离不开筚路蓝缕、胼手胝足的艰苦奋斗。由此可见，艰苦奋斗、自力更生精神在社会发展中具有重要的作用，能够激发广大人民群众的积极性和主动性，使人民群众将创造力和创新意识发扬光大。

5. 开拓创新

东北抗联在与敌人进行长期的斗争中，充分发挥独立自主的创新精神，因地制宜，率先开展山地抗日游击战争，率先建立抗日游击根据地。这种独立自主的创新精神以及因地制宜的科学态度是东北抗联的重要精神品质，一方面，东北抗联能根据斗争极端复杂性的特点采取恰当的方针政策；另一方面，能根据东北特殊的地形地貌、气候环境及日军的部署创造灵活的战略战术。充分利用冰雪天气、地理环境等条件制定战斗策略，是东北抗联创新精神的重要体现，体现了抗联战士的智慧以及独立自主的创新精神。

自主创新是中华民族攀登世界科技高峰、实现跨越式发展的必由之路。习近平总书记多次在重要场合强调，必须"坚持走中国特色自主创新道路"。2018年5月28日，习近平总书记在中国科学院第十九次院士大会、中国工程院第十四次院士大会开幕会上强调："矢志不移自主创新，坚定创新信心，着力增强自主创新能力"②。新时代，中国面临着百年未有之大变局，在这种情况下，创新是引领发展的第一动力，是国家综合国力和核心竞争力。深入理解东北抗联突破常规、因势利导的自主创新精神品质，并将其融入中国特色社会

---

① 《在实现中国梦的生动实践中放飞青春梦想　在为人民利益的不懈奋斗中书写人生华章》，《人民日报》，2013年5月5日，第1版。

② 习近平：《瞄准世界科技前沿引领科技发展方向　抢占先机迎难而上建设世界科技强国》，《人民日报》，2018年5月29日，第1版。

主义建设，不仅能够丰富中华民族精神的内涵，而且能够促进中国特色社会主义建设实践的开展，为实现中华民族伟大复兴中国梦贡献力量。

6. 团结协作

团结协作精神在东北抗联的斗争中得到了充分体现。首先，东北抗联与朝鲜革命军以及苏军团结协作，充分彰显了国际主义精神。东北抗联与朝鲜共产主义者和爱国分子关系紧密，杨靖宇非常注意团结他们，并与他们结成了亲密的战斗友谊。1935年，杨靖宇创作了《中韩民族联合起来》。1938年，杨靖宇创作了歌曲《中韩民众联合抗日歌》。杨靖宇以饱满的热情号召中朝人民紧密团结起来，为反对共同的敌人而奋斗。其次，团结东北地区一切反日力量，共同进行抗日斗争。例如周保中创作的《民族革命歌》，在歌词中周保中宣传了中国共产党的抗日民族统一战线策略，并号召弱小民族共同斗争，反抗侵略，获得自由。

东北抗联团结协作精神具有恒久价值。在中国特色社会主义新时代，这种团结协作的精神时代价值得到了显现。2013年，习近平总书记根据中国发展的新特征以及国际形势的发展变化，立足于整体发展的需要，提出共建"一带一路"倡议。这一倡议体现了发展、合作以及开放的理念，"这一倡议的核心内涵，是促进基础设施建设和互联互通，加强经济政策协调和发展战略对接，促进协同联动发展，实现共同繁荣"；共建"一带一路"，建立人类命运共同体，是国际团结合作的体现。另外，应不断强化党内团结、党外团结、民族团结和军民团结。2014年9月30日，习近平总书记在国庆招待会上的讲话中指出："我们要加强中国共产党全党的团结，加强中国共产党同各民主党派的亲密合作，保持党同人民群众的血肉联系。我们要巩固和发展全国各族人民的大团结，加强海内外中华儿女的大团结。"[①]团结协作是中国共产党长期斗争中的宝贵精神财富，是东北抗联坚持斗争的重要支撑。在实现"两个一百年"奋斗目标的历史交汇期，团结协作精神能够提供不竭动力。从这个角度分析，在新时代，应该深刻挖掘东北抗联精神的内涵及其时代价值。

---

① 习近平：《在庆祝中华人民共和国成立65周年招待会上的讲话》，《人民日报》2014年10月1日，第2版。

（三）东北抗联精神的恒久价值

虽然东北抗联的斗争过去了很长时间，但是东北抗联精神已经深入中国人的内心，成为激励中国人努力奋斗的重要动力，永不褪色。出现这种现象的主要原因在于，东北抗联精神体现了恒久价值以及共同价值。

1. 东北抗联精神永不褪色

中国共产党领导的东北抗联在东北抗日战争中表现出来的积极的精神风貌和思想品格，是东北抗联精神的集中体现。东北抗联精神立足于东北抗战的实践，不仅受到了共产主义的影响，而且植根于中华优秀传统文化。这种理论与实践结合的特征，以及深厚的文化底蕴，决定了东北抗联精神具有恒久价值。

东北抗日联军在十四年艰苦抗战中所体现出的忠诚于党的坚定信念，勇赴国难的民族大义，血战到底的英雄气概，是密切联系、相辅相成、相互作用的有机整体，缺一不可。坚定信念是东北抗联精神的精神支柱，是核心；民族大义是东北抗联精神的力量源泉，是基础；英雄气概是东北抗联精神的具体体现。通过一个个鲜活的事例，表现出东北抗联指战员在伟大的抗日战争中应该具有优良作风和品格，从而使东北抗联精神得到提升和升华。

综上所述，东北抗联精神以中华优秀传统文化为基础，是对中华优秀传统文化的赓续与弘扬。从这个角度分析，东北抗联精神具有深厚的文化底蕴，是中华优秀传统文化在东北抗战时期的具体体现，所以，东北抗联精神具有恒久价值。

2. 东北抗联精神的共同价值

东北抗联精神具有鲜明的特点，不仅体现了东北人民的斗争精神以及中国人民抵抗外来侵略的决心与勇气，而且在一定程度上体现了世界人民在反法西斯战争中的斗争精神。九一八事变后，中华民族危机逐步加深，中国处于敌强我弱的状态。为了动员全民族的力量抵抗日本帝国主义侵略，中国共产党调整了方针，提出了建立抗日民族统一战线。1937年9月22日，中国共产党公布了《中共中央为公布国共合作宣言》，标志着以国共合作为基础的抗日民族统一战线正式形成。之后，中国共产党积极建立敌后抗日根据地，领导人民开展游击战和运动战，沉重地打击了日本帝国主义。

中国抗战具有整体性，东北抗战是重要的组成部分，发挥了重要的作用。在世界反法西斯战争中，中国人民作出了重大牺牲和伟大贡献。"中国人民抗日战争，时间最长、规模宏大、坚持最久。中国不仅独立承担世界反法西斯战争重任达十年之久，而且坚持持久战，始终把日本法西斯陆军主力牵制并牢牢地'钉死'在中国战场上。东北抗联14年抗战的伟大斗争是光辉典范、典型代表和极其有力的证明"①。东北抗联坚持长期斗争，贯彻持久战的方针，同时牵制了日本关东军南下和北进，对苏联以及盟国进行了很好的配合和支持，这体现了东北抗联团结战斗的国际主义精神。另外，世界反法西斯战争中，各国为了抵抗法西斯势力的发展以及进攻，捍卫民族独立，积极展开战斗，同时组成了世界反法西斯同盟，各盟国之间互相配合、互相支持，最终正义的力量取得了胜利。在这一过程中，爱国主义、国际主义等精神气质在全世界得到了体现。

综上所述，东北抗联精神在东北抗战中产生，立足于东北抗战的实践。东北抗联精神的共同价值，在中国人民抗日战争以及世界反法西斯战争中得到了体现。

二、振兴东北老工业基地的力量源泉

东北地区在中国工业体系中占有重要的地位，在社会主义建设时期发挥了至关重要的作用。改革开放后，东北老工业基地出现了发展滞后的情况。习近平总书记非常关注东北老工业基地振兴的问题，在多个不同的场合就此问题发表过重要的讲话。2018年9月，习近平总书记对东北地区进行了调研，在充分

---

① 汤重南：《东北抗联的历史地位和作用》，《北华大学学报》（社会科学版）2019年第3期，第39页。

调研的基础上主持召开了座谈会，并就深入推动东北振兴发表重要讲话，提出："东北地区是我国重要的工业和农业基地，维护国家国防安全、粮食安全、生态安全、能源安全、产业安全的战略地位十分重要，关乎国家发展大局"。由此可见，振兴东北老工业基地，在新时代中国特色社会主义建设事业的发展中占有重要的战略地位。东北抗联精神产生于东北抗战期间，既体现了珍贵的精神品质，又与东北人民比较贴近，能够成为东北老工业基地全面振兴的力量源泉。

（一）坚持理想信念，做好本职工作

1. 加强党的全面领导是东北全面振兴的坚强保证

中国共产党的领导是东北抗联坚持抗战的重要基础，是抗战胜利的根本保证。李杜和周保中曾经论述过，"共产党不仅在政治路线上帮助了抗日联军的发展，并且在军事上大大地改善了游击战的策略和斗争方式"，"抗日联军是东北人民的军队，共产党员的生命和鲜血直接地培养着这支军队的成长"[①]。东北抗联斗争的历史说明，中国共产党的领导是革命成功的重要保证。新时代，东北老工业基地振兴必须要发扬对党绝对忠诚的精神，尽职尽责做好本职工作。

中国共产党是中国特色社会主义事业的领导核心。"党的领导是做好党和国家各项工作的根本保证，是战胜一切困难和风险的'定海神针'。坚持党对一切工作的领导，是党和国家的根本所在、命脉所在，是全国各族人民的利益所在、幸福所在。"[②]事在四方，要在中央。党中央根据国家发展的需要，制定决策、方针，地方以及各部门的工作是对党中央决策部署的具体落实。"习近平总书记强调，坚决维护党中央权威和集中统一领导，是党的领导的最高原

---

① 李杜、周保中：《东北的黑暗和光明》，历史资料供应社，1946，第56、62页。
② 中共中央宣传部：《习近平新时代中国特色社会主义思想学习纲要》，学习出版社、人民出版社，2019，第68页。

则，任何时候任何情况下都不能含糊、不能动摇。"①

对党忠诚的精神，是新中国成立初期以及社会主义建设时期东北工业基地发展的基础。新时代，在振兴东北老工业基地的过程中，必须充分弘扬对党忠诚的精神。

首先，要提高政治站位，各级党员干部要勇敢承担起新时代全面振兴东北的历史重任。在国家的国防安全、粮食安全、生态安全、能源安全以及产业安全体系中，东北地区承担着重要的职责，这是党中央赋予东北地区的重要使命，更是全面振兴东北的动力，必须以新气象、新担当落实东北振兴的要求。同时，要深入理解习近平新时代中国特色社会主义思想，以及习近平总书记在深入推进东北振兴座谈会上的讲话精神，明确新时代东北振兴的战略意义。

其次，在党中央的统一领导下，深化省情认识。东北地区各级领导干部应该深入调研，对于省内的基本情况能够深入了解，从而保证党中央的政策、方针能够落到实处。党中央、国务院颁布的《关于全面振兴东北地区等老工业基地的若干意见》，在东北地区培育壮大新动能、产业结构升级等方面提出了指导意见。对其深入理解，对于制定切实可行的东北振兴的政策与方针具有重要的意义。

总之，新时代东北全面振兴面临着机遇与挑战。在这种关键时期，必须加强党的全面领导。在党的领导下，动员东北人民同心协力，实现新时代东北振兴与发展。

2. 补齐民生领域短板，让人民群众共享东北振兴成果

东北抗联作为中国共产党领导下的人民军队，代表人民的利益，在战斗过程中保护人民群众的利益不受侵害，帮助人民群众生产。东北抗日联军与以往的活跃在东北的武装力量不同：态度和蔼，遇事和老百姓商量，购买物品给钱，借物品必须经过主人允许，有借有还；借住老百姓的地方，帮助房主挑水、扫院、搬柴火；老百姓有事相求，无论多难官兵都尽力办到。这些日常生

---

① 中共中央宣传部：《习近平新时代中国特色社会主义思想学习纲要》，学习出版社、人民出版社，2019，第73页。

活的小事，使饱受旧社会军阀、土匪以及日本殖民者奴役、压迫的东北老百姓开始接受东北抗联。一位老先生感慨地说："我活了几十岁，我从光绪爷以来听也没有听说过有这样的好军队。"①人民群众充分认识到东北抗联是维护他们利益的，所以支持东北抗联的斗争。周保中在其日记中多次记载了人民群众的慰问。东北抗联维护人民群众利益的态度与原则，使东北抗联与人民群众建立了如父子亲人的军民关系。

习近平总书记强调，必须坚持在发展中保障和改善民生，"增进民生福祉是发展的根本目的。必须多谋民生之利、多解民生之忧，在发展中补齐民生短板、促进社会公平正义。保证全体人民在共建共享发展中有更多获得感"②。改善民生，是中国社会主义建设的重要目标。只有改善民生，人民的利益才能得到维护。在东北老工业基地振兴过程中，必须将这一宗旨与原则落到实处，关注民生，将民生领域的短板补齐，使人民群众能够充分享受到东北振兴的成果。民生问题得到改善，能够使人民群众以更大的热情投入到东北老工业基地振兴中去。在改善民生的具体措施方面，首要的问题是，要充分利用国家的政策。为了促进东北振兴，国家赋予了东北地区一系列政策优惠，将其充分利用，不断采取措施脱贫攻坚、提升基础设施现代化水平、发展就业，使国家的优惠政策真正地落到实处，增强人民群众的获得感、幸福感以及安全感。另外，实现东北全方位振兴，必须充分利用社会主义制度的优势，依靠人民群众，集中力量办大事，同时，把国家治理体系和治理能力现代化优势显示出来。

（二）发扬艰苦奋斗精神，克服前进中的困难

2003年，中共中央颁布了《中共中央 国务院关于实施东北地区等老工业基地振兴战略的若干意见》，东北地区等老工业基地振兴拉开序幕。十几年

---

① 李杜、周保中：《东北的黑暗与光明》，历史资料供应社，1946，第52页。

② 中共中央党史和文献研究院、中央"不忘初心、牢记使命"主题教育领导小组办公室编：《习近平关于"不忘初心、牢记使命"论述摘编》，党建读物出版社、中央文献出版社，2019，第54页。

来，东北地区的工业发展取得了一定的成绩，例如，经济增长方式得到转变，经济发展过程中结构性矛盾得到缓解，在此基础上经济质量和效益得到持续提高。但是东北地区一些历史积累的结构性、体制性矛盾还没有得到完全解决。东北老工业基地振兴出现了暂时的困难。如果将东北抗联艰苦奋斗的精神发扬光大，一定能克服暂时的困难，取得东北老工业基地振兴的胜利。

1. 在艰难困苦中孕育的东北抗联精神，是鼓舞东北人民坚持不懈斗争的精神支柱

面对日本帝国主义的侵略，东北人民奋起反抗，维护国家主权和民族尊严。在敌强我弱、艰难困苦的环境下，东北抗联坚定了艰苦奋斗的信念。新时代，东北地区的全面振兴，不是敲锣打鼓的自娱自乐，不可能轻轻松松地完成。东北地区正处于重大社会变革的关口，这一时期体制性、机制性矛盾集中显现，发展转型处于关键时期。可以说，东北振兴和发展进入爬坡过坎的关键时期。面对这种艰难、复杂的形势，必须充分发扬艰苦奋斗精神，以将改革开放进行到底的决心和勇气，努力开辟一条质量更高、效益更好、结构更优、优势得到充分释放的振兴发展新路。

2. 在艰难困苦的革命斗争中孕育的伟大精神，是开拓革命新道路、取得革命胜利的强大力量

"革命战争年代，中国共产党的革命精神，包括苏区精神、延安精神、东北抗联精神、红岩精神、大别山精神、沂蒙精神、西柏坡精神等等。正是这些伟大革命精神，成为激励我们党团结带领广大人民群众夺取革命胜利的重要力量。"[1]东北抗联在艰难困苦的斗争中，形成了坚定信心、迎难而上的担当精神，信心和勇气是战胜困难的力量源泉。新时代东北振兴，必须保持必胜的信心和勇气。新中国建立初期，东北人民面临经济凋敝、一穷二白的局面，在中国共产党领导下，自力更生、艰苦奋斗，将东北地区建设成为中国重要的重工业发展基地。一大批重大的工业项目在东北地区建立，例如长春一汽、鞍山钢铁公司大型轧钢厂、沈阳飞机制造厂、沈阳机床厂、哈尔滨电机厂、哈尔滨汽

---

① 王炳林：《伟大精神是从磨难中奋起的强大动力》，《光明日报》2020年3月18日，第6版。

轮机厂等。新中国成立初期，东北地区工业的发展，为中国工业化的起步奠定了坚实的基础，同时为中国社会主义建设作出了重大贡献，东北地区因此被誉为"共和国长子"。这一时期，东北人民将艰苦奋斗精神发挥到了极致，并取得了良好的效果。新时代需要东北人民继续发扬艰苦奋斗精神，并将其与东北老工业基地振兴充分融合，以艰苦奋斗的精神走过东北振兴的"爬坡期""过坎期"。

3. 在艰苦奋斗中孕育的实干精神，是东北振兴的重要动力

东北抗联在艰难困苦的斗争中，充分体现了实干精神，以高度的革命热情，积极投身反满抗日斗争中夫，将党中央的指示落到实处，立足于东北地区革命斗争实际，注重实效。这是东北抗联能够克服困难坚持斗争，并取得最终胜利的重要原因。大道至简、实干为要，习近平总书记曾多次论述了"实干兴邦"，并阐释了改革开放发展到今天，需要改革促进派、实干家，"拥护改革、支持改革、敢于担当的就是促进派，把改革抓在手上、落到实处、干出成效的就是实干家。"①新时代，东北老工业基地振兴，需要以实干精神克服一切艰难困苦，"干"字当头、"实"字为先，带领人民发展东北、振兴东北。同时，勇于担当、主动作为，充分发挥主观能动性，自力更生、艰苦奋斗。

（三）发扬开拓创新精神，推进东北老工业基地转型升级

东北抗联在与敌人进行长期的斗争中，充分发挥独立自主的创新精神，因地制宜，率先开展山地抗日游击战争，率先建立抗日游击根据地。这种独立自主的创新精神以及因地制宜的科学态度是东北抗联的重要精神品质，"一方面，东北抗联能根据斗争极端复杂性的特点采取恰当的方针政策；另一方面，能根据东北特殊的地形地貌、气候环境及日军的部署创造灵活的战略战

---

① 中共中央宣传部：《习近平新时代中国特色社会主义思想学习纲要》，学习出版社、人民出版社，2019，第91页。

术"①。充分利用冰雪天气制定战斗策略，是东北抗联创新精神的重要体现。抗联后期，为了将情报及时传递给苏联境内的抗联营地，采用了泅渡过江的方法。黑龙江在冰封时期水位还很高，封冻后江水逐渐进入枯水期，这就导致了在江水和冰面之间一般会有30厘米的缝隙，抗联战士利用这个自然规律泅渡过江，在冰层下面用钢钎凿穿冰层上岸。这个方法秘密、安全、可靠，体现了抗联战士的智慧以及独立自主的创新精神。新时代，东北振兴需要继续发扬东北抗联的创新精神，挖掘和利用好东北抗联尊重客观实际，善于从实际出发的科学态度与精神，加快实现东北老工业基地的转型升级。

1. 加快体制创新

新中国建立初期，东北地区的工业发展为新中国经济恢复与发展作出了巨大的贡献，为中国建立独立、完整的工业体系和国民经济体系创造了条件。东北老工业基地被称为"新中国工业发展的摇篮"，这充分说明了东北地区工业发展的地位与作用。东北地区是中国最早建立、最晚退出计划经济体制的地区，在进一步发展过程中，体制性和结构性矛盾日益显现，已经成为阻碍东北地区发展的重要因素。新时期，为了实现东北老工业基地振兴，首先要加快东北地区的体制创新。党中央、国务院根据东北地区的实际情况设立了一批新区，在大连设立了金普新区，在长春设立了长春新区，在黑龙江设立了哈尔滨新区，推动新区的发展，使其成为推动东北地区经济发展的重要支撑点、实验区，从而带动东北地区整体的体制创新和结构转型。另外，为东北地区民营经济的发展创造条件，制定相关的政策，简化审批程序，提供资金、技术等方面的支持。同时，应该积极转变政府职能，推行"放、管、服"方针，使政府在经济发展过程中充当"服务者"的角色。

2. 优化营商环境

良好的营商环境是一个地区经济发展的重要条件，东北老工业基地实现转型升级，必须优化营商环境。全面深化改革，逐步营造以法治化、便利化、国

---

① 顾伯冲：《弘扬东北抗联精神凝聚东北全面振兴力量》，《学习时报》2019年8月12日，第1版。

际化为特征的营商环境，抛弃以往"办事求人"的观念和做法。通过优化营商环境，首先保证本地的资源不外流，同时争取域外资源，保证资金、技术以及人才等资源进得来、留得住，并能够用得好，充分发挥应有的作用。国有大型企业在东北经济体系中占有重要的地位，优化国有大型企业的营商环境，主要是为这些企业提供政策优惠、政策允许范围内的各种便利以及人性化的管理。一方面，解决原有的大型企业"卡脖子"的问题，推动矿产、农垦、森工等系统改革取得实质性进展，充分发挥这些企业在东北老工业基地振兴中的战略引领作用。另一方面，采取措施保证民营企业的发展，不断提升东北地区区域经济活跃度，使各种民营企业乐于到东北投资。

3. 加快培育高新产业和战略性新兴产业

产业结构不合理、产能落后，是制约东北地区经济发展的重要因素。因此，在东北老工业基地振兴过程中，必须加快培育高新产业和战略性新兴产业。首先，要以科技为手段，提升创新能力，培育新生产业发展的内生动力。其次，以建立国家级创新区为契机，发展新动能，提升战略能力，不断使产业化与数字化实现深度融合。推动国家重大核心装备以及重大工程项目能够在东北地区启动、实施，在促进东北地区经济发展的同时，为国家产业链现代化作出贡献。最后，要打造领军骨干企业，争取进入国家战略团队；要培育优势特色产业集群，在国内率先建构优势互补、相互支撑的高端产业集聚地；要塑造产业链，为国家探索产业链高端化、实体化发展路径积累经验。

4. 统筹资源、协调发展

由于地缘等因素，东北地区经济联系具备了区域发展的特征，东北地区的发展必须统筹资源，实现区域协调发展、整体发展，通过科学统筹、精准施策，建立区域发展新格局。首先，做好哈长城市群一体化新的区域增长级，形成1+1＞2的省会城市一体化模式，创造便利的交通、通信，加速要素、资本、技术、人才向区域中心城市集聚。其次，推动哈尔滨新区成为对俄合作开放前沿，发挥哈尔滨区域国际都市经济圈同城化效应，推动吉林省与韩国的深度合作，同时充分发挥辽宁省营口、丹东等港口的作用。再次，以国家共建"一带一路"倡议为契机，促进东北地区区域协调发展、城乡均衡发展，加速产业、信息化与实体经济等深度融合，逐渐形成新时代区域协调发展的新增长点。最后，东北地区呈现了区域一体化特征，但是东北地区幅员辽阔，山水相连，资源丰富，辽宁省、吉林省、黑龙江省省情不同，每个省内部不同地区也具有不同的地域特征，各地的资源分布也不尽相同。所以，在东北老工业基地振兴过程中，必须突破常规，在了解各地实际情况的基础上因地制宜、精准施策，从而使东北各地区整体得到发展与振兴。

三、坚定"四个自信"的精神动力

2016年，在庆祝中国共产党成立95周年大会上，习近平总书记发表重要讲话，指出："全党要坚定道路自信、理论自信、制度自信、文化自信"，"'四个自信'的论述，将中国共产党十八大以来提出的中国特色社会主义'三个自信'的谱系进行了创造性拓展，凸显了中国特色社会主义的文化根基、文化本质以及文化理想，标志着中国共产党对中国特色社会主义有了更加明确而开阔的文化建构。"[1]"自信人生二百年，会当水击三千里"，有了这样的自信与勇气，我们就能毫不畏惧地面对一切挑战和困难。东北抗联在逆境中坚持战斗，但是，无论遇到什么样的困难，始终坚持必胜的信念，坚信东北抗战一定会取得胜利，中国人民一定会取得胜利，这构成了东北抗联精神的重要内容。新时代，弘扬东北抗联精神能够为全党、全国人民坚定"四个自信"提供重要的精神动力。

（一）东北抗联精神的价值引领

东北抗联精神，形成于东北抗战时期。东北抗联将士在东北战场上的英

---

[1]　冯鹏志：《从"三个自信"到"四个自信"——论习近平总书记对中国特色社会主义的文化建构》，中国共产党新闻网2016年7月7日。http://theory.people.com.cn/n1/2016/0707/c49150-28532466.html

勇战斗铸造了一座不朽的丰碑，是巨大的精神财富。新时代，赋予了东北抗联精神更深层次的内涵，东北抗联精神历久弥新。深入挖掘东北抗联精神的时代价值，对于中国特色社会主义建设具有重要的作用。

1. 东北抗联精神的核心价值

东北抗日联军非常重视军队的政治工作，使抗联战士形成正确的价值观。1940年3月8日，中共北满省委制定了《东北抗日联军政治工作暂行条例草案》，对东北抗日联军政治工作的目的、对象、内容以及方式等进行了说明。该草案提出，"政治工作之目的，在于巩固抗日联军之团结和战斗力，使它成为反日民族统一战线的团结中心。要做到这一点，不仅依靠军事技术和武器来决定，而且最主要的是要依靠战斗决心和毅力，对抗战事业的忠诚与信心。政治工作的主要内容，是使每个反日指战员了解自己的政治责任和抗战前途，提高政治意义和正确的民族义愤"[1]。东北抗联的政治教育，在战争年代充分发挥了价值引领的作用，使广大抗联将士明确了政治责任，坚定了对革命事业的忠诚与信心。

核心价值观是一个民族赖以维系的精神纽带，是一个国家共同的思想道德基础。习近平总书记指出："一个民族、一个国家的核心价值观必须同这个民族、这个国家的历史文化相契合，同这个民族、这个国家的人民正在进行的奋斗相结合，同这个民族、这个国家需要解决的时代问题相适应。"[2]将东北抗联精神融入新时代中国特色社会主义建设，对于培育和践行社会主义核心价值观具有重要的意义。核心价值观建设，本质上是人的思想建设、灵魂建设，聚焦的是造就具有正确价值观、人生观的社会主义建设者，弘扬民族精神和时代精神，加强爱国主义、集体主义和社会主义教育。

长期以来，一些西方国家把他们宣称的"自由""民主""人权"等价值观念鼓吹为"普世价值"，并以此价值观为武器，打压不顺从、不听命于他们的

---

[1] 中央档案馆、辽宁省档案馆、吉林省档案馆、黑龙江省档案馆：《东北地区革命历史文件汇集》甲26，1989，第31~32页。

[2] 中共中央宣传部：《习近平新时代中国特色社会主义思想学习纲要》，学习出版社、人民出版社，2019，第145页。

国家。践行社会主义核心价值观，有利于加快构建充分反映中国特色、民族特性、时代特征的价值体系，努力抢占价值体系的制高点。另外，近年来出现了一些抹杀中国共产党抗战历史的现象，历史虚无主义甚嚣尘上。东北抗日联军英勇抗战的历史有力地反驳这些观点，证明中国共产党为争取民族独立所做的努力。由此可见，赓续与弘扬东北抗联精神，在中国特色社会主义建设的新时代践行社会主义核心价值观，引领人民形成正确的价值观念，具有重要的意义与价值。

综上所述，东北抗联精神具有重要的价值引领作用。为了进一步挖掘东北抗联精神更深层次的内涵及时代价值，必须创造空间，使东北抗联精神往深里走；寻找角度，使东北抗联精神往实里走；采取手段，使东北抗联精神往心里走。总之，要使人民群众深刻理解、领悟东北抗联精神，并将其内化于心、外化于行。

2. 东北抗联精神的文化价值

文化自信是更基础、更广泛、更深厚的自信，是更基本、更深沉、更持久的力量。习近平总书记强调："文化是一个国家、一个民族的灵魂。没有高度的文化自信，没有文化的繁荣兴盛，就没有中华民族伟大复兴。"[①]文化自信是包含中国优秀传统文化、革命文化以及社会主义先进文化在内的中国特色社会主义文化的有机整体的自信。中国共产党领导人民在革命、建设、改革中创造的革命文化，是中国特色社会主义文化的重要内容。

"革命文化是中华民族的精神脊梁，是中国共产党和中国人民在革命、建设和改革开放各个历史时期形成的精神追求、精神品格、精神力量，既传承了中华优秀传统文化，又引领和发展了社会主义先进文化，在中华文明历史长河中发挥了传承、融合和发展创新的作用，是中华民族最为独特的精神标识。"[②]人无精神不立，国无精神不强，革命精神不仅承载了中国共产党人的初心与使命，而且彰显了中国共产党人的精神品质，体现了中国共产党人的思想品格。

[①] 中共中央宣传部：《习近平中国特色社会主义思想学习纲要》，学习出版社、人民出版社，2019，第138页。

[②] 秦洁：《革命文化：中华民族最为独特的精神标识》，《党史文苑》2016年第12期上半月，第49页。

革命文化不仅是中国共产党人鲜明政治标识和文化旨趣，而且融合了时代精神和民族精神，成为具有实践引导力和精神感召力的先进文化。

东北抗联精神是中华民族伟大精神的重要组成部分，其本质是革命文化的体现。东北抗联精神承载了东北抗联将士在中国共产党的领导下浴血奋战的英雄事迹，东北抗联将士的爱国主义精神、英雄主义情怀、个人利益服从于国家和民族利益以及自力更生、艰苦奋斗的精神品质贯穿其中。东北抗联精神体现了东北抗联将士的思想品格，彰显了他们的精神气质，反映了东北抗联的实践本色。这与建党精神、苏区精神、长征精神、延安精神、西柏坡精神等有内在的一致性。东北抗联精神的赓续与弘扬，丰富了中国革命文化内容，完善了中国革命文化谱系，为文化自信提供更加丰富的素材，为坚定"四个自信"提供精神动力。

充分挖掘东北抗联精神的文化价值，必须促进东北抗联精神的创造性转化。不断赋予东北抗联精神以新的时代内涵和特色，是实现东北抗联精神创造性转化的重要基础。与东北抗联相关的历史建筑、遗存、旧址以及场所等，打上了深深的革命烙印。深入开发和利用这些遗址、遗迹，是传承东北抗联精神的重要载体。同时，依托地方资源，打造具有地域特色的东北抗联文化品牌，注重融入互动体验项目，使人民群众能够更加深入理解。

3. 东北抗联精神的教育价值

开设思想政治理论课是培养一代又一代社会主义建设者和接班人，促进社会主义建设事业发展的重要保证。2019年3月18日，习近平总书记在出席学校思想政治理论课教师座谈会上的讲话中指出："我们办好中国特色社会主义教育，就要理直气壮开好思政课，用新时代中国特色社会主义思想铸魂育人，引导学生增强中国特色社会主义道路自信、理论自信、制度自信、文化自信，厚植爱国主义情怀，把爱国情、强国志、报国行自觉融入坚持和发展中国特色社会主义事业、建设社会主义现代化强国、实现中华民族伟大复兴的奋斗之中。"①习近平总书记的讲话指明了思想政治教育的方向。中国共产党的革命精

---

① 习近平：《用新时代中国特色社会主义思想铸魂育人 贯彻党的教育方针落实立德树人根本任务》，《人民日报》2019年3月19日，第1版。

神对于培养学生的爱国主义情怀具有重要的意义与价值，有利于引导学生将爱国情、强国志根植于内心，并融入报国行。

东北抗联精神内涵丰富，一方面体现了忠于理想、勇于牺牲的理想信念，另一方面体现了自力更生、艰苦奋斗的意志品质，同时体现了依靠人民、服务人民的意识。东北抗联精神的特质，使其成为加强大学生思想政治教育的鲜活教材。充分挖掘东北抗联精神的时代价值，并将其充分运用于当代大学生的思想政治教育，具有重要的教育意义。首先，以东北抗联精神为引导，帮助大学生形成正确的价值观，对于坚定大学生的理想信念有重要的意义。其次，弘扬东北抗联精神，有利于增强大学生的爱国主义情怀。东北抗联的历史已经过去了几十年，但是东北抗联将士的爱国主义精神延续至今，将其引入教育，能够使学生感受到东北抗联将士浓烈的爱国热情，从而培育自身的爱国情怀。再次，弘扬东北抗联精神，有利于培养大学生的艰苦奋斗精神。当代大学生在一定程度上，缺乏吃苦耐劳的品质，安于现状、铺张浪费。向大学生讲述东北抗联将士艰苦奋斗的历史，能够使当代大学生更加深刻地理解艰苦奋斗精神的内涵，并逐渐培养艰苦奋斗的意识。最后，弘扬东北抗联精神，有利于培养当代大学生的团结合作意识。团队精神是大学生思想文化培育的重要内容，东北抗联将士在冰天雪地里团结协作战斗的精神对于大学生团队精神培育具有重要的启发意义。总之，在加强大学生思想政治教育的过程中，东北抗联精神有重要的意义与价值，必须不断弘扬和传承东北抗联精神，注重挖掘东北抗联精神的教育价值。

在大学生思想政治教育过程中，发挥东北抗联精神的作用，这是一个重要的实践问题，因此必须制定适当的策略，从而保证其作用的发挥。首先，在思想政治理论课的课堂教学中融入东北抗联精神。思想政治理论课是对大学生进行教育的主要阵地。提升东北抗联精神在思想政治理论课中的比重与地位，对于大学生充分理解并践行东北抗联精神有重要的意义。其次，将东北抗联精神与校园文化建设相结合。优秀的校园文化具有向上向善的导向，在建设校园文化过程中，各学校开展了丰富的活动，在这些活动中将东北抗联将士英勇斗争的故事以及精神品质融入其中，能够充分发挥东北抗联精神的育人功能。较强的感染力和渗透力，使大学生能够更加充分地理解和接受东北抗联精神，并将其植入内心。再次，将东北抗联精神融入社会实践中去，扩大东北抗联精神的影响力。东北抗联精神载体多样，在博物馆、历史纪念馆中既有硝烟弥漫的战争场面，又有活泼生动的历史细节，同时体现了激进悲壮的革命情怀。利用这些资源对大学生进行东北抗联精神教育，集知识性和趣味性于一体，使学生自觉自愿地接受教育和熏陶。

2019年11月11日，吉林大学校长张希同教育部高等学校社会科学发展研究中心主任王炳林共同为吉林大学东北抗联研究中心揭牌

（二）筑牢"四个自信"的党史根基

中国共产党历来重视历史学习，借鉴和总结历史经验治国理政。2019年8月，中央"不忘初心、牢记使命"主题教育领导小组印发了《关于在"不忘初心、牢记使命"主题教育中认真学习党史、新中国史的通知》，强调："要把学习领悟党史、新中国史作为牢记党的初心和使命的重要途径，组织引导党员、干部认真学习党史、新中国史，在深入学习和不断领悟中，弄清楚我们从哪里来、往哪里去，弄清楚艰苦卓绝是什么、是怎么来的，做到知史爱党、知史爱国，做到常怀忧党之心、为党之责、强党之志。"①加强对中共党史、新中国

---

① 中央"不忘初心、牢记使命"主题教育领导小组印发《关于在"不忘初心、牢记使命"主题教育中认真学习党史、新中国史的通知》，新华网2019年7月31日，https://baijiahao.baidu.com/s?id=1640575435900862230&wfr=spider&for=pc。

史、改革开放史和社会主义发展史的学习，能够总结历史经验，获得启示，得到定力。习近平总书记要求各级领导干部学习"四史"，认为这是领导干部开展工作的基本准备，更是重要的政治素养。

历史是最好的教科书，也是最好的清醒剂。东北抗联精神承载了东北人民在中国共产党领导下驱逐外辱、保家卫国斗争的历史，能够筑牢"四个自信"的党史根基。对东北抗联精神进行深入梳理与分析，能够深刻理解中国共产党在东北抗联斗争中的领导作用，以及东北抗联的战略定力，在此基础上坚定"四个自信"。

1. 在道路选择的坚定执着中坚定"四个自信"

毛泽东曾经指出："主义譬如一面旗子，旗子立起来了，大家才有希望，才知所趋赴。"①中国共产党不断发展壮大的重要原因在于，选择了正确的道路，坚定信仰马克思主义，并不断将马克思主义基本原理与中国具体国情相结合，走出了一条既坚持科学社会主义基本原则，又具有鲜明中国特色的革命、建设和改革道路。

东北抗联在艰苦卓绝的斗争中，坚持马克思主义的指导，并不断将马克思主义与东北地区革命实际相结合，在部队战斗之余积极组织各级官兵学习马克思主义理论。东北抗联的斗争进入极度困难时期之后，少数干部和战士发生了动摇。在这种情况下，周保中用共产主义理想激励军民，要求军民按照马克思主义者的标准坚定信念。在吉东省委扩大会议上，周保中分析并指出了东北抗战面临的困难，表达了坚持抗战的决心及抗战必胜的信心。他提出，到我们革命者牺牲的关头，就应该慷慨就义，我们要用自己的鲜血来浇灌被压迫民族解放之花，激励广大党员坚持斗争。由此可见，周保中是一个坚定的马克思主义者，具有坚定的政治信仰，并将共产主义理想融入日常工作中，激励东北军民的抗日热情。周保中作为东北抗联的主要将领，其坚定的马克思主义信仰一定程度上代表了东北抗联的道路选择。

系统梳理东北抗联的历史，深刻理解东北抗联精神的内涵，能够明确东北抗联坚定执着地选择马克思主义道路，并不断将马克思主义基本原理与东北地

---

① 陈晨：《在学习党史新中国史中坚定"四个自信"》，《光明日报》2019年9月27日，第5版。

区革命实践结合的历程。深刻理解这种在面对困境时在道路选择方面的坚定执着，就会促使我们在新时代进一步坚定"四个自信"。

2. 在把握重大转折关头的历史清醒中坚定"四个自信"

东北抗联的斗争并不是一帆风顺的，东北抗战的胜利也不是轻轻松松实现的。十四年抗战经历了多次重大历史关头，每一次都能化险为夷、转危为机，主要在于中国共产党的正确领导。中国共产党的领导使东北抗联每次在重大转折关头都能保持清醒。1933 年初，东北抗日斗争遭受了重大的挫折，大部分义勇军部队溃散，许多小股部队分散到各地，有一部分部队集结在东部边境进行斗争，部分部队散落在山林，成为反抗日本侵略的绿林部队。同时，中国共产党直接组建和领导的十多支反日游击队力量薄弱，尚未成为抗日武装斗争的主要力量。总之，这一时期，东北抗日武装虽然人数众多，但是缺乏统一领导，战斗力弱，面临着随时被日本侵略军完全击溃的危险。

在此关键时刻，中国共产党力挽狂澜，发出了著名的《一·二六指示信》，根据日本帝国主义占领东北后阶级关系的变化和中日民族矛盾十分尖锐的状况，提出了"尽可能的造成全民族的（计算到特殊的环境）反帝统一战线来聚集和联合一切可能的，虽然是不可靠的动摇的力量，共同的与共同敌人——日本帝国主义及其走狗斗争"[1]。《一·二六指示信》制定的方针适应了东北形势发展的要求，明确提出了反日统一战线的总的策略方针，发挥了转变路线的重要作用。之后，中共东北地区党组织积极联合义勇军余部，团结各抗日力量，开始了建立抗日民族统一战线的实践。

1936 年 2 月 20 日，东北抗日联军发布了《东北抗日联军统一军队建制宣言》，宣布将东北人民革命军、东北抗日同盟军、东北反日联合军以及东北反日民众救国军进行改制，统一改建为东北抗日联军第一、二、三、四、五、六军，以及抗日联军游击队。东北地区抗日武装的统一建制，将东北地区抗日斗争推向一个发展的新阶段，促进了东北抗日斗争的发展。

以上内容充分说明，在东北抗联斗争的历史中，中国共产党始终站在历史的制高点，在重大历史转折时期，能够对形势进行研判，以高度的历史清醒和

---

[1]《东北抗日联军史料》编写组：《东北抗日联军史料》上，中共党史出版社，1987，第 47 页。

历史自觉廓清思想迷雾，使东北地区的抗日斗争沿着正确的方向发展。东北抗联的历史说明，中国特色社会主义道路，是中国共产党带领人民历尽千辛万苦作出的正确选择，必须坚定"四个自信"。

3. 在对待重大挫折的科学态度中坚定"四个自信"

"中国共产党所取得的成就与进步震古烁今，所经历的困难与风险世所罕见。其中有危难之际的绝处逢生，有挫折之后的毅然奋起，有失误之后的拨乱反正，有磨难面前的百折不挠，既充满艰险又充满神奇，既历尽苦难又辉煌迭出。"[1]中国革命和建设的道路不是一帆风顺的，有困难、有风险、有危机、有曲折。面对这些，中国共产党始终勇于面对、遇变不惊、攻坚克难、肩扛重担，团结和带领中国人民不断从胜利走向新的胜利。

东北抗联斗争的历史，在曲折中发展和前进。纵观东北抗联的斗争，充满了挫折和磨难。中国共产党在重大挫折面前，坚持科学的态度，作出正确的决定，从而达到继续斗争、坚持真理的目的。1940年冬季之后，日本殖民者强化了对东北抗联以及东北人民抗日活动的镇压。面对这种形势，抗联在东北各地进行紧张而灵活机动的游击战，取得了一些胜利；但是东北抗联面临的严重困局并没有好转。另外，东北抗联与中共中央的联系还没有恢复，东北抗日武装的统一领导、统一指挥问题也没有得到解决，抗联的处境仍然非常危险。为了应对这种形势，从1940年10月末开始，部分抗联部队进入苏联。进入苏联的抗联部队经过整顿、重新编队，经过思想政治教育，部队的认识逐渐统一，对胜利充满信心，同时坚持独立自主的正确立场，扛起了东北抗联的伟大旗帜。

东北抗联在面对重大挫折之际，面对严峻的形势，一方面采取机动灵活的措施，退入苏联境内继续进行斗争；另一方面坚持独立自主的原则，统一部队的认识，树立必胜的信念与信心。同时，不断坚定马克思主义信仰、坚持中国共产党领导。东北抗联进入苏联的斗争以科学的态度对形势进行的判断，保留了东北抗联的有生力量，为东北抗战的胜利奠定了基础。东北抗联面对重大挫折的科学态度，对于中国特色社会主义事业的发展具有重要的借

---

[1] 中共中央宣传部：《习近平新时代中国特色社会主义思想学习纲要》，学习出版社、人民出版社，2019，第184页。

鉴意义。

（三）开启新征程的力量源泉

党的十八大以来，中国特色社会主义建设取得了历史性的成就，中国已经站在了新的历史起点上，进入新的发展阶段。继往开来，在新的历史起点上继续奋勇前进需要强大的动力。东北抗联精神以其丰富的内涵以及巨大的时代价值，为中国在新的起点上继续奋勇前进提供动力。

1. 为中华民族伟大复兴中国梦的实现注入动力

中国特色社会主义新时代，同改革开放以来的发展历程一脉相承，同时又体现了许多与时俱进的新特征，内涵丰富、意蕴深远。"这个新时代，是全体中华儿女勠力同心，奋力实现中华民族伟大复兴中国梦的时代"，实现中华民族伟大复兴，是中国共产党的历史使命。习近平总书记在十九大报告中对中华民族伟大复兴的历史地位和意义进行了阐释，提出"实现中华民族伟大复兴是近代以来中华民族最伟大的梦想"。这一论述，从历史角度赋予了中华民族伟大复兴的重要性。在中国特色社会主义新时代，实现伟大梦想，必须集中力量进行伟大斗争、建设伟大工程，同时推进伟大事业的发展。这几个方面是相互联系的，共存于中国特色社会主义建设体系之中，"伟大梦想是总牵引，是新时代中国共产党凝聚民族精神意志的力量源泉；伟大斗争是总抓手，是新时代中国共产党战斗品格的集中体现和完美彰显；伟大工程是总保证，是新时代中国共产党发展壮大的'核心密码'；伟大事业是总任务，是新时代中国共产党团结带领人民谋求幸福生活的目标导向。"[①]由此可见，实现中华民族伟大复兴中国梦任重道远，这既是一种历史使命，更是一种压力，需要全体人民在中国共产党领导下，团结一致、艰苦奋斗，发扬战斗精神，攻坚克难。

在新时代，东北抗联精神注入了新的内涵。东北抗联将士在抗日斗争中表现出来的忠诚于党的坚定信念，勇赴国难的民族大义，血战到底的英雄气概，成为中国共产党人"不忘初心、牢记使命"的力量源泉；激励全国人民发挥主

---

① 颜晓峰、顾喆：《"四个伟大"：新时代党的历史使命》，人民论坛网 2017 年 10 月 30 日。

观能动性和创造性，凝聚起同心共筑中国梦的磅礴力量。

2. 为开启全面建设社会主义现代化国家的新征程激发活力

建设社会主义现代化强国，实现中华民族伟大复兴，是中华民族的最高利益和根本利益。新时代，围绕如何全面建设社会主义现代化这一重大问题，习近平总书记提出了一系列新思想新观点新要求。他指出，实现社会主义现代化和中华民族伟大复兴是坚持和发展中国特色社会主义的总任务。他强调，"现代化的本质是人的现代化"，"要在坚持以经济建设为中心的同时，全面推进经济建设、政治建设、文化建设、社会建设、生态文明建设，促进现代化建设各个环节、各个方面协调发展"，[①]等等。这些观点从理论上实现对中国共产党社会主义现代化建设规律的深化认识，从实践上对于推动中国社会主义现代化建设提供了指导。在"五位一体"总体布局中，各方面并不是孤立存在的，而是相互联系、相互促进的，形成了不可分割的整体，共同构筑了中国特色社会主义事业的全局。

一切伟大事业，总是在承前启后、继往开来中不断推向前进。全面建设社会主义现代化国家，"必须坚持党对一切工作的领导，必须贯彻以人民为中心的发展理念，必须着眼于新思想新战略新举措，必须坚持脚踏实地、苦干实干"[②]。在具体的实践中，应从以下几个方面着手：首先，毫不动摇地坚持以习近平新时代中国特色社会主义思想为指导，自觉维护党中央权威和集中统一领导。其次，必须坚持人民群众的主体地位，始终践行全心全意为人民服务的根本宗旨，将人民对美好生活的向往作为重要的奋斗目标。再次，明确新的历史阶段的特征，在新的历史起点上坚持中国道路、凝聚中国力量，从而弘扬中国精神。最后，脚踏实地、真抓实干是中华民族的优良传统，是中华优秀传统文化的重要组成部分，在全面建设社会主义现代化的新征程中是重要的内驱动力。

---

① 中共中央宣传部：《习近平新时代中国特色社会主义思想学习纲要》，学习出版社、人民出版社，2019，第59页。

② 王伟光：《开启全面建设社会主义现代化国家新征程》，《光明日报》2018年1月2日，第6版。

中国革命精神内涵丰富，东北抗联精神是重要的组成部分，它产生于东北抗战时期，经过不断赓续与弘扬，在全面建设社会主义现代化国家的历程中体现出新的时代价值，能够为新征程激发活力。东北抗联在战斗过程中坚持中国共产党的领导，即使在一段时期内中断了与党中央的联系，即使在苏联期间，仍然坚持中国共产党的领导不动摇，积极努力恢复与党中央的联系，这是东北抗联坚持斗争的最重要的原则之一。另外，东北抗联在长期的斗争中坚持为了人民、依靠人民的原则，良好军民关系的建立是东北抗联斗争能够取得胜利的重要基础。东北抗联在军事斗争的同时，进行政治、经济、文化建设，促进了东北抗联的全面发展。东北抗联坚持中国共产党的领导，坚持以人民为中心的理念，坚持全面建设的思想，对于全面建设社会主义现代化国家有重要的启示意义，能够为开启全面建设社会主义现代化国家的新征程激发活力。

四、坚定不移全面从严治党的生动教材

"办好中国事情，关键在党，关键在党要管党、从严治党"，这句话一方面深刻揭示了在中国特色社会主义建设事业中，中国共产党的领导地位以及崇高使命；另一方面体现了中国共产党自我净化、自我完善、自我革新、自我提高的自觉和责任担当。从严治党在治国理政以及党的建设中占有重要的地位，具有重要的意义。治国必先治党，治党务必从严。全面从严治党，对于保持党的先进性和纯洁性有重要的意义。全面从严治党不仅是关系到人心向背的重要问题，而且关系到国家和民族的兴衰，甚至关系到党的生死存亡。完成伟大事业，需要从严治党。从严治党是增强党的创造力、凝聚力和战斗力的重要手段，有利于提高党的治国理政水平。进行伟大斗争，需要全面从严治党。新时代，进行伟大斗争需要坚强有力的政党领导，这就要求坚持不懈地推进全面从严治党，凝聚起全党全社会坚不可摧的强大力量，保障伟大斗争取得全面胜利。推进伟大工程，需要全面从严治党。"全面从严治党，就是要同一切弱化损害先进性纯洁性的现象作斗争，激浊扬清，着力解决党自身存在的突出问题，确保党始终成为中国特色社会主义事业的坚强领导核心。"①

全面从严治党，需要采取正确的方式方法，通过鲜活的事例教育广大党员干部，以伟大的革命精神为引领教育党员干部。东北抗联精神以杨靖宇、魏拯民、赵尚志、周保中、李兆麟、赵一曼等东北抗联将士英勇斗争事迹为基础，不仅具有思想的深刻性，而且体现了鲜活性。引导广大党员干部深入学习东北抗联精神，有利于推进全面从严治党。东北抗联精神能够为坚定不移全面从严治党提供生动的教材。

（一）汲取营养，用科学理论武装头脑

坚定理想信念，坚守共产党人的精神追求，始终是共产党人安身立命的根本。"理想信念就是共产党人精神上的'钙'，没有理想信念，理想信念不坚定，精神上就会'缺钙'，就会得'软骨病'。"②对马克思主义的信仰，对社会主义以及共产主义的信念，不仅是中国共产党人的政治灵魂，而且是共产党人能够经受住任何考验的精神支柱。东北抗联将士在长期艰苦环境中能够坚持斗争不屈服，坚定的理想信念是重要的支撑。战争年代，理想信念是东北抗联将士的精神之"钙"。新时代，弘扬东北抗联精神对于广大党员干部补足精神之"钙"具有重要的意义。

1. 革命理想高于天

革命理想高于天。没有远大的理想，不是合格的共产党员；离开现实工作而空谈远大理想，也不是合格的共产党员。新时代，从严治党要"教育和引导广大党员、干部把践行中国特色社会主义共同理想和坚定共产主义远大理想统一起来，做到虔诚而执着、至信而深厚"③。形成了坚定的理想信念，就会使政治站位不断提高，同时不断宽阔眼界、开阔心胸，从而保证坚持正确的政治

---

① 中共中央宣传部理论局：《全面从严治党面对面》，学习出版社、人民出版社，2017，第5页。
② 习近平：《习近平谈治国理政》第1卷，外文出版社，2018，第15页。
③ 习近平：《关于坚持和发展中国特色社会主义的几个问题》，《求是》2019年第7期。

方向。形成革命理想，广大领导干部才能够自觉地坚持吃苦在前、享受在后，在工作中认真勤奋、廉洁奉公，为理想去拼搏、去奋斗。

革命理想的形成、理想信念的坚定不是空谈，更不是无源之水、无本之木。在中国共产党成立后一百多年的发展历史中，一代又一代共产党人为了民族独立和人民解放，不惜流血牺牲，靠的就是一种信仰，为的就是一个理想。东北抗联虽然面对异常艰苦的环境，但是东北抗联将士把抵御外侮、追求民族独立与解放作为自己的革命理想。这种理想激励着抗联将士前仆后继、不畏艰险，百折不挠地斗争。杨靖宇一生具有坚定的理想信念，将民族独立与解放、维护人民利益作为自己毕生的追求，一生坚守这一理想，并为之不懈奋斗，直至献出了生命，血洒白山黑水。

东北抗联将士在革命斗争年代，能够正确处理个人利益与国家利益之间的关系，将追求民族解放、国家独立作为自己的人生理想，并不断付诸实践，最终推翻了日本帝国主义对东北地区的殖民统治，为争取全国抗日战争的胜利作出了重要的贡献。东北抗联以坚定的理想信念为动力坚持斗争的历史，一方面说明坚定的理想信念是革命的重要动力，另一方面体现了东北抗联的精神品质。深入学习东北抗联精神，能够为新时代广大党员干部确立革命理想、坚定理想信念提供素材和动力。

2. 用科学理论武装头脑

学以启智，学以增信。学习不仅是一个人成长进步的阶梯，而且是筑牢理想信念的重要手段。只有在思想上强化学习，才能保证在思想上坚信不疑，并形成坚忍不拔的意志，从而保证在行动上坚定不移。东北抗联在斗争中，为了坚定广大官兵的政治信仰，不断组织进行思想理论学习，学习马克思主义理论，并将其与东北地区的革命实际结合。东北抗联所到之处，召集群众大会，张贴反满反日标语，散发传单，教唱革命歌曲，组织识字班研究组等。在召开会议时组织学唱革命歌曲，进行抗日宣传，动员群众拥护中国共产党的领导。在领导东北抗日斗争时坚持学习马克思主义著作。1936年8月30日，"阅共产国际执委曼努意斯基著《为革命的马克思主义而斗争的恩格斯》及王明著《新形势与新政策》两册，并重校《死里求生告同胞书》及《求生必读》两宣传

品，以及'九一八'五周年国耻纪念之宣传工作之准备两册"①；1939 年 8 月
20 日"再读列宁著《共产主义运动中的'左派'幼稚病》一书，颇能了解贯
彻，惜无讨论，在记忆上殊能牢固"②。以上两则材料只是周保中日记中具有
代表性的记述，从一个侧面反映了周保中学习马克思主义理论的热情，并进行
充分反思，追求深刻理解、学以致用，以马克思主义理论指导东北地区革命运
动。通过不懈的学习，东北抗联始终保持用科学的理论武装头脑，这是其能够
坚持抗战并能够取得最后胜利的重要原因。

理想信念不可能凭空产生，更不可能轻而易举坚守，补足精神之"钙"更
不会自然发生。新时代，必须用科学理论武装头脑，不断建设精神家园。中国
共产党自成立之日起，就把马克思主义写在自己的旗帜上，坚持将马克思主义
作为认识世界和改造世界的指导方针。马克思主义具有鲜明的实践品格，在
"解释世界"的基础上更强调"改造世界"。马克思主义的这种实践品格，对
于推动世界历史发展进程产生了重要的作用。深入学习习近平新时代中国特
色社会主义思想，形成坚定的理想信念，首先必须将其建立在高度的理想认
同上，在此基础上，形成对历史规律的正确认识以及对基本国情的准确把
握。要深入学习"四史"，通过对中国共产党革命、建设历史的感知，从中
获取力量，并以此为榜样激励自己，坚定理想信念，树立正确的世界观、人生
观和价值观。

3. 树立和发扬"三严三实"的作风

作风建设是全面从严治党的重要内容。2014 年 3 月，习近平总书记在参加
第十二届全国人民代表大会第二次会议安徽代表团审议时的讲话中指出："各
级领导干部既要严以修身、严以用权、严以律己，又谋事要实、创业要实、做
人要实。"③2015 年 9 月 12 日，中共中央政治局第二十六次集体学习，习近平

---

① 中央档案馆、辽宁省档案馆、吉林省档案馆、黑龙江省档案馆：《东北地区革命历史文件汇
集》甲 40，1989，第 155 页。
② 中央档案馆、辽宁省档案馆、吉林省档案馆、黑龙江省档案馆：《东北地区革命历史文件汇
集》甲 41，1989，第 357～358 页。
③ 《习近平李克强张德江刘云山王岐山张高丽分别参加全国人大会议一些代表团审议》，《人民
日报》2014 年 3 月 10 日，第 1 版。

总书记强调："践行'三严三实'，要立根固本，挺起精神脊梁；要落细落小，注重细节小事；要修枝剪叶，自觉改造提高；要从谏如流，自觉接受监督。"① 修身、用权、律己、谋事、创业、做人，贯穿领导干部工作生活方方面面，严和实是逐渐积累起来的，必须落细落小、防微杜渐。"三严三实"是要求共产党员坚守的重要理念，是对共产党员的重要要求。"'三严三实'要求以党的宗旨和共产主义理想为起点，从修身律己入手，以执政的最常态方式——用权为强调的中心环节，最后落实在谋事、创业和做人这三个实际环节上，形成一套完整而扎实的逻辑链条。"② 由此可见，"三严三实"对于整顿党的作风，从而达到从严治党的目的，具有重要的意义与价值。

东北抗联在部队建设中注重作风建设，工作从细小处着手，将工作落到实处。为了巩固抗日联军的战斗经验，东北抗联内的各级党组织要求随时、随地将本部队士兵的一切刚毅耐苦的事实进行宣传，并把抗日联军的战斗的历史以及本军、师、团、连的战斗生活的光荣事迹在部队内普遍宣传，深入每一个战士内心。另外，由于部队物资短缺，笔纸墨等缺少，抗联战士就用树枝在沙土上、冬天在雪地上学字绘画，练习写标语口号。为了将思想政治工作以及宣传工作落到实处，抗日联军的将领充分考虑了战士文化水平低以及战事频繁、部队不稳定的特点，通过创作诗歌等作品进行传播，发挥宣传的作用。杨靖宇通过创作诗歌向东北军民介绍国内外的抗日形势，1936年在辽宁本溪县汤沟部队休整之际，充满豪情地创作了《西征胜利歌》，表达了东北抗日联军指战员驱逐日寇、收复东北的决心和必胜的信念，在部队中广泛传唱，使士兵充分理解了东北抗战的目的和意义，坚定了决心。

《西征胜利歌》

红旗招展，枪刀闪烁，我军向西征。

大军浩荡，人人英勇，日匪心胆惊。

纪律严明，到处宣传，群众齐欢迎。

---

① 《时时铭记事事坚持处处上心以严和实的精神做好各项工作》，《人民日报》2015年9月13日，第1版。

② 赖雄麟、梁东亮：《"三严三实"：中国共产党人执政哲学表达的新形态》，《学校党教与思想教育》2018年第7期，第45页。

创造新区，号召人民，为祖国战争。

中国红军，已到察绥，眼看要出关。
西征大军，夹攻白匪，赶快来会面。
日本国内，党派横争，革命风潮展。
俄美夹击，四面楚歌，日寇死不还。

紧握刀枪，向前猛进，同志齐踊跃。
歼灭日寇，今田全队，我军战斗好。
摩天高岭，一场大战，惊碎敌人胆。
盔甲枪弹，胜利欢颜，齐奏凯歌还。

同志快来，高高举起，胜利的红旗。
拼着热血，誓必打倒，日本帝国主义。
铁骑纵横，满洲境内，已有十大军。
万众蜂起，勇敢杀敌，祖国恢复矣。

综上所述，东北抗联在部队建设、政治学习以及宣传工作中，从实际情况入手，将工作做细、做实。同时各级领导干部身先士卒、严于律己，充分发挥了带头作用。另外，东北抗日联军内部建立了比较完善的监督机制，贯彻民主集中制，通过批评和自我批评的方式开展工作。这些措施对于东北抗联的作风建设有重要的作用，保证东北抗联形成了优良的作风。东北抗联的作风建设不仅能够为"三严三实"教育提供素材，而且为共产党员补足精神之"钙"提供素材，同时为其提供动力。

（二）经受考验，勇于自我革命

马克思主义政党的本质属性主要表现为先进性和纯洁性，所以在党的建设过程中，首要问题是必须同一切弱化先进性以及损害纯洁性的问题和现象作斗争，"全党要以自我革命的政治勇气，着力解决自身存在的突出问题，不断增强党自我净化、自我完善、自我革新、自我提高能力，经受'四大考验'、克服'四种危险'，确保党始终成为中国特色社会主义事业的坚强领导核心"①。自我革命的勇气是中国共产党能够取得胜利并继续取得胜利的重要保证，是全面从严治党的重要内容。东北抗联在斗争中形成了自我革命的精神品质，这种精神品质能够增强新时代党的自我革命的勇气。

1. 勇于自我革命是中国共产党的鲜明品格

勇于自我革命，是我们党最鲜明的品格。中国共产党在一百多年的历史发展中出现过一定的错误，但是中国共产党依靠自身的力量，同人民群众紧密结合在一起，不断自我革命，从而始终保持蓬勃朝气，从胜利走向胜利，这也是中国共产党永葆生机与活力的重要原因。中国共产党能够在各种政治力量的反复较量中脱颖而出，能够始终走在时代前列，同时能够成为中华民族的主心骨，有其深刻的历史原因和社会原因。对于这些问题，习近平总书记以深刻的论述进行了回答，"根本原因在于我们党始终保持了自我革命的精神，保持了承认并改正错误的勇气，一次次拿起手术刀来革除自身的病症，一次次靠自己解决了自身问题。这种能力既是我们党区别于世界上其他政党的显著标志，也是我们党长盛不衰的重要原因所在。"②中国共产党没有任何自己的特殊利益，始终维护国家、民族、人民的利益，这决定了中国共产党具有自我革命的勇气。因为没有私利、不谋私利，保证了中国共产党谋大利，从党的性质和根本宗旨出发检视自己、发现问题，并有勇气不断承认并纠正错误。新时代，中国特色社会主义建设，需要强烈的自我革命精神。坚持自我革命、自我净化，是党的事业取得伟大胜利的重要保证。

新时代，坚持自我革命不仅需要实事求是认识和把握自己，而且需要刀刃向内的勇气，同时需要从中国革命精神中获得自我革命的勇气。东北抗联在长期的斗争中出现过一定的错误倾向，但是都能够及时得到纠正，例如1933年在《战斗》上发表文章《论不抢不夺的右倾机会主义的口号》，指明了东北地区反日统一战线的领导权和斗争策略中存在的问题。1934年，中共珠河县委

---

① 《庆祝中国共产党成立95周年大会在京隆重举行》，《人民日报》2016年7月2日，第1版。
② 习近平：《论坚持全面深化改革》，中央文献出版社，2018，第326页。

在战斗中犯了破坏统一战线的"左"倾错误，不争取可以争取的义勇军士兵，写信给其他省的义勇军，称他们为"败类"，称爱国义勇军为"胡匪"。中共满洲省委对中共珠河县委所犯的破坏统一战线"左"倾错误提出了批评，指出："你们犯了这样严重的'左'倾错误，当然不可能与义勇军联合作战，结成作战的同盟协定。这一'左'倾路线，是极端有害的，是自杀路线，它会使珠河一带反日游击运动走向完全失败。"①针对珠河县委的错误，中共满洲省委提出了具体的整改措施，在巩固和扩大现有游击队的基础上，将其打造成珠河一带反日游击战争和群众斗争的领导者和组织者，号召一切义勇军、红枪会等共同抗日，扩大反日统一战线。这充分展示了中国共产党面对问题、解决问题的智慧以及自我革命的勇气。这种智慧与勇气保证了东北抗联斗争沿着正确的方向向前发展，并取得了最后的胜利。同时，这种智慧与勇气也为新时代中国共产党坚持自我革命提供了动力。

2. 以人民为中心是自我革命的价值追求

东北抗联在长期的斗争中，始终坚持为了人民、依靠人民。冯仲云在回忆东北抗联的斗争时写道："他们在困苦中，只有请求老百姓的帮助。当地的老百姓虽然贫穷，但是被伟大精神所感动，竭尽全力援助他们。在秋收的时候抽出些玉米、土豆以及其他粮食，到了下雪的时候埋在雪地里，暗地送信给抗日游击队。这些穷苦的同胞们热情也鼓舞了抗联的勇气从而更加坚决坚持下去。"②

以上内容充分反映了东北抗联以人民为中心的政治理念。这种政治理念使东北抗联与人民群众建立了"军爱民、民拥军"的核心军民关系，军队与老百姓的血肉联系是东北抗联能够坚持斗争下去并不断取得胜利的动力与支撑，同时对当今社会发展有重要的意义。

为人民服务是中国共产党的根本宗旨。习近平总书记在第十八届中央纪律检查委员会第二次全体会议上的讲话中指出："为人民服务是共产党人的天

---

① 中央档案馆、辽宁省档案馆、吉林省档案馆、黑龙江省档案馆：《东北地区革命历史文件汇集》甲20，1990，第2页。

② 冯仲云：《东北抗日联军十四年苦斗简史》，中央文献出版社，2008，第72～73页。

职。我们要坚持党的群众路线，与人民心心相印、与人民同甘共苦、与人民团结奋斗，不断赢得群众信任和拥护、保持同人民群众的血肉联系。"①纵观中国共产党的发展历史，始终保持与人民群众的血肉联系，坚持与人民群众同甘苦、共患难。另外，中国共产党坚持自我革命，主要目的是为了不断提升其执政水平和执政能力，从而能够使人民群众对美好生活的向往这一愿望得到实现。由此可见，以人民为中心是中国共产党自我革命的价值追求。

以人民为中心，不仅是历史发展过程中中国共产党的政治追求，也是新时代中国共产党的价值追求。深入了解东北抗联斗争的历史，可以从历史发展中汲取营养，深刻理解依靠人民、为了人民并不是一句空的口号，而是我们党发展的动力，是中国革命不断取得胜利的基础。新时代，中国共产党应继续坚持以人民为中心，坚持自我革命，更好地为人民服务。

3. 民主集中制是自我革命的制度支撑

在东北抗战中，由于环境艰苦、信息不畅，东北抗联为了使作出的决策更加符合东北抗战的实际，进行了深入的调查研究，广泛征求各方面意见和建议，在此基础上通过充分的协商，最终形成决议。东北抗联在党内民主的基础上坚持集中，坚持党对一切工作的领导。1940年中共北满省委制定《东北抗日联军第三路军行动纲领》，明确提出："抗日联军为完成历史的伟大任务，必须接受中国共产党的政治领导，彻底执行抗日反满和民族独立、国家统一、领土完整的任务。"这一规定表明了中国共产党对东北抗日联军的领导。东北抗联在斗争中坚持民主集中制，既体现了集体智慧的结晶，一定程度上避免错误、及时纠正错误，又使中国共产党的领导保证了正确的政治方向。民主集中制的推行有利于东北抗联斗争的顺利开展，同时为中国共产党的自我革命提供了制度支撑。

民主集中制是民主和集中紧密结合的制度，二者互为条件、不可分离，是一个相辅相成、相得益彰的有机统一体。在充分发扬民主的基础之上进行集

---

① 中共中央党史和文献研究院、中央"不忘初心、牢记使命"主题教育领导小组办公室：《习近平关于"不忘初心、牢记使命"论述摘编》，党建读物出版社、中央文献出版社，2019，第127页。

中，"既有利于做到科学决策、民主决策、依法决策，避免发生重大失误甚至颠覆性错误；又有利于克服分散主义、本位主义，避免议而不决、决而不行，形成推进党和国家事业发展的强大合力。"①党内民主是党的生命，是党内政治生活积极健康的重要基础。东北抗联的历史，证明了民主集中制对于革命斗争的重要作用，以及对于自我革命的支撑作用。新时代，在全面从严治党过程中，根据东北抗联的经验，充分发挥民主集中制的作用，具有重要的意义与价值。

（三）严明党纪，加强监督

战略问题是一个政党、一个国家的根本性问题，"始终保持强大战略定力，在战略上判断准确、谋划科学、赢得主动，党和人民事业就会立于不败之地。缺乏足够战略定力，就容易出现心理上患得患失、行动上犹豫不决、决策上摇摆不定，错失发展机遇。"②东北抗联在斗争过程中，以强大的战略定力，坚持从严治党，坚持治吏从严、反腐从严，对于东北抗战时期党的建设有重要的意义，同时对于新时代全面从严治党有重要的借鉴意义。

1. 严明党的纪律

东北抗联在战斗中，始终严明党纪、军纪，这是东北抗联坚持斗争的重要保障，严明的军纪是保证军队战斗力的重要基础。1937年，东北抗联第八军第二师师长关文吉，不遵照东北抗日联军的规定，强行征收地亩捐，强行征集马匹，这不仅是抗日联军内部的严重政治问题，而且关系到东北地区抗日民族统一战线巩固问题。针对关文吉的错误，7月23日，中共吉东省委提出，"分派该师之政治工作人员及新委之政治工作人员，应由八军军部作成紧急通知，将关文吉之罪过向该师各级人员及全师全军队员详细说明。自上至下以八军全

---

① 中共中央宣传部：《习近平新时代中国特色社会主义思想学习纲要》，学习出版社、人民出版社，2019，第74~75页。
② 中共中央宣传部：《习近平新时代中国特色社会主义思想学习纲要》，学习出版社、人民出版社，2019，第246~247页。

体力量，要求关师长文吉彻底改正。"①7月30日，周保中、宋一夫给柴世荣的信中进一步谈及了第八军军纪败坏及处理问题，"八军二、五师在依东，不但以破坏手段强收春季地方捐，八军一、二、五师，向民间勒索鞍马……横蛮行动不但破坏联军纪律妨及统一战线，尤以使抗联对民众失去信仰最为遗憾"。在批评了关文吉的错误之后，指出了刘曙华的问题，"刘曙华同志工作中虽有错误，经过严厉批评与指正之下，刘曙华同志及其以下政治工作人员仍暂留八军继续工作"②。

另外，为了维护人民的利益，推动东北抗日运动的发展，东北抗联对赌博等问题发出了禁令。1937年8月6日，东北抗日联军依东办事处关于禁毒问题发出禁令，"若有设局聚赌的主动人，本处查出缉捕，即给以死刑枪毙处分。民众中有不良分子，若一意嗜好赌博者，经本处查拿以后，不论男女都应受处罚"③。这对于维护抗联形象、促进社会秩序稳定有重要的意义，体现了中国共产党从严治党的战略定力。

加强纪律建设是全面从严治党的治本之策，习近平总书记强调，"党面临的形势越复杂、肩负的任务越艰巨，就越要把纪律建设摆在更加突出位置，坚持纪严于法、纪在法前，把纪律和规矩挺在前面。"④全面从严治党必须严明党的纪律，党的纪律是全体党员必须遵守的行为准则，全体党员必须将党的纪律铭记于心，自觉学习党章，真正使党章内化于心、外化于行。同时，政治纪律是党最根本、最重要的纪律，是净化政治生态的重要保证，要把坚决做到"两个维护"作为首要政治纪律，决不允许在重大政治原则问题上、大是大非问题上同党中央唱反调，搞自由主义。新时代，严明党的纪律，要坚持"五个必须"，即：必须维护党中央权威，必须维护党的团结，必须遵循组织程序，必

① 中央档案馆、辽宁省档案馆、吉林省档案馆、黑龙江省档案馆：《东北地区革命历史文件汇集》甲28，1989，第157页。
② 中央档案馆、辽宁省档案馆、吉林省档案馆、黑龙江省档案馆：《东北地区革命历史文件汇集》甲49，1989，第208页。
③ 中央档案馆、辽宁省档案馆、吉林省档案馆、黑龙江省档案馆：《东北地区革命历史文件汇集》甲49，1989，第230页。
④ 中共中央宣传部：《习近平新时代中国特色社会主义思想学习纲要》，学习出版社、人民出版社，2019，第235页。

须服从组织决定，必须管好领导干部亲属和身边工作人员①。"五个必须"对加强党的政治纪律建设有详细的规定，对全体党员有重要的约束作用，体现了新时代全面从严治党的要求。

2. 加强党内监督

为了保证东北抗联战斗的政治方向及战斗力提升，东北抗联将士在工作中积极开展党内监督。1937年，东北抗联留守主任张中华给周保中的信中指出了抗联部队方旅长的错误，"方旅长到达三道关以后与我接头，促其急速南进，借故迟延，并不听从。其个人英雄主义始终未改，顽皮贪吃贪喝，以至无故与敌接触作战遭受人员损失，消耗弹药，罪在方同志不遵守指示"②。东北抗联的党内监督，主要目的是为了军队的发展以及抗日斗争的开展，并不是为了满足个人的私欲，无私的目的使党内监督取得了良好的效果。批评和自我批评是东北抗联非常重要的工作态度和工作方法。1937年9月，刘曙华针对社会的疑问，对于他被日伪逮捕之后至到第八军工作的过程进行了详细的说明，"把我以往的经过及我的严重错误来向同志们声明，并望你们在最短的期间给一个答复——批评——处罚"③。同月，邹稿光多次就自身自由行动、脱离组织逃跑以及混乱组织等问题写信给吉东省委的负责同志，承认并检讨自己所犯的错误。这两个事例充分体现了东北抗联将士对自身的反省，这种自我批评的态度对于维护东北抗联的政治纪律和军事纪律有很大的作用，有利于军队战斗力的提高。

加强党内监督是全面从严治党、保持党的先进性和纯洁性的重要手段，"党内监督的任务是确保党章党规党纪在全党有效执行，维护党的团结统一，重点解决党的领导弱化、党的建设缺失、全面从严治党不力，党的观念淡漠、组织涣散、纪律松弛，管党治党宽松软问题，保证党的组织充分履行职能、发

---

① 中共中央宣传部：《习近平新时代中国特色社会主义思想学习纲要》，学习出版社、人民出版社，2019，第236页。

② 中央档案馆、辽宁省档案馆、吉林省档案馆、黑龙江省档案馆：《东北地区革命历史文件汇集》甲49，1989，第55页。

③ 中央档案馆、辽宁省档案馆、吉林省档案馆、黑龙江省档案馆：《东北地区革命历史文件汇集》甲28，1989，第369~370页。

挥核心作用，保证全体党员发挥先锋模范作用，保证党的领导干部忠诚干净担当。"①党内监督在全面从严治党中占有重要的地位，通过党内监督，可以保证全体党员时刻反省自身存在的问题，不断提高党的执政能力和执政水平。党内监督是一种健康、有序状态下的监督，并不是"窥探"。为了实现并不断强化党内监督，批评和自我批评是一种有效的手段。新时代，社会形势更加复杂，加强党内监督的重要性凸显。深入挖掘东北抗联精神，将东北抗联在艰苦条件下通过党内监督，强化党的建设的实践、精神融入当今的党内监督活动，具有重要的意义和价值。

3. 坚持从严治吏

抗日战争时期，东北地区局势复杂，为了使广大党员干部恪尽职守、对党忠诚，提升干部队伍的纯洁性，东北抗联实行了严格的管理制度。为了实现对党员和干部的约束，东北抗日联军制定了相关的法规，例如《反日游击队纪律暂行条例草案》《东北人民革命军独立师暂行规则》《东北抗日联军政治军事学校各种纪律详则草案》等。这些文件从不同的角度严明了军队纪律，并进行了具体的规定，使干部能直接地理解。对于违反纪律的情况，按照相关的法规进行严肃处理。例如1937年，抗联第五军军部发现二师四团二连司务长翟庆发有拐带枪械的嫌疑，立即将其开除。同时，此人擅自将南火磨没收之洋九元六角私自吞没，并劫取布料一匹。似此行为，破坏革命军事纪律，因此召集该连全体同志讨论，二罪并罚，应宜执行处死。另外，东北抗联对干部开展了严格的审查制度，以保证干部队伍的纯洁性。对干部除进行日常性考察之外，还进行了防奸锄奸的考察。东北抗联坚持从严治吏，一方面是基于东北地区复杂的形势，从严治吏是保持军队战斗力的重要手段；另一方面，从严治吏是中国共产党的一贯追求，这是保持党的纯洁性和先进性、提升执政能力的重要保障。

从严治吏是全面从严治党的重要内容。2014年习近平总书记视察江苏时，在从严管理干部方面提出具体要求，即：管理要全面，标准要严格，环节要衔接，措施要配套，责任要分明。"五个要"的新要求，为新时代从严治吏

---

① 《中国共产党党内监督条例》，人民出版社，2016，第3页。

提供了根本遵循。当前，在党的建设方面存在一定的问题，如：组织弱化、纪律松弛、反腐败形势严峻等，党的纯洁性和先进性受到影响，这充分说明必须把从严治吏作为从严治党的重中之重和当务之急。"'两个一百年'奋斗目标越接近，使命越艰巨，就越要从严治党、从严治吏。只有建设一大批高素质干部队伍，形成党员干部敢于担当、奋发有为的精神状态，发展有带头人、政策有执行力，才能带领广大群众把全面建设小康的蓝图一步步变为现实。"①从严治吏，应该从思想源头抓起，使广大干部树立担当意识，增强全体党员的党性修养，遵守党内法规。另外，要把好用人关。党的十八届六中全会把正确选人用人导向作为严肃党内政治生活的重要内容，提出了一系列要求和举措，例如"把公道正派作为核心理念，贯穿选人用人全过程；强化党组织的领导和把关作用；自觉防范和纠正用人上的不正之风"②。

综上所述，东北抗联在长期抗战过程中，铸就了伟大的东北抗联精神。东北抗联精神是中国共产党的宝贵精神财富和丰厚的政治资源。新时代，东北抗联精神被赋予深刻的内涵和更深层次的意义。深入研究东北抗联的斗争历程，并对东北抗联精神进行赓续与弘扬，具有重要的现实意义与价值。

---

① 苗成斌：《从严治党关键是从严治吏》，《红旗文稿》2016年第5期，第37页。

② 中共中央宣传部理论局：《全面从严治党面对面》，学习出版社、人民出版社，2017，第159页。

后 记

在东北抗日战争中，以杨靖宇、魏拯民、赵尚志、周保中、李兆麟、冯仲云、赵一曼等为代表的中国共产党人和广大东北抗日联军（下简称东北抗联）指战员，在武装反抗日本帝国主义侵略的战争中，作出了巨大的贡献，用鲜血和生命铸就了伟大的东北抗联精神。其内涵丰富，具有鲜明时代特征。但对东北抗联精神的评价始终是不够的，更谈不上定位。近年来，东北抗联及东北抗联精神成为学术界研究的热点。恰在此时，吉林大学著名专家韩喜平教授邀我撰写"新时代中国精神价值传承"丛书之《东北抗联精神》，我便欣然接受了。所谓"欣然"，主要有三个方面的原因：一是2019年吉林大学成立了东北抗联研究中心，委我为"中心"主任。这就决定了我今后几年将把东北抗联及东北抗联精神作为研究的重点，而该选题正合吾意。二是本人申报的"东北抗联精神及其当代价值"课题，被吉林省社会科学联合会确立为2020年度吉林省哲学社会科学智库基金重大委托项目。这与本书是高度契合的。三是2021年恰逢建党百年、抗日战争爆发90周年，作为一个党史研究者，从中国史学的优秀传统出发，从历史唯物主义出发，理应把东北抗联精神的研究、传承和利用工作做好，以慰藉那些长眠于地下的英灵和那些为民族为国家付出巨大牺牲的功臣，以激励鼓舞国人为实现中华民族伟大复兴中国梦而努力奋斗。故而慨然应允。

本书的另外两名作者是谭忠艳、李红娟，她们都是我的博士生。毕业后，谭忠艳在吉林省社会科学院工作，已经晋升副研究员；李红娟在天津师范大学工作，已经成为教学科研骨干。最为重要的是，她们理论功底深厚，所撰写的博士毕业论文均是有关抗日战争和东北抗联的，这为本书写作奠定了重要的研究基础。全书共分五章，其中第一章、第五章由谭忠艳撰写，第二章、第四章由李红娟撰写，第三章由刘信君撰写。

　　本书在撰写过程中，得到了东北大学出版社郭爱民社长和向阳副社长的时时关心和督导，其认真负责、精益求精的工作态度令人敬佩。在此向他们表示衷心感谢！

　　由于写作时间比较紧张，著者水平所限，错漏之处难免，希望专家学者不吝赐教。

刘信君

2022年6月16日